THE COMMON
Joint Cha
SIR F
DE
Pu

PERGAMON OXFORD S
General Editors: H. LESTER, G. RIBBANS,

ADVANCED SPANISH COURSE

Mary E. Scott

A

ADVANCED SPANISH COURSE

by

K. L. J. MASON

Lecturer in Spanish, University of Salford

1966

PERGAMON PRESS

OXFORD · LONDON · EDINBURGH · NEW YORK

TORONTO · SYDNEY · PARIS · BRAUNSCHWEIG

Pergamon Press Ltd., Headington Hill Hall, Oxford
4 & 5 Fitzroy Square, London W.1

Pergamon Press (Scotland) Ltd., 2 & 3 Teviot Place, Edinburgh 1

Pergamon Press Inc., Maxwell House, Fairview Park,
Elmsford, New York 10523

Pergamon of Canada Ltd., 207 Queen's Quay West, Toronto 1

Pergamon Press (Aust.) Pty. Ltd., 19a Boundary Street,
Rushcutters Bay, N.S.W. 2011, Australia

Pergamon Press S.A.R.L., 24 rue des Écoles, Paris 5e

Vieweg & Sohn GmbH, Burgplatz 1, Braunschweig

First edition 1967

Reprinted 1969

Library of Congress Catalog Card No. 66–29594

*Printed in Great Britain by Watmoughs Limited, Idle, Bradford; and London
and reprinted lithographically by A. Wheaton & Co., Exeter*

08 012271 X (flexicover)
08 012272 8 (hard cover)

CONTENTS

PART V

GRAMMAR

PREFACE

This volume is meant to provide sixth form teachers of Spanish with a comprehensive Advanced Course of the sort that has long been available to colleagues in French and German. The work is the result of my experience at Wath-upon-Dearne Grammar School. The content of the various parts is carefully graded in difficulty leading from immediate post-O-level to A-level and a little beyond.

Part I. Spanish Prose Passages

Famous authors of the nineteenth century are represented, but texts are for the most part taken from twentieth-century writers, both Spanish and South American. The student is thus presented with a wide range of styles, vocabulary and subject matter. Footnotes provide only information not readily available in most dictionaries.

Part II. Practice Sentences

It is envisaged that this very necessary revision takes place in close relation to a study of Part V (Grammar) very early on in the sixth form course.

Part III. English Prose Passages

These have been considerably adapted, especially in the early stages, so that the student is not confronted by unreasonable difficulties that would sap his confidence.

Beyond that, however, assistance, in the form of notes, is kept to a minimum in order not to hinder the development of good linguistic habits.

Part IV. Free Composition

A large variety of topics are suggested together with key words and expressions for the first essays under each heading.

The collection of "Useful Phrases" is intended to help the student express his arguments in a well-ordered manner and avoid the disjointedness that can otherwise mar his work.

Part V. Grammar

Those aspects of the grammar often imperfectly known at the time of the G.C.E. O-level are now thoroughly consolidated and the grammar in general is considerably expanded. Such material as *por* and *para, ser* and *estar,* and the Subjunctive, which can continue to cause difficulty even at an advanced stage are quite extensively covered. The general usefulness of the grammar is further increased by the inclusion of an Index.

I should like to thank the many English and Spanish friends who have helped me in a variety of ways, the editors, particularly Mr Horace Lester for his constant encouragement, and last but by no means least the Sixth Form at Wath-upon-Dearne Grammar School.

PART I

SPANISH PROSE PASSAGES FOR TRANSLATION

EL CAMINO   Miguel DELIBES

Fue al cruzar el pueblo hacia sus casas, de regreso de la escuela, que vieron el gato de las Guindillas, enroscado sobre el plato de galletas, en un extremo de la vitrina. El animal ronroneaba voluptuoso, con su negra y peluda panza expuesta al sol, disfrutando de las delicias de una cálida temperatura. Al aproximarse ellos, abrió, desconfiado, un redondo y terrible ojo verde, pero al constatar la protección de la luna del escaparate, volvió a cerrarlo y permaneció inmóvil, dulcemente traspuesto.

Nadie es capaz de señalar el lugar del cerebro donde se generan las grandes ideas. Ni Daniel, el Mochuelo, podría decir, sin mentir, en qué recóndito pliegue nació la ocurrencia de interponer la lupa entre el sol y la negra panza del animal. La idea surgió de él espontánea y como naturalmente. Algo así a como fluye el agua de un manantial. Lo cierto es que durante unos segundos los rayos de sol convergieron en el cuerpo del gato formando sobre su negro pelaje un lunar brillante. Los tres amigos observaban expectantes el proceso físico. Vieron cómo los pelos más superficiales chisporroteaban sin que el bicho modificara su postura soñolienta y voluptuosa. El lunar de fuego permanecía inmóvil sobre su oscura panza. De repente brotó de allí una tenue hebra de humo y el gato de las Guindillas dio, simultáneamente, un acrobático salto acompañado de rabiosos maullidos:

—¡¡Marramiauuuu!! ¡¡Miauuuuuuuu!!

Los maullidos agudos y lastimeros se diluían, poco a poco, en el fondo del establecimiento.

Sin acuerdo previo, los tres amigos echaron a correr.

JUVENILIA   Miguel CANÉ

Eran las tres de la tarde y el sol de enero partía la tierra sedienta e inflamada, cuando, saltando subrepticiamente por una ventana del dormitorio donde más tarde debía alojarse el 1° de caballería de línea, nos pusimos tres compañeros en marcha silenciosa hacia la región feliz de las frescas sandías. Llegados al foso, lo costeamos hasta encontrar el vado conocido, allí donde habíamos tendido una angosta tabla, puente de campaña no descubierto aún por el enemigo. Lanzamos una mirada investigadora: ni un vasco en el horizonte. Nos dividimos, y mientras uno se dirigía a la izquierda, donde florecía el "cantaloup", dos nos inclinamos a la derecha, ocultando el furtivo paso por entre el alfalfar en flor. Llegamos, y rapidos buscamos dos enormes sandías que en la pasada visita habíamos resuelto dejar madurar algunos días aún. La mía era inmensa, pero su mismo peso me auguraba indecibles delicias.

Cargué con ella, y cuando bajé los ojos para buscar otra pequeña con que saciar la sed sobre el terreno . . ., un grito, uno solo, intenso, terrible como el de Telémaco, que petrificó el ejército de Adrasto, rasgó mis oídos. Hendí la mirada al campo de batalla; ya la izquierda, representada por el compañero de los melones, batía presurosa retirada. De pronto, detrás de una parva, un vasco horrible, inflamado, sale en mi dirección, mientras otro pone la proa sobre mi compañero, armados ambos del pastoril instrumento cuyo solo aspecto comunica la ingrata impresión de encontrarse en los aires, sentado incómodamente sobre dos puntas aceradas que penetran. . . ..

SOBRE LAS PIEDRAS GRISES
Sebastián Juan ARBÓ

La situación de España continuaba agravándose; cada vez eran más frecuentes los tumultos, las manifestaciones, huelgas y atentados. Los periódicos aparecían con grandes titulares, y por las noches los vendedores voceaban las noticias por calles y plazas. En el Norte se produjo un conato de sublevación; fue sofocado a duras penas y detenidos los principales instigadores; un clamor de protestas se levantó en los cuatro puntos de España, y los detenidos fueron puestos en libertad. La atmósfera, en consecuencia, se enrareció más aún; los ánimos se mostraron todavía más excitados. En Barcelona se reprodujeron las violencias y los atentados; se había declarado una huelga de metalúrgicos, y poco después, sin haberse resuelto ésta, la de cargadores del puerto. Un conflicto se añadía a otro. Se levantaron barricadas, y se decretó el estado de sitio. Por las calles, por las plazas, por todas partes, especialmente en las barriadas extremas, en Sans y en San Andrés, surgían grupos de obreros en actitudes levantiscas; por doquier se respiraba la misma atmósfera de odio, de rebeldía, de furiosa hostilidad. Una sorda protesta se incubaba en el aire; la atmósfera se cargaba de electricidad; las palabras sonaban como disparos, la impotencia de las autoridades era cada vez más manifiesta y todo parecía presagiar el estallido.

LA MAESTRA NORMAL   Manuel GÁLVEZ

El huésped estaba cansadísimo. ¡Viaje inacabable! Dos días mortales desde Buenos Aires. No conocía un alma en todo el tren, y su timidez le impedía iniciar conversaciones. En la mesa tuvo enfrente a un inglés escuálido y seco, ingeniero en las minas de Chilecito, según le enteró el camarero del coche dormitorio, y que no se dignó mirarle en todo el tiempo. El paisaje, además, era muy monótono. Hasta Córdoba, no cesaron de pasar ante sus ojos llanuras interminables, sembradas de trigo y de maíz. Sólo las parvas cortaban la pampa infinita. Se asemejaban a chozas de salvajes y aparecían agrupadas como formando breves caseríos; al caer la tarde, cobraron un aire melancólico bajo el sol que las doraba. Desde Córdoba, el paisaje se tornó más interesante. Los alrededores de la ciudad eran un espectáculo de pobreza y desolación. Los ranchos miserables; las criaturas, cuyas desnudeces quemaba un sol atroz; la indolencia y la suciedad de aquella gente de rostros tostados y ojos negros; la tierra cenicienta; las palmeras solitarias; las desigualdades del suelo, en cuya mayor hondura yacía la ciudad; todo sugería al viajero visiones del Oriente. El no salió jamás del país, pero sus lecturas le hacían imaginar de esa manera los pueblitos en el valle del Nilo, los caseríos árabes de Argelia, las aldeas cabilas. Desde que el tren pasó un ancho río casi seco hasta la estación Deán Funes, Solís fue viendo pequeñas sierras áridas. Hacía un calor pesadísimo. En el coche-comedor quedaban, sobre algunas mesitas, restos de almuerzo. Las moscas cargoseaban como azonzadas. El único pasajero que allí permanecía, silbaba un tango. Solís sentía cerrársele los párpados; la tonada del tango, como una obsesión, zumbaba en sus oídos.

LA SANGRE   Elena QUIROGA

Siguió pasando el tiempo en el Castelo como siempre pasó, ni más veloz ni más lento, aunque Amalia entonces decía, sacudiendo la cabeza: "¡Cómo corre el tiempo. Parece mentira . . .! ¡Cómo corre!"

Era ella la que se precipitaba, porque el tiempo no se altera.

Al agostarse un verano, la vi llevándose las manos a la garganta, arriba, en su cuarto. Empezó a dar vueltas. Se ahogaba.

Cándida salió llamando a Dolores, y Dolores entró, deslizándose, rápida. Amalia había caído sobre la cama igual que un tronco muerto, respirando con dificultad. Dolores se acercó, llevando un frasco de cristal de boca ancha, tapado, y dentro se movían unos gusanos[1]. Descubrió la garganta de la madre de su

1. Sanguijuelas.

marido y volcó el frasco allí. Después dejó al aire el brazo caído y colocó otro de aquellos bichos, sinuoso y alargado, en el lugar en que las venas se cruzan. Esperó en silencio, inclinándose sobre ella. Xavier había entrado y se volvió hacia mí con un gesto de repugnancia y horror. Estuvo así, sin mirar hacia su madre mientras aquello duraba.

Vi el cuerpo de los animales hincharse, hincharse, ponerse ventrudos y deformes como ahogados en la sangre de Amalia. Y ellos mismos se desprendieron, ahítos y Dolores los fue metiendo en el frasco de nuevo. Iba a salir con él, y dijo a Xavier al pasar:

—Ahora se pondrá buena.

—¡Qué asco! No sé cómo has podido.

—Y¿ qué había de hacer? ¿Dejar que se muriera?

—¡Qué buena eres, Dolores!

EL RAPTO   Francisco AYALA

En efecto, no le faltaba don de gentes al tal Vicente de la Roca. Por la tarde, esa misma tarde, bien lavado y descansado, volvió a personarse en el bar de la plaza, ostentando esta vez una chaqueta a cuadritos color café sobre pantalón negro y una corbata muy vistosa. En voz alta agradeció al dueño el favor de haberle procurado tan agradable hospedaje (doña Leocadia era una señora amabilísima, persona encantadora de veras), y entabló conversación ahora con otro grupo de clientes donde había reconocido en seguida a dos de los que estuvieron por la mañana en la tertulia. Le preguntó al Anacleto un par de cosas que necesitaba saber: si, llegado el caso, le sería fácil conseguir allí, en el pueblo, pilas para su transistor. Era una radio portátil, último modelo, una Grundig, lo mejor que se fabrica en Alemania. ¿No conocían el último modelo de la Grundig portátil? Claro, cómo iban a conocerlo si acababa de lanzarse. Sentía no tenerlo aquí ahora; pero mañana sin falta lo traería y se lo mostraría a todos con muchísimo gusto: una preciosidad, ya verían.

En suma, Vicente de la Roca supo hacerse simpático, se congració con todos en el pueblo, fue considerado como un buen muchacho—quizás algo fanfarrón, pero de todas maneras un buen muchacho—, y aun aquellos que, más recelosos o más reservados, seguían mirándolo con sospecha, al no tener nada en contra suya, se guardaban para sí propios sus aprensiones, sus ojeadas rápidas y sus movimientos de cabeza o gestos de desaprobación. Entre tanto, el recién llegado se incorporó con entera naturalidad al grupo de la gente joven, y no por cierto en el nivel que, como obrero, hubiera parecido corresponderle, sino que—ya pudimos verlo a su llegada—desde el comienzo mismo empezó a alternar con la mejor juventud.

EL MANCEBO Y LOS HÉROES
Ramón SENDER

En la farmacia, Linares nos contaba a Letux y a mí algún cuento en relación con la farmacia y sus tareas. Aunque el trabajo en las reboticas se había modernizado un poco, había algunas cosas que seguían haciéndose a la manera antigua. Una de ellas era la emulsión de aceite de hígado de bacalao con glicerofosfatos de cal y de sodio. Para llegar a conseguir la mezcla había que estar algunos días dando vuelta tenazmente a una masa amarillenta en un gran mortero.

Como se puede suponer Letux tenía a su cargo aquella misión. Era una tarea torpe, desairada y de veras fatigante. La única faena de la cual escapaba Letux si podía. Linares nos contó que una vez un aprendiz estaba preparando aquella emulsión y cada dos o tres horas iba muy cansado al lado del farmacéutico y le decía "creo que ya está". Sin molestarse en mirarla, el famacéutico decía que no. Y el chico seguía dándole al mortero. Después de seis horas de no hacer otra cosa, llamó al boticario y le pidió que fuera a ver la emulsión.

—¿Está ya?—preguntó esperanzado.

—No, no.

—¿Cuándo estará?

Por decir algo el farmacéutico dijo:

—Cuando huela a ajo.

El aprendiz estuvo el resto del día dándole al mortero y oliendo con frecuencia aquella mezcla que naturalmente no tenía por qué oler a ajo. Cuando por la noche fue a su casa cogió algunos ajos en la cocina y al día siguiente los llevó a la farmacia, los machacó y los vertió en la mezcla. Agitó un poco la masa y fue muy contento a llevarle la buena nueva al boticario:

—Ahora huele a ajo.

El buen hombre fue a ver, extrañado, comprobó que era verdad y dándose cuenta de lo ocurrido dijo:

—Bien, pues ahora hay que seguir agitándola hasta que el olor a ajo desaparezca.

Lo que ocupó al aprendiz durante un par de meses.

CHIRIPI   Juan Antonio de ZUNZUNEGUI

Los días de partido de fútbol, cuando el público impaciente ocupaba todas las localidades, los jugadores abandonaban su caseta para saltar al campo. El capitán y delantero centro, "Chiripi", solía ser el primero de los del Bilbao Club que irrumpía en él. Con el pelotón de entrenamiento en la mano izquierda, apretado contra el pecho seguido de sus diez compañeros, su entrada era expectante y triunfal. El cambio rápido, frío en el exterior, encoge sus cuerpos; saltan; algunos se frotan las manos; luego, en un galope, se apoderan de la pradera.

Las piernas ágiles, aún olorosas del aguarrás de las embrocaciones, bien apretadas entre las gomas de tobilleras y rodilleras, les da el aspecto de finos caballos de carrera.

El público bilbaíno, puesto en pie, recibía a su club con animosos aplausos. Ya sobre el terreno de lucha, desde que los once muchachos aguardan a que el "réferée" les llame al centro, la inquietud en el público es de una extrema nerviosidad.

Mientras tanto, los "equipiers" se entrenan a centrar y rematar junto a una portería. El público sigue el patadeo preliminar presagiando la bondad del partido de la habilidad y pericia de estas primeras jugadas. Cuando un extremo centra y "Chiripi", al remate, envía la pelota por alto, pese a que el partido no es comenzado los entusiastas subrayan la jugada con un ¡Ooooh! sostenido y desilusionador.

EL SUCESO   José Antonio VIZCAÍNO

Paseaba con gravedad; las manos a la espalda, ésta encorvada, el andar pausado, la mirada dura. Sabía que era necesario hacerse respetar desde el primer momento y que sólo así conseguiría sacar provecho de los hombres a su cargo. Después de muchos años de tratarlos, de convivir con ellos, de intentar mil procedimientos, llegó a una sola y absoluta conclusión: mejor odiado y obedecido que estimado y burlado. Los calibraba al primer golpe de vista, como buen conocedor, seguro de sí y sin marrar nunca. No en vano llevaba cuarenta y siete años en el oficio. Cuarenta y siete años largos, monótonos, sistemáticos, rígidos, atormentadores. Cuarenta y siete años transportando cubos, apaleando espuertas, abriendo rozas, tendiendo tabiques, encenagándose con el agua de los pozos, colgándose de los andamios, hombro a hombro con el compañero, con el camarada, sabiendo de sus infortunios, de sus pesadumbres, de sus angustias, hasta que los oídos se encallecían de tanto agarrar penas y la herida del corazón se transformaba en costra que lo endurecía y agarrotaba. Cuarenta y siete años blancos de cal, de yeso y de cemento; polvorientos de arena, de cascote y ladrillo; sucios de mugre, de miseria y de fatiga. Cuarenta y siete años de experiencia dolorosa. Nada en su oficio podía escapársele, ni de los hombres ni de las cosas, ni nadie sería capaz de aventajarle. El mismo don Enrique, con su golpe de arquitecto y toda su prosapia a cuestas; y no digamos de don Francisco, el aparejador, que jamás sabía de qué iba; ni el propio don Tomás, con sus muchos méritos y los cuantiosos caudales con que los respaldaba. Ninguno como él, que consumió una vida entre la cinta de medir y la tartera de aluminio.

DOÑA INÉS   AZORÍN

Una carta no es nada y lo es todo. Cuando doña Inés ha penetrado de nuevo en la salita, traía en la mano una carta. Una carta es la alegría y es el dolor. Considerad cómo la señora trae la carta: el brazo derecho cae lacio a lo largo del cuerpo; la mano tiene cogida la carta por un ángulo. Una carta puede traer la dicha y puede traer el infortunio. No será nada lo que signifique la carta que doña Inés acaba de recibir; otras cartas como ésta, en este cuartito, ha recibido ya. Avanza lentamente hacia el velador que hay en un rincón y deja allí pausadamente la carta. Una actriz no lo haría mejor. En toda la persona de la dama se nota un profundo cansancio. Sí; está cansada doña Inés. Cansada, ¿ de qué? En el canapé se ha sentado una vez más, y en su mano derecha, extendida sobre el muslo, refulge el celeste zafiro. La mirada va hacia la carta. La carta será como todas las cartas. Con el cabo de los dedos sutiles—los de la mano derecha—se aliña la señora el negro pelo. La mano izquierda estira el corpiño. Y ahora, al realizar este ademán, al enarcar el busto, surge del pecho, de allá en lo hondo, un suspiro. La carta no dirá nada; será como tantas otras cartas. En el velador espera a que su nema sea rasgada. Va declinando la tarde; el crepúsculo no tardará en llegar.

UN HOMBRE   José María GIRONELLA

De repente, al ver que el camarero se les acercaba con la evidente intención de pasar cuentas, dijo a Miguel:

—¡Espera! Ahora verás.

—¿Qué ocurre?

Ella se había levantado ya y con enérgico ademán le ordenó que no se moviera del sitio que ocupaba.

—¡Ven aquí!—llamó Miguel, temeroso de que se marchara.

Ella no le hizo caso. Llegada al centro del café se paró.

Entonces se introdujo dos dedos en la boca y emitió un terrible silbido que logró el silencio instantáneo en el local.

Todo el mundo se volvió hacia ella e instintivamente los que estaban en pie desplegaron en abanico. El aspecto de Jeanette era muy gracioso con su corto vestido azul y sus cabellos planchados.

Entonces la muchacha empezó su maravilloso trabajo. Primero imitó al ruiseñor y acto seguido al jilguero. Con increíbles movimientos y contracciones de labios y lengua, su garganta lanzaba al aire, con precisión absoluta, los más puros trinos y los más sutiles gorjeos. El café, por un momento, se transubstanció. Se convirtió en un bosque frondoso y habitado por seres ocultos. El público, ganado por la sencillez y el arte de la muchacha, en el acto le perdonó el silbido y comenzó a aplaudirla al término de cada imitación. Estas imitaciones eran en su mayoría muy breves y a veces iban acompañadas de extraños movimientos de dedos con los que Jeanette parecía ayudarse a sí misma.

Todavía imitó al canario y a la codorniz.

Su éxito fue espectacular. Al terminar pidió una bandeja al camarero e hizo el recorrido por todo el café, persona por persona. Recogió bastante dinero y se acercó luego a Miguel, colocando el contenido de la bandeja sobre su mesa.

EL ÁRBOL DE LA CIENCIA   Pío BAROJA

—Yo quisiera—dijo Andrés—un cuarto en el piso bajo, y, a poder ser, grande.

—En el piso bajo no tengo—dijo ella—más que un cuarto grande, pero sin arreglar.

—Si pudiera usted enseñarlo.

—Bueno.

La mujer abrió una sala antigua y sin muebles, con una reja afiligranada a la callejuela que se llamaba de los Carretones.

—¿Y este cuarto está libre?

—Sí.

—¡Ah!, pues aquí me quedo—dijo Andrés.

—Bueno, como usted quiera; se blanqueará, se barrerá y se traerá la cama.

Sánchez se fue; Andrés habló con su nueva patrona.

—¿Usted no tendrá una tinaja inservible?—le preguntó.

—¿Para qué?

—Para bañarme.

—En el corralillo hay una.

—Vamos a verla.

La casa tenía en la parte de atrás una tapia de adobes cubierta con bardales de ramas, que limitaba con varios patios y corrales; además del establo, la tejavana para el carro, la sarmentera, el lagar, la bodega y almazara.

En un cuartucho, que había servido de tahona y que daba a un corralillo, había una tinaja grande, cortada por la mitad y hundida en el suelo.

—¿Esta tinaja me la podrá usted ceder a mí?—preguntó Andrés.

—Sí, señor; ¿por qué no?

—Ahora quisiera que me indicara usted algún mozo que se encargara de llenar todos los días la tinaja; yo le pagaré lo que me diga.

—Bueno. El mozo de casa lo hará. ¿Y de comer? ¿Qué quiere usted de comer? ¿Lo que comamos en casa?

—Sí, lo mismo.

—¿No quiere usted alguna cosa más? ¿Aves? ¿Fiambres?

—No, no. En tal caso, si a usted no le molesta, quisiera que en las dos comidas pusiera un plato de legumbres.

Con estas advertencias, la nueva patrona creyó que su huésped, si no estaba loco, no le faltaba mucho.

EL HERMANO ASNO   Eduardo BARRIOS

¡Cómo llueve, Dios mío!

Por cierto que nadie sale hoy a la calle. Sólo por alguna obligación puede alguien salir con este tiempo. Sin eso, nadie.

Y es natural. Ni yo saldría, si no fuera por mis clases.

¡En fin!

No es del todo triste el Convento bajo la lluvia.

Yo miro por mi ventana el patio y los claustros sombríos. Una luz cenicienta lo suaviza todo: el verde frío de los arbustos, el tono de las pinturas y el oro envejecido de sus marcos. Aun el castaño de los sayales se vela suavemente de gris.

Allá, con Fray Rufino, dos legos, arremangados los hábitos, se han puesto a cavar una pequeña acequia para desaguar el jardín anegado. En los vanos del aguacero siento chapotear las azadas en el barro y un olor acre y sano me llega.

Como acaba de concluir el almuerzo, los frailes van y vienen mascullando los rezos del breviario en la sombra helada de las galerías. El frío les obligó a echarse encima el capuz, les ha encendido los carrillos.

Ahora, uno a uno, los breviarios se cierran. Unos frailes se marchan, frioleros; se arremolinan otros un instante y forman grupos entre las rechonchas columnas de las arquerías, para consultar las nubes y predecir el sol.

No escampará, hermanos. Para todo el día tenemos.

Cuando escampa, llena el aire un abierto silencio, gotea la palmera y se oyen a lo lejos los ladridos de "Mariscal". Pero esto, si ocurre, es hoy muy corto: no tarda el cielo en nutrirse de nuevo, más espeso, y vuelve a oscurecer, y ya no permite oír nada el agua innumerable.

SOBRE LAS PIEDRAS GRISES
Sebastián Juan ARBÓ

A medida que la tarde avanzaba, otro tormento se añadió a los que padecía, y fue creciendo hasta dominar todos los demás: el hambre. No había comido nada en todo el día, y el hambre le mordía ahora el estómago, le impulsaba también a caminar. Las sombras del anochecer se hacían más densas sobre la ciudad, y él se dirigió de nuevo hacia las Ramblas. No tenía dinero; no sabía qué hacer; no pensaba. Sólo sentía la necesidad irresistible de comer; el grito doloroso del estómago que le empujaba hacia allá, que le hacía olvidarse de su situación. Por delante de la Catedral avanzó hacia la plaza de Santa Ana. En la Catedral dieron las siete. Se estremeció. Aquello no tenía sentido; no había ni ciudad, ni calles, ni casas, ni campanarios; no había tiempo ni personas, y él iba hambriento, solo, perdido en un infinito de sombra y de amenazas. Era un terrible anacronismo. Sintió temor de las campanas, y huyó con paso más apresurado, casi cayendo a causa de sus pies heridos. Al llegar a la plaza retrocedió, tal vez por la inmanente atracción de su casa pero sin confesárselo tampoco esta vez a sí mismo; sin embargo, en seguida se desvió hacia la Puertaferrisa. Caía un fuerte chaparrón; tronaba y relampagueaba. Él no lo sentía, pero iba calado por completo. La cabeza le ardía; y, no obstante, a causa de la debilidad sentía ahora estremecimientos de frío. Iba como desatinado, cayendo aquí y levantándose allá. A veces balbuceaba palabras ininteligibles; se detenía un instante a mirar, y volvía a caminar. Miraba los escaparates con los quesos amontonados, los jamones, las latas de conserva, las gruesas longanizas cortadas al sesgo. La boca se le llenaba de saliva, que tragaba sin cesar. En los bares, sentados en la barra, muchachas elegantes, hombres, jóvenes parejas tomaban el café con leche humeante, el chocolate; hundían en él el *croisant* y se lo llevaban a la boca.

SANGRE Y ARENA   Vicente BLASCO IBÁÑEZ

Descansaba unos días en Sevilla antes de irse a la Rinconada con su familia. Al llegar este período de calma lo que más agradaba al espada era vivir en su propia casa, libre de los continuos viajes en tren. Matar más de cien toros por año, con los peligros y esfuerzos de la lidia, no le fatigaba tanto como el viaje durante varios meses de una plaza a otra de España.

Eran excursiones en pleno verano, bajo un sol abrumador, por llanuras abrasadas y en antiguos vagones cuyo techo parecía arder. El botijo de agua de la cuadrilla, lleno en todas las estaciones, no bastaba a apagar la sed. Además, los trenes iban atestados de viajeros, gentes que acudían a las ferias de las ciudades para presenciar las corridas. Muchas veces, Gallardo, por miedo a perder el tren, mataba su último toro en una plaza, y vestido aún con el traje de lidia, corría a la estación, pasando como un meteoro de luces y colores entre los grupos de viajeros y los carretones de los equipajes. Cambiaba de vestido en un departamento de primera, ante las miradas de los pasajeros, satisfechos de ir con una celebridad, y pasaba la noche encogido sobre los almohadones, mientras los compañeros de viaje apelotonábanse para dejarle el mayor espacio posible. Todos le respetaban, pensando que al día siguiente iba a proporcionarles el placer de una emoción trágica sin peligro para ellos.

Cuando llegaba, quebrantado, a una ciudad en fiesta con las calles engalanadas con banderolas y arcos, sufría el tormento de la adoración entusiástica. Los aficionados partidarios de su nombre lo esperaban en la estación y lo acompañaban hasta el hotel. Eran gentes bien dormidas y alegres, que lo manoseaban y querían encontrarlo expresivo y locuaz, como si al verlos hubiera de experimentar forzosamente el mayor de los placeres.

Muchas veces, la corrida no era única. Había que torear tres o cuatro días seguidos, y el espada al llegar la noche, rendido de cansancio y falto de sueño por las recientes emociones, daba al traste con los convencionalismos sociales y se sentaba a la puerta del hotel en mangas de camisa, gozando del fresco de la calle.

LOS DE ABAJO   Mariano AZUELA

Entre las malezas de la sierra durmieron los veinticinco hombres de Demetrio Macías, hasta que la señal del cuerno los hizo despertar. Pancracio la daba de lo alto de un risco de la montaña.

—¡Hora sí, muchachos, pónganse changos[1]!—dijo Anastasio Montañés, reconociendo los muelles de su rifle.

Pero transcurrió una hora sin que se oyera más que el canto de las cigarras en el herbazal y el croar de las ranas en los baches.

Cuando los albores de la luna se esfumaron en la faja débilmente rosada de la aurora, se destacó la primera silueta de un soldado en el filo más alto de la vereda. Y tras él aparecieron otros, y otros diez, y otros cien; pero todos en breve se perdían en las sombras. Asomaron los fulgores del sol, y hasta entonces pudo verse el despeñadero cubierto de gente: hombres diminutos en caballos de miniatura.

—¡Mírenlos qué bonitos!—exclamó Pancracio—. ¡Anden, muchachos, vamos a jugar con ellos!

Aquellas figuritas movedizas, ora se perdían en la espesura del chaparral, ora negreaban más abajo sobre el ocre de las peñas.

Distintamente se oían las voces de jefes y soldados.

Demetrio hizo una señal: crujieron los muelles y los resortes de los fusiles.

—¡Hora!—ordenó con voz apagada.

Veintiún hombres dispararon a un tiempo, y otros tantos federales cayeron de sus caballos. Los demás, sorprendidos, permanecían inmóviles, como bajorrelieves de las peñas.

Una nueva descarga, y otros veintiún hombres rodaron de roca en roca, con el cráneo abierto.

---

1. Americano: sean vivos, listos, avispados.

MUERTE POR FUSILAMIENTO
José María MENDIOLA

El Ministro de Información levantó una mano.

—Por favor, caballeros—dijo, con voz profunda—. No puedo contestar varias preguntas al mismo tiempo.

La salita estaba atestada. Como consecuencia de la larga espera que habían padecido, los corresponsales de Prensa habían fumado con exceso. Apenas se podía respirar. En el suelo había colillas, restos de papeles que tal vez habían envuelto emparedados, ceniza. El Ministro estaba desagradado. Le molestaba que aquella gente no guardara las formas, que los nudos de las corbatas estuvieran flojos y se divisara, al fondo, un periodista en mangas de camisa . . ..

—¡Usted!—señaló, acusador—. ¿Quién es usted, si me hace el favor?

Las miradas de los periodistas buscaron el objetivo del Ministro.

—Usted—repitió éste, con voz seca—. El señor que no tiene la chaqueta puesta.

El aludido se azoró. Mascaba chiclé, naturalmente.

—Jaime Ardilla, de "La Hora" . . .

—¿Quiere hacer el favor de ponerse la chaqueta?

—Perdone . . .—El periodista se la puso, y hasta se peinó, con los dedos, su cabello revuelto—. Lo lamento.

—Señores.—El Ministro odiaba la desenvoltura en los demás—. Quiero advertirles que cumpliré mi cometido, facilitando una simple nota oficial, si el comportamiento de ustedes . . ..

Hubo protestas. Alguien, también en el fondo, levantó los brazos, agitándolos. Se seguía fumando de una manera desordenada.

—¡Una nota oficial!—repitió, amenazador.

—¡Por favor!—pidió un hombrecillo de la primera fila. Se volvió a sus compañeros y gritó—: ¡Dejadme a mí!

El Ministro aguardaba. El hombrecillo se enfrentó con sus compañeros, levantó los brazos y gritó: "¡Yo preguntaré!"

Lentamente, el vocerío fue cesando. Un fotógrafo se acercó, y el Ministro dijo:

—¡Nada de cámaras!

El hombrecillo se adelantaba ahora. Había conseguido un silencio discreto, aunque no total.

—Señor Ministro—empezó—. Soy Zelada, de "El Tiempo". Permita que sea yo quien . . .

—Sí, empiece. Y no toleraré ningún desorden.

—Sí, señor. ¿Es cierto lo que . . .?

—Sí—dijo el Ministro—. El Presidente ha sido asesinado.

CAÑAS Y BARRO   Vicente BLASCO IBÁÑEZ

Las gallinas corrían por entre las brozas del ribazo siguiendo la barca. Las bandas de ánades agitaban sus alas en torno de la proa que enturbiaba el espejo del canal, donde se reflejaban invertidas las barracas del pueblo, las negras barcas amarradas a los viveros con techos de paja a ras del agua, adornadas en los extremos con cruces de madera, como si quisieran colocar las anguilas de su seno bajo la divina protección.

Al salir del canal, la barca-correo comenzó a deslizarse por entre los arrozales, inmensos campos de barro líquido cubiertos de espigas de un color bronceado. Los segadores, hundidos en el agua, avanzaban hoz en mano, y las barquitas, negras y estrechas como góndolas, recibían en su seno los haces que habían de conducir a las eras. En medio de esta vegetación acuática, que era como una prolongación de los canales, levantábanse a trechos, sobre isletas de barro, blancas casitas rematadas por chimeneas. Eran las máquinas que inundaban y desecaban los campos, según las exigencias del cultivo.

Los altos ribazos ocultaban la red de canales, las anchas "carreras" por donde navegaban los barcos de vela cargados de arroz. Sus cascos permanecían invisibles y las grandes velas triangulares se deslizaban sobre el verde de los campos, en el silencio de la tarde, como fantasmas que caminasen en tierra firme.

Los pasajeros contemplaban los campos como expertos conocedores, dando su opinión sobre las cosechas y lamentando la suerte de aquellos a quienes había entrado el salitre en sus tierras, matándoles el arroz.

SIEMPRE EN CAPILLA   Luisa FORRELLAD

En un estado de nervios pocas veces experimentado, atravesé el pequeño puente de Cragget. El viento esparcía la niebla y ésta corría en lánguidas tiras, como si de todas partes emanara humo.

Mucho antes de alcanzar la calle de Rhode ya noté que alguien me seguía. No eran alucinaciones. Primero sólo me pareció ver una sombra que se deslizaba por el puente apresuradamente. Luego, al llegar al chaflán de un almacén, volví la cabeza y vi con toda claridad la silueta de un hombre que andaba en mi misma dirección. Me concentré y me dije que sería un policía, dado que aquel sector estaría vigilado ya. Pero iba de paisano, seguro que iba de paisano. Los faldones de su abrigo ondeaban de tanto como apretaba el paso para darme alcance.

La calle de Rhode se abría al otro lado de un amplio solar lleno de basuras; me lancé por él a toda prisa. El hombre echó a correr detrás de mí. Ya no cabía duda alguna, era una persecución a las claras, sin disimulo. De ser un policía me habría dado el alto, o habría tocado el silbato, o . . . en fin, no sé lo qué habría hecho, pero no era un policía. Una terrible angustia se apoderaba de mí. Miré desesperadamente a todos lados buscando un agente. Ninguno. Maldije a Wyatt por su imprudencia. Oía ya muy cerca de mí los pasos del perseguidor. Ambos atravesábamos el solar como una exhalación. Yo no sabía si me empujaba el miedo o la ira. No recuerdo haber corrido tanto en la vida; ni siquiera cuando era jugador de rugby. Pasaban por mi mente las más descabelladas ideas: pararme en seco, emprenderla a pedradas, gritar, dar la cara, dejarme coger, pedir clemencia . . ..

Una lata de conserva vacía puso fin a mis pensamientos trabándose entre mis pies. Me tambaleé, perdí el equilibrio . . .
El terror me secó la garganta cuando una manaza fría se aplastó

sobre mi nuca. Sentí un tirón. Agarré un abrigo. Rodé por el
suelo arrastrando a mi perseguidor.

—¡A mí, auxilio!—grité.

Me taparon la boca. A lo lejos sonó un silbato.

—¡Cállate, estúpido!

Quedé perplejo.

BAILÉN   Benito PÉREZ GALDÓS

Cuando entramos en Valdepeñas, el espectáculo de la población era horroroso. Parece increíble que los hombres tengan en
sus manos instrumentos capaces de destruir en pocas horas las
obras de la paciencia, de la laboriosidad, del interés, fuerzas
acumuladas por el brazo trabajador de los años y los siglos. La
calle Real, la más grande de aquella villa, y como si dijéramos la
columna vertebral que sirve a las otras de engaste y punto de
partida, estaba materialmente cubierta de jinetes franceses y de
caballos. Aunque la mayor parte eran cadáveres, había muchos
gravemente heridos que pugnaban por levantarse; pero claván-
dose de nuevo en las agudas puntas del suelo, volvían a caer.
Sabido es que bajo las arenas que artificiosamente cubrían el
pavimento de la vía, el suelo estaba erizado de clavos y picos de
hierro, de tal modo que la caballería iba tropezando y cayendo
conforme entraba para no levantarse más.

A la calle se habían arrojado cuantos objetos mortíferos se
creyeron convenientes para hostilizar a los dragones, y aun
después del combate surcaban la arena turbios arroyos de agua
hirviendo, que, mezclada con la sangre, producía sofocante y
horrible vapor. En algunas ventanas vimos cadáveres que pendían
con medio cuerpo fuera, apretando aún en sus crispados dedos la
hoz o el trabuco. En el interior de las casas que no eran presa de
las llamas, el espectáculo era más lastimoso, porque no sólo los
hombres, sino las mujeres y niños, aparecían cosidos a bayoneta-
zos en las cuevas, y si se trataba de entrar en alguna casa, por
dar auxilio a los heridos que lo habían menester, era preciso salir
a toda prisa, abandonándoles a su desgraciada suerte, porque el

fuego, no saciado con devorar la habitación cercana, penetraba en aquélla con furia irresistible.

VIAJE A LA ALCARRIA   Camilo José CELA

En la bajada de la Estación, algunas mujeres ofrecen al viajero tabaco, plátanos, bocadillos de tortilla. Se ven soldados con su maleta de madera al hombro y campesinos de sombrero flexible que vuelven a su lugar. En los jardines, entre el alborozo de miles de gorriones, se escucha el silbo de un mirlo. En el patio está formada la larga, lenta cola de los billetes. Una familia duerme sobre un banco de hierro, debajo de un letrero que advierte: "Cuidado con los rateros". Desde las paredes saludan al viajero los anuncios de los productos de hace treinta y cinco años, de los remedios que ya no existen, de los emplastos porosos, los calzoncillos contra catarros, los inefables, automáticos modos de combatir la calvicie.

El viajero, al pasar al andén, nota como un ahogo. Los trenes duermen, en silencio, sobre las negras vías, mientras la gente camina sin hablar, como sobrecogida, a hacerse un sitio a gusto entre las filas de vagones. Unas débiles bombillas mal iluminan la escena. El viajero, mientras busca su tercera, piensa que anda por un inmenso almacén de ataúdes, poblado de almas en pena, al hombro el doble bagaje de los pecados y las obras de misericordia.

El vagón está a oscuras. Sobre la dura tabla los viajeros fuman, adormilados. De cuando en cuando se ve brillar la punta de un cigarro, se oye el chasquido de una cerilla que ilumina, unos instantes, una faz rojiza y sin afeitar. Unos obreros se sientan, con la chaqueta al hombro, la fiambrera envuelta en un pañuelo sobre las rodillas. Sube al vagón un grupo de pescadores—el cestillo de mimbre en bandolera—que colocan, con todo cuidado, las largas cañas de pescar. Entran mujeres de grandes cestas al brazo, campesinas que han bajado a Madrid a vender huevos y chorizo y queso, a comprar una tela estampada para un traje de domingo, o una gorra de visera para el marido. Dos guardias civiles se acomodan, uno enfrente del otro, en un extremo del departamento, al lado de la puerta, debajo del timbre de alarma y de la placa de loza con el extracto de la legislación de ferrocarriles.

TORMENTA DE VERANO
Juan GARCÍA HORTELANO

El policía dijo su nombre en el mismo umbral, con la mano extendida.

—Pase. Raimundo, el de la tienda, ya me había hablado de usted.

Restregó las suelas de los zapatos en el felpudo, antes de seguirme al living. Resultaba extraña su americana. Y su corbata y el brillo negro de su calzado.

—¿Quiere beber algo? Siéntese, por favor.

Se puso las gafas y sacó un pequeño cuaderno con tapas de hule, dirigiéndome una sonrisa de disculpa.

—Tiene que perdonar el retraso. Nunca se puede calcular el tiempo que van a llevar los interrogatorios.

—Es lo mismo. Estaba trabajando.

—Pues sí, Raimundo y yo somos amigos—dejó de colocarse la raya del pantalón—. Usted ya sabe de qué se trata. Un simple formulismo, por si puede aportar algún dato de interés.

—Estoy a su disposición. ¿De verdad no le apetece beber algo? Y ¿café?

—Acabo de tomar café en casa de don Antonio. ¿Quiere decirme cómo se enteró de la aparición del cadáver en la playa?

Se sujetó las gafas de montura invisible. De cuando en cuando, tomaba alguna nota, mientras yo hablaba.

—¿Vio usted el cuerpo en la misma playa?

—Sí. Además, una mañana fui a la caseta donde lo habían colocado. El guardia me dejó entrar y estuve contemplando la cara de la chica.

—No la conoce, ¿verdad?

—No.

—¿Qué edad le calcula usted?

—Veintitantos. Más cerca de treinta que de veinticinco. No sé. Es difícil.

—¿Ha oído usted algún comentario, que juzgue importante?

—Pues no. Permítame, ¿saben ustedes ya de quién se trata?

—Estamos a punto de saberlo.

EN TORNO AL CASTICISMO
Miguel de UNAMUNO

Los grandes aguaceros y nevadas descargando en sus sierras y precipitándose desde ellas por los empinados ríos han ido desollando siglo tras siglo el terreno de la meseta, y las sequías que les siguen han impedido que una vegetación fresca y potente retenga en su maraña la tierra mollar del acarreo. Así es que se ofrecen a la vista campos ardientes, escuetos y dilatados, sin fronda y sin arroyos, campos en que una lluvia torrencial de luz dibuja sombras espesas en deslumbrantes claros, ahogando los matices intermedios. El paisaje se presenta recortado, perfilado, sin ambiente casi, en un aire trasparente y sutil.

Recórrense a las veces leguas y más leguas desiertas sin divisar apenas más que la llanura inacabable donde verdea el trigo o amarillea el rastrojo, alguna procesión monótona y grave de pardas encinas, de verde severo y perenne, que pasan lentamente espaciadas, o de tristes pinos que levantan sus cabezas uniformes. De cuando en cuando, a la orilla de algún pobre regato medio seco o de un río claro, unos pocos álamos, que en la soledad infinita adquieren vida intensa y profunda. De ordinario anuncian estos álamos al hombre: hay por allí algún pueblo, tendido en la llanura al sol, tostado por éste y curtido por el hielo, de adobes muy a menudo, dibujando en el azul del cielo la silueta de su campanario. En el fondo se ve muchas veces el espinazo de la sierra, y al acercarse a ella, no montañas redondas en forma de borona, verdes y frescas, cuajadas de arbolado, donde salpiquen al vencido helecho la flor amarilla de la árgoma y la roja del brezo. Son estribaciones de huesosas y descarnadas peñas erizadas de riscos, colinas recortadas que ponen al desnudo las capas del terreno resquebrajado de sed, cubiertas cuando más de pobres hierbas, donde sólo levantan cabeza el cardo rudo y la retama desnuda y olorosa, la pobre *ginestra contenta dei deserti* que cantó Leopardi. En la llanura se pierde la carretera entre el festón de árboles, en las tierras pardas, que al recibir al sol que baja a acostarse en ellas se encienden de un rubor vigoroso y caliente.

SOTILEZA   José María de PEREDA

De pronto percibieron sus oídos un pavoroso rumor lejano, como si trenes gigantescos de batalla rodaran sobre suelos abovedados; sintió en su cara la impresión de una ráfaga húmeda y fría, y observó que el sol se obscurecía y que sobre el mar avanzaban, por el Noroeste, grandes manchas rizadas, de un verde casi negro. Al mismo tiempo gritaba Reñales:

—¡Abajo esas mayores!... ¡El tallaviento[1] solo!

Y Andrés, helado de espanto, vio a aquellos hombres tan valerosos abandonar los remos y lanzarse, descoloridos y acelerados, a cumplir los mandatos del patrón. Un solo instante de retardo en la maniobra hubiera ocasionado el temido desastre; porque apenas quedó izado el tallaviento, una racha furiosa, cargada de lluvia, se estrelló contra la vela, y con su empuje envolvió la lancha entre rugientes torbellinos. Una bruma densísima cubrió los horizontes, y la línea de la costa, mejor que verse, se adivinaba por el fragor de las mares que la batían, y el hervor de la espuma que la asaltaba por todas sus asperezas.

Cuanto podía abarcar entonces la vista en derredor, era ya un espantoso resalsero de olas que se perseguían en desatentada carrera, y se azotaban con sus blancas crines sacudidas por el viento. Correr delante de aquella furia desatada, sin dejarse asaltar de ella, era el único medio, ya que no de salvarse, de intentarlo siquiera. Pero el intento no era fácil, porque solamente

---

1. Tallaviento: Vela pequeña que se iza cuando hay mucho viento.

la vela podía dar el empuje necesario, y la lancha no resistiría
sin zozobrar ni la escasa lona que llevaba en el centro.

ENTRE VISILLOS   Carmen MARTÍN GAITE

Nos habíamos parado delante de casa y yo miré de reojo, por
si había alguien en el mirador. No había nadie.

—Yo vivo aquí—le dije.

Se sonrió.

—Muy bien. Pero eso de su padre no está muy claro todavía.
¿No le apetece venir a tomarse un café conmigo?

—No—le dije—, muchas gracias. Es tarde.

Que era tarde, eso le dije, qué idiota soy. Allí, desde el portal,
se veían unas nubes rosa al final de la calle, y era la hora más
alegre y de mejor luz, el sol sin ponerse todavía igual que primavera. Dije que era tarde, la primera cosa que se me pasó por la
cabeza, de puro azar de que me invitara, de pura prisa que me
entró por meterme y dejarle de ver. Pero en cuanto me vi dentro
de la escalera, en el primer rellano, subido aquel tramo de
escalones de dos en dos, me quedé quieta como si se me hubiera
acabado la cuerda y sentí que me ahogaba en lo oscuro, que no
era capaz de subir a casa a encerrarme; ni un escalón más podía
subir. Entonces me di cuenta de lo maravilloso que era que me
hubiera invitado y me entraron las ganas de marcharme con él.
Me puse a pensar en todo lo que había dicho, en la conversación
dejada a medias. Si volvía a bajar deprisa, todavía me lo encontraba. Le encontraba, seguro. Estaba parada, casi sin respirar
y no se oía nada por toda la escalera. No me decidía. Luego oí
una puerta y voces que bajaban, y me salí a saltos al portal, sin
pensarlo más. Eché una ojeada parada en la acera. Volvía tía
Concha del rosario, con otra señora.

—Niña, ¿adónde vas tan sofocada? Métete bien ese abrigo
antes de salir.

—Si no hace frío.

—¿Adónde vas?

—A casa de una chica, a pedirle sus apuntes.

—Una chica, ¿qué chica?

—No la conoces tú, una que vive aquí cerca.

—¿Y por qué no se los has pedido en clase?

—No ha ido.

—Llámala por teléfono.

—No tiene teléfono.

—¿Tanta prisa te corren?

—Sí.

LA CASA DE LA TROYA
Alejandro PÉREZ LUGÍN

Sonaban las siete en el reloj de la catedral cuando salieron de casa de Blanca. Dormía la ciudad. Estaban apagados los faroles y apenas si una tenue, una indecisa claridad iluminaba vagamente las cosas. De vez en cuando interrumpía el silencio en que todo yacía el choclear lejano de unos zuecos. Camino de la catedral pasaban presurosas algunas mujeres, tocadas con mantillas de paño negro y llevando en la mano un rosario. Casi todas vestían hábito. Deslizábanse silenciosamente, más que andaban, pegadas a las paredes. Otras mujerucas volvían de la misa de alba, que habían oído en San Francisco.

Casimiro y Roquer entraron por la puerta de las Platerías en la catedral, para acortar camino atravesándola y saliendo por la de la Azabachería. Un mendigo valleinclanesco[1], llena de lamparones la cara y medio comida la nariz por la lepra, levantó, salmodiando mecánicamente una petición, la pesada cortina que defendía el templo del frío de fuera, y así que hubieron pasado los estudiantes la dejó caer y volvió a la disputa en que estaba metido con otros dos pobres, dos peregrinos que se acurrucaban en el pórtico. Un aire húmedo, pero menos frío que el de la calle, acarició a nuestros amigos al entrar bajo las altas bóvedas del romántico templo.

Por las amplias naves iban y venían muchas figuras, borrosas en

1. Adjetivo formado de Valle-Inclán (Ramón del), escritor (1866–1936).

la indecisión de la luz matinal que caía de las altas policromas vidrieras que no permitían distinguir con claridad, al primer golpe de vista, los objetos. Arrodilladas ante el altar mayor, donde lucen continuamente en colosales y argénteas[1] lámparas las débiles mariposas que alumbraban día y noche la imagen de plata del apóstol vencedor de los moros, adivinábanse una porción de mujeres. Rezaban unas con los brazos en cruz, colgando de la mano derecha el rosario, que pasaban lentamente. Otras decían en voz alta sus oraciones. Algunas al concluir sus plegarias, besaban humildemente el suelo. Una aldeana vieja arrastrábase penosamente de rodillas, dando así la vuelta al crucero en cumplimiento de algún voto. De un rincón salió un hondo suspiro, con que una dama acongojada apoyaba una petición que sólo podían resolver en la altura.

JUANITA LA LARGA   Juan VALERA

Atolondrado don Paco con los sucesos de aquel día, y más aún con la expulsión de que acababa de ser objeto, no sabía qué camino tomar ni a qué carta quedarse, y maquinalmente se fue a su casa a meditar y a hacer examen de conciencia. Lo primero que notó fue que la tenía muy limpia. No era ningún delito, aunque pudiese pasar por extravagancia, el que estuviese él enamorado de aquella muchacha que podía ser su nieta. El haber ido a su casa todas las noches durante algunas semanas apenas le parecía imprudente y digno de censura. De Juanita formaba, sucesiva y a veces simultáneamente, distintos conceptos, como si en el fondo del ser de ella hubiese algo de misterioso e indescifrable. De sobra reconocía él que Juanita, si no le había dado calabazas, era porque él no se había declarado en regla; pero con sus bromas de llamarle abuelo y con la maña que ella empleaba para que él no la hablase al oído y para esquivar el estar a solas con él, harto claro se veía, que no quería admitirle por novio ni por amante. Sin embargo, ¿sería esto cálculo o ladino instinto de

1. Poético: de plata.

mujer para cautivarle mejor o para entretenerle con esperanzas vagas? También recordaba don Paco los cuchicheos de Juanita con Antoñuelo y se ponía celoso.

¿Si estaría ella prendada de Antoñuelo, y considerando que como novio no le convenía pensaría en plantarle y en decidirse al fin por don Paco, como mejor partido y conveniencia? ¿Si titubearía ella entre su propio gusto y lo que su madre, sin duda, le aconsejaba? Como quiera que fuese, don Paco tenía estampada en las telas del juicio la imagen de Juanita, y cada vez le parecía más hermosa y más deseable. Harto bien notaba que ni su madre ni ella habían tratado jamás de medrar a su costa de un modo pecaminoso e ilegítimo. La madre acaso le deseaba para yerno. Lo que es la hija, hasta entonces no había mostrado desearle, ni menos buscarle para amante ni para marido. Él había hecho todos los avances.

SOTILEZA José María de PEREDA

Mientras su madre colocaba sobre la mesa tres platos, uno con higos pasos para Luisa y los otros dos con aceitunas, la niña se fijó en Andrés, que cada vez se ponía más encendido de color y más revuelto el pelo.

—Y es guapo—le dijo a su madre, mordiendo un higo.

—Vamos, come y calla—le respondió ésta a media voz, colocando un zoquetito de pan junto a cada plato. Y luego, dirigiéndose a los chicos, añadió, señalando a las aceitunas—: Vosotros, aquí; y en seguida a la calle. ¡Pero cuidado con lo que se hace, y cómo se juega y a qué! No parezcamos pillos de plazuela. ¿Me entiendes, Antolín?

Tolín no hizo maldito el caso de la advertencia; pero Andrés se puso todavía más encendido de lo que estaba, porque pescó al aire cierta miradilla que le echó la señora al hablar a su hijo. El cual agarró con los dedos una aceituna. Andrés, al verlo, agarró otra del mismo modo, y armándose de un valor heroico, le hincó los dientes. Pero no pudo pasar de allí. Había comido, sin fruncir el gesto, pan de cuco[1], ráspanos[2] verdes y uvas de bardal[3]; pero jamás pudo vencer el asco y la dentera que le daba el amargor de la aceituna.

—Mamá, no le gustan—dijo Tolín en cuanto vio la cara que ponía Andrés.

—No haga usted caso—se apresuró a rectificar Andrés, sin saber qué hacer con la aceituna que tenía en la boca—. Es que no tengo ganas.

—Es que no te gustan—insistió Tolín, mondando con los dientes el hueso de la tercera.

—También yo creo que no le gustan—añadió la niña, estudiando con gran atención los gestos de Andrés—. Puede que quiera higos como yo.

—¡Quiá! ... Muchísimas gracias—volvió a decir Andrés, echando lumbre hasta por las orejas—. Si es que no tengo ganas...

LA DANZA DEL CORAZÓN   José FRANCÉS

Volvieron a quedar en silencio. Luego Elena, sonriendo en un tono de frivolidad que estaba muy lejos de sentir, preguntó:

—Debe ser divertida la vida de ustedes, ¿verdad? Siempre caras nuevas, paisajes distintos, ciudades desconocidas. Luego los aplausos, el dinero... Dicen que ganan ustedes mucho dinero.

Solares hizo una mueca de desdeñoso hastío:

—No lo crea usted... Además, ¡divertida nuestra vida!... No, Elena, no... Es una vida muy amarga, muy cruel, de llama que calienta, que alumbra a los demás sin poder calentarse ella a la luz de otra llama. Llega un momento en que a fuerza de ser un vagabundo, de ir de pueblo en pueblo, de ciudad en ciudad, de un teatro a otro, se siente la necesidad absoluta, imperiosa, de sentarnos al borde del camino y dejar que los demás pasen delante. Siendo hoy príncipe, mañana un enfermo, después ladrón, antes desgraciado y luego feliz, es muy triste no ser uno nada, tener algo

1. El telefio.
2. Regional: arándanos.
3. Uvas silvestres.

propio, íntimo, que nos distinguiera de los demás ... Que fuese nuestra la carne y nuestro el espíritu, malo o bueno, y no esta existencia de maniquí donde van colgando trajes y frases y pasiones para que los demás se diviertan y sufran, sin comprender que la mayor parte de las veces nosotros no podemos, no sabemos, ni darnos cuenta de lo que sufrimos. Esto viene después, cuando el actor queda solo en la alcoba del hotel y piensa un momento, sólo un momento, en cómo deben sonar a gloria aquellas palabras que oyó a la actriz mentirle la misma noche, dichas por una novia, y cómo debe ser de dulce, de bueno, de santo, un comedor plácido y burgués, como el que puso el mueblista para el segundo acto de la comedia que se estrenó el día anterior.

Instintivamente se había ido sintiendo lástima de sí mismo y la voz agradable, sabia en modulaciones y temblores, fue vertiendo en el corazón de Elena toda la amarga esencia de su humano dolor.

EL ABUELO DEL REY   Gabriel MIRÓ

Quince años faltaba de su casa; no tenía mujer ni hijos ni otro amor que le alumbrase la vida; si era verdad que gustó la gloria, le pareció muy solitaria y pálida, con una luz fría de luna. Su mal era de cansancio de todos los nervios y de otros íntimos dolores que nunca confesó y nunca hallaron alivio ni recompensa.

Siempre le creyeron un veleidoso y desconfiaron de aquellos súbitos triunfos.

Sólo don Arcadio tuvo fe en don Lorenzo, aunque nunca le comprendiese ni se cuidase de averiguar sus méritos. Llevólo a su casa y le enseñó el retrato del hijo que ya seguía estudios en Madrid. Largo tiempo quedó contemplándolo el músico.

—¡Qué hijo tan hermoso!—balbució enternecido; y después aspiró devotamente el perfume de la orla de terciopelo labrada por la madre.

Pasaron a la sala de la señora. La voz del viajero había llegado al plácido retiro; y doña Rosa se sintió dulcemente desventurada y desasida de la vida del suelo como la mañana de sus desposorios, cuando en la parroquia cayó la lluvia de armonías del órgano.

Calmados los latidos de sus corazones, la señora volvió medrosamente sus ojos a la quieta mirada del músico. Esforzóse: se creyó serena, y ahogándose, le dijo:

—¡Todo lo deja, todo lo abandona, para encerrarse aquí! ¿No es una locura, don Lorenzo?

Palideció el artista. Y su amigo, dando una sonora palmada sobre el arcaico bufetillo, que tenía los escaques de ajedrez de un precioso embutido de nácar, gritó:

—¡Es Serosca que atrae a sus hijos, la vieja raza serosquense que le llama! ¡Sí, sí, aunque usted no lo crea!

Nada le replicó don Lorenzo; miraba, a través de la vidriera, la callada tarde campesina.

PRIMERA MEMORIA   Ana María MATUTE

Antonia entró en la pieza contigua, que era el cuarto de baño. Nunca vi un cuarto de baño como el de la casa de la abuela: una grande y destartalada sala con extraños muebles de madera oscura y de mármol. El enorme lavabo, con su gran espejo inclinado, donde me retrataba en declive, como en un raro sueño, mirándome yo misma de arriba abajo, más parecía un armario ropero. Tenía estantes de cristal verdoso, cubiertos de botellas y frascos vacíos. Un ruido lúgubre barboteaba en las deficientes cañerías de agua, tibia en verano, helada en invierno. El mármol rojizo del lavabo, veteado de venas sangrientas, y el negro de la madera con entrelazados dragones de talla que me llenaban de estupor, es uno de los recuerdos más vivos de aquel tiempo. Los primeros días de mi estancia pasaba mucho rato en aquel extraño cuarto de aseo—como siempre la llamaba Antonia—, pasando el dedo por entre los resquicios de maderas y mármoles horriblemente combinados, en los que siempre había polvo. La bañera era vieja y desportillada, con patas de león barnizadas de blanco amarillento, y tenía grandes lacras negras, como estigmas de una mala raza. En las paredes resaltaban manchas de herrumbre y humedad formando raros continentes, lágrimas de vejez y abandono. El agua verdaderamente caliente tenía que subirla Antonia en jarras de porcelana, desde la cocina. Oí cómo trajinaba y la imaginé, como siempre, entre nubes de vapor que empañaban el espejo y le daban un aire aún más irreal y misterioso. "Alicia en el mundo del espejo", pensé, más de una vez, contemplándome en él, desnuda y desolada, con un gran deseo de atravesar su superficie, que parecía gelatinosa. Tristísima imagen aquella—la mía—de ojos asustados, que era, tal vez, la imagen misma de la soledad.

NADA   Carmen LAFORET

Entramos por un portalón ancho donde campeaba un escudo de piedra. En el patio, un caballo comía tranquilamente, uncido a un carro, y picoteaban gallinas produciendo una impresión de paz. De allí partía la señorial y ruinosa escalera de piedra, que subimos. En el último piso, Pons llamó tirando de una cuerdecita que colgaba en la puerta. Se oyó una campanilla muy lejos. Nos abrió un muchacho a quien Pons llegaba más abajo del sombrero. Creí que sería Guíxols. Pons y él se abrazaron con efusión. Pons me dijo:

—Aquí tienes a Iturdiaga, Andrea . . . Este hombre acaba de llegar del Monasterio de Veruela, donde ha pasado una semana siguiendo las huellas de Bécquer . . ..

Iturdiaga me estudió desde su altura. Sujetaba una pipa entre los largos dedos y vi que a pesar de su aspecto imponente, era tan joven como nosotros.

Le seguimos, atravesando un largo dédalo de habitaciones destartaladas y completamente vacías, hasta el cuarto donde Guíxols tenía su estudio. Un cuarto grande, lleno de luz, con varios muebles enfundados—sillas y sillones—, un gran canapé y una mesita donde, en un vaso—como un ramo de flores—, habían colocado un manojo de pinceles.

Por todos lados se veían las obras de Guíxols: en los caballetes, en la pared, arrimadas a los muebles o en el suelo . . ..

Allí estaban reunidos dos o tres muchachos que se levantaron al verme. Guíxols era un chico con tipo de deportista. Fuerte y muy jovial, completamente tranquilo, casi la antítesis de Pons. Entre los otros vi al célebre Pujol, que con su chalina y todo, era terriblemente tímido. Más tarde llegué a conocer sus cuadros, que hacía imitando punto por punto los defectos de Picasso—la genialidad no es susceptible de imitarse, naturalmente. No era esto culpa de Pujol ni de sus diecisiete años ocupados en calcar al maestro—. El más notable de todos parecía ser Iturdiaga. Hablaba con gestos ampulosos y casi siempre gritando. Luego me enteré de que tenía escrita una novela de cuatro tomos, pero no encontraba editor para ella.

CAMPOS DE NÍJAR   Juan GOYTISOLO

La carretera está, por fortuna, arbolada. A la salida de El Alquián, en medio de una haza de eucaliptos, se alza la mole inacabada de la Escuela Sindical para Hijos de Pescadores. A mi regreso a Almería el chófer del autobús me explicó que está así desde hace más de diez años. Los créditos se agotaron a mitad de la obra y el viajero puede mirar el paisaje a través de la andana de huecos del edificio.

Un centenar de metros más lejos, los cortijos comienzan a espaciarse. A las huertas embardadas suceden los alijares y las ramblas arenosas y desérticas. La vegetación se reduce a su expresión más mínima: chumberas, pitas, algún que otro olivo retorcido y enano. A la derecha, la llanura se extiende hasta los médanos del golfo, difuminada por la calina. Los atajos rastrean el pedregal y se pierden entre las zarzas y matorrales chamuscados y espinosos. Las nubes coronan las sierras del Cabo de Gata. En el horizonte, el mar es sólo una franja de plomo derretido.

A la izquierda, las cordilleras parecen de cartón. Un camino sinuoso repecha a los poblados de Cuevas de los Úbedas y Cuevas de los Medinas. Antiguos centros mineros, sobrevivientes de la gran crisis de principios de siglo, se incrustan en el flanco de la montaña como dos nidos de buitre. Allí, los camiones acarrean el mineral hasta Almería, donde es embarcado para su fundición hacia los puertos de Alemania, Francia o Inglaterra.

Siguiendo la carretera de Níjar hay unas fincas del Patrimonio Forestal del Estado, con pitas y henequenes. Sembrados en liño sobre inmensas hazas de tierra ocre, rebasan apenas el palmo de altura. El sol los reseca hasta agostarlos. Desde el eucalipto bajo el que los contemplo parecen estrellas de mar, tentaculares y retorcidas. El Instituto Nacional de Colonización ha dado gran impulso a su cultivo: sus hojas, como las palas de las chumberas, se emplean en la fabricación de fibras textiles.

LA SALA DE ESPERA   Eduardo MALLEA

La noche del estreno el teatro radiaba luces, no parecía la misma sala, la propia araña parecía un animal de oro amenazando devorar en un mordisco a aquellos elegantes intrusos que la explotaban para brillar. Las galerías estaban llenas de invitados de favor. La sala hervía, la cortina carmesí parecía en su solemnidad pertenecer a la púrpura del Apocalipsis. Y una gran voracidad hilarante presidía el desorden, la inquietud, la agitación de la gran sala antes de ser levantado el telón. El rumor de voces era tan alto en la sala ya llena, que se tenía la sensación de que aquella panza cóncava emitía la pululación sin tregua de voces sibilantes. Erré con el cuello del sobretodo levantado por las galerías, escuché mi nombre, oí las torpes risas suscitadas por los chistes soeces, las noticias familiares, el partido tomado en conflictos baladíes. No soporté todo eso. Salí a la calle. Crucé y vi desde enfrente el pórtico del teatro, las columnas, la llegada de los coches, de la gente, rostros desconocidos y conocidos; estallaba una estridencia de cornetas, una vieja cruzó despavorida arrastrando sus piernas entre coches. Me alejé un centenar de metros hasta la calleja cortada que detrás del teatro arrancaba de golpe y moría pronto. Me detuve, como si fuera el último vagabundo, a contemplar los letreros luminosos, la gran mancha negra de un hotel sumido en la oquedad nocturna. Y sólo volví cuando todo aquel murmullo y sorda turbulencia de la sala estaban ya sepultos en el temible, recogido silencio que yo conocía tanto, en la respirada oscuridad, en ese vasto recogimiento de capilla. Crucé los pasillos sigiloso, por entre las cortinas oía la voz alta de un actor diciendo su papel.

EL JARAMA   Rafael SÁNCHEZ FERLOSIO

—¿Me dejas que descorra la cortina?

Siempre estaba sentado de la misma manera: su espalda contra lo oscuro de la pared del fondo; su cara contra la puerta, hacia la luz. El mostrador corría a su izquierda, paralelo a su mirada. Colocaba la silla de lado, de modo que el respaldo de ésta le sostribase el brazo derecho, mientras ponía el izquierdo sobre el mostrador. Así que se encajaba como en una hornacina, parapetando su cuerpo por tres lados; y por el cuarto quería tener luz. Por el frente quería tener abierto el camino de la cara y no soportaba que la cortina le cortase la vista hacia afuera de la puerta.

—¿Me dejas que descorra la cortina?

El ventero asentía con la cabeza. Era un lienzo pesado, de tela de costales.

Pronto le conocieron la manía y en cuanto se hubo sentado una mañana, como siempre, en su rincón, fue el mismo ventero quien apartó la cortina, sin que él se lo hubiese pedido. Lo hizo ceremonioso, con un gesto alusivo, y el otro se ofendió:

—Si te molesta que abra la cortina, podías haberlo dicho, y me largo a beber en otra parte. Pero ese retintín que te manejas, no es manera de decirme las cosas.

—Pero hombre, Lucio, ¿ni una broma tan chica se te puede gastar? No me molesta, hombre; no es más que por las moscas, ahora en el verano; pero me da lo mismo, si estás a gusto así. Sólo que me hace gracia el capricho que tienes con mirar para afuera. ¿No estás harto de verlo? Siempre ese mismo árbol y ese cacho camino y esa tapia.

—No es cuestión de lo que se vea o se deje de ver. Yo no sé ni siquiera si lo veo; pero me gusta que esté abierto, capricho o lo que sea. De la otra forma es un agobio, que no sabes qué hacer con los ojos, ni dónde colocarlos. Y además, me gusta ver quién pasa.

—Ver quién no pasa, me querrás decir.

Callaban.

EL PEREGRINO ENTRETENIDO   Ciro BAYO

Plúgome el sitio, y como iba a pie y el calor apretaba, en él me detuve, tumbándome a la sombra de un paredón y dándome a soñar, de cara al cielo, en castellanas, barones feudales y trovadores.

Dábame regalada música, o al menos tal me parecía, el chirrido de una cigarra, rítmico y concertado como rascadura de güiro cubano, con acompañamiento del tintineo de esquilas de un ganado que por allí estaría. De cuando en cuando, lagartos de esmeralda trepaban por el paredón y hacían desprender algún cascote, que iba a rebotar en una que otra losa al descubierto.

Hipnotizado por el silencio y por la luz cenital se me entornaron los párpados y me quedé dormido. Un no sé qué me despierta y veo inmóvil ante mí un hombre trípode apoyado en una larga vara, como centinela en su pica.

La copetuda montera y los rijosos zahones que viste, me tranquilizan en parte, porque pienso será el pastor del ganado a que antes me refería. Pero ya el susto me había hecho incorporar más que de prisa.

El hombre comprende mi alarma, se sonríe y me dice:

—A esto vine aquí, compañero, a despertarle; pero viendo lo bien que había agarrado el sueño, me dio lástima y no le quise recordar.

—¿Pues qué pasa?—pregunto, restregándome los ojos.

—Que a menos de un tiro de piedra de aquí, tengo recogidos unos toros y hay peligro en estar descuidado.

—¡Carape!—exclamé, dando un esguince involuntario, como si tuviera delante un jarameño[1]—. ¿Conque toritos, eh?

1. Toro criado a orillas del río Jarama.

—Y de los más bravos que cría Colmenar[1]—responde el pastor para acabar de tranquilizarme—. Mas no haya cuidado, que ahora están echados y así seguirán hasta que refresque la tarde. Pero yo cumplo con ponerlo en su conocimiento.

—Gracias, amigo; ya me voy. Pero quisiera pagarle la centinela que hizo a mi sueño ... Eche un trago.

Y le alargué la cantimplora de aguardiente que llevaba en bandolera.

—Acepto—respondió complacido el pastor—; pero póngase en cobro, por un si acaso. No conviene que los toros le vean.

DOÑA BÁRBARA   Rómulo GALLEGOS

Ya se había escuchado, allá en el fondo de las mudas soledades, el trueno que anuncia la aproximación del invierno; ya estaban pasando hacia el occidente los rumazones de nubes que van a condensarse sobre la cordillera, donde comienzan las lluvias que luego descienden a la llanura, y ya estaba el fusilazo del relámpago al ras del horizonte en las primeras horas de la noche. El verano empezaba a despedirse con el canto de las chicharras entre los chaparrales resecos, amarilleaban los pastos hasta perderse de vista y bajo el sol ardoroso se rajaban como fauces sedientas las terroneras[2] de los esteros[3]. La atmósfera, saturada del humo de las quemas que comenzaban a propagarse por las sabanas, se inmovilizaba en calmas sofocantes durante días enteros, y sólo a ratos, como anhelosos resuellos de fiebre, soplaban breves ráfagas ardientes.

Aquella tarde había llegado a su apogeo la modorra de la canícula. La reverberación solar poblaba de espejismos la sabana y en la abrumadora quietud del desierto sólo se movía la vibración del aire enrarecido, cuando, de pronto y a tiempo que los pastos se abatieron al soplo de una racha huracanada, empezó a

---

1. Pueblo de la provincia de Madrid.
2. Lugares en que abundan los terrones.
3. Terrones bajos y pantanosos.

suceder algo extraño; bandadas de aves palustres que volaban hacia el sotavento lanzando graznidos de pánico, numerosas yeguadas, reses sueltas o en madrinas[1] que corrían en la misma dirección, unas, rumbo a los corrales del hato, otras hacia el horizonte abierto, en precipitada fuga.

Ya para abandonarse al sopor de la siesta a la sombra del corredor delantero de la casa, como advirtiese aquel raro movimiento del bestiaje, Santos Luzardo se preguntó en alta voz:

—¿Por qué vendrá el ganado buscando corrales a estas horas?

Y Carmelito, que ya por dos veces se había acercado hasta allí a explorar la sabana como si esperase algo, explicó:

—Es que ha venteado la candela[2]. Mire. Por allá, detrás de aquella punta de mata viene reventando el fuego. Por aquí detrás ya se ve también la humareda. Todo eso viene ardiendo, de Macanillal para acá.

LAS CEREZAS DEL CEMENTERIO
Gabriel MIRÓ

Las rodillas, las manos, los pies de Félix penetraban dentro de la montaña, empedrándose, desollándose. El viento poderoso y libre de la inmensidad le envolvía como en un manto de frío y le cuajaba el sudor de su espalda. Si hablaba, el jadear le rompía la palabra; en sus oídos, el pulso producía un chasquido metálico, y el corazón se le hinchaba, le subía a la garganta, y creía que al respirar se lo tragaba . . ..

Observábale el guía tercamente.

—¿Me mira porque sudo mucho? ¡Aún resisto!

—No; le miro porque a mí me arde la cara de la fatiga, y usted está blanco como un muerto.

Félix vio la cumbre todavía alejada, fiera; parecía una mole de estaño ardiente. Se angustió con tristezas de enfermo. ¿Es que no

1. Americano: recuas.
2. Americano: ha olido el fuego.

podría subir a la eminencia; se moriría hundido entre piedras, bajo la mirada de ese hombre, en esa soledad enemiga?

Desfallecía; se ahogaba . . .

—¡Arriba!—le gritaba el guía, egoísta y brutal.

Resonó un estruendo de alas; y una nube viva y negra obscureció la acerada relumbre de las rocas; era una espesura de cuervos que se precipitaban en el azul, gañendo desgarradoramente; pasaron tan cerca que Félix sintió el cálido viento de sus plumas y la bravía mirada de sus ojos redondos de fuego. Lejos, el bando se deshacía, se apretaba cerniéndose sobre la querencia de los muladares de los barrancos . . .

—¡¡Arriba!! ¡Es lo último, don Félix!

Los guijarros se desgajaban, rodando atronadores.

¡Arriba! . . . Y al hollar la cumbre quedó Félix postrado, sobrecogido, transido por un beso infinito y voraz que le exprimía la vida. Le sorbía el cielo, las lejanías anegadas de nieblas, los abismos, toda la tierra, que temblaba bajo un vaho azul; sentía deshacerse, fundirse con las inmensidades.

EL SABOR DE LA TIERRUCA
José María de PEREDA

La cajiga[1] aquella era un soberbio ejemplar de su especie: duro y sano como una peña el tronco, de retorcida veta, como la filástica de un cable; las ramas horizontales, rígidas y potentes, con abundantes y entretejidos ramos; bien picadas y casi negras las espesas hojas; luego otras ramas, y más arriba otras, y cuanto más altas más cortas, hasta concluir en débil horquilla, que era la clave de aquella rumorosa y oscilante bóveda.

Ordinariamente, la cajiga es el personaje bravío de la selva montañesa, indómito y desaliñado. Nace donde menos se le espera: entre zarzales, en la grieta de un peñasco, en la orilla de un río, en la sierra calva, en la loma del cerro, en el fondo de la cañada . . . en cualquier parte.

1. Regional: el roble.

Crece con mucha lentitud, y como si la inacción le aburriera, estira y retuerce los brazos, bosteza y se esparranca y llega a viejo dislocado y con jorobas; y entonces echa el ropaje a un lado y deja el otro medio desnudo.

Jamás se acicala ni se peina; y sólo se muda el vestido viejo, cuando la primavera se lo arranca en harapos para adornarle con el nuevo.

Le nacen hongos en los pies, supuraciones corrosivas en el tronco, musgo y yesca en los brazos, y se deja invadir por la yedra que le oprime y le chupa la savia. Esta incuria le cuesta la enfermedad de algún miembro que, al fin, se le cae seco, o le amputa con el hacha el leñador. En las cicatrices, donde la madera se convierte en húmedo polvo, queda un hueco profundo, y allí crece el helecho, si no le eligen las abejas por morada para elaborar ricos panales de miel que nadie saborea. Es, en suma, la cajiga, un verdadero salvaje, entre el haya ostentosa, el argentino abedul, atildado y geométrico, y el rozagante aliso, con su cohorte de finas y olorosas retamas.

Pero el ejemplar de mi cuento era de lo mejorcito de la casta; y como si hubiera pasado la vida mirándose en el espejo de su pariente la encina, parecíase mucho a ella en lo fornido del cuerpo y en el corte del ropaje.

Alzábase majestuoso en la falda de una suavísima ladera, y servíale de cortejo una espesa legión de sus congéneres, enanos y contrahechos, que se extendían por uno y otro lado, asomando sus jorobas mal vestidas y sus miembros sarmentosos, entre marañas de zarzamora.

Más fino lo gastaba el gigante, pues asentaba los pies en verde y florido césped, y aun los refrescaba en el caudal, siempre abundante y cristalino, de una fuente que a su sombra nacía.

LA SOMBRA DEL CIPRÉS ES ALARGADA
Miguel DELIBES

La carretera gris se extendía ante nosotros. Íbamos dejando atrás las últimas casas de Providencia. El campo empezaba a abrirse por los costados. Un campo apretado de vida en la atmósfera tibia de la primavera. Al doblar un recodo apareció a nuestra izquierda el mar; el mar rozando en un extraño aspaviento la aspereza de la costa, recortada y alta.

—¿Le parece que nos apeemos aquí?

Jane se incorporó. El autobús se detuvo a la derecha de la cinta blanca que dividía la carretera por la mitad. Descendimos. El ómnibus, al arrancar, olvidó una penetrante estela de gasolina quemada. Cuando se alejó, Jane y yo nos vimos abandonados en medio de la Naturaleza. Percibí entonces la proximidad de la mujer con mayor vigor, como si cada uno de mis poros transpirase su presencia. El sol caía sobre nosotros perpendicularmente, pero con escasa fuerza. En la cuneta se apiñaban las florecillas entre matojos y hierbajos medio asfixiados por la actividad de la carretera. Saltó Jane la cuneta izquierda y yo la seguí. Ninguno de los dos hablábamos; rumiábamos quizá la franqueza de las iniciales manifestaciones de mi acompañante.

Al ascender un ribazo divisamos la frontera que América ponía en este extremo al mar. Las olas rompían con fuerza contra los riscos, hisopeando las proximidades. Saltaba la espuma blanca y rizada como una cana cabeza de negro. A lo lejos se distinguía algún pesquero o los transportes que iban buscando la entrada del puerto. El humo de los barcos colgaba del cielo como un penacho de aire negro, poco denso e inmóvil, y a intervalos breves el viento lo barría de un brochazo del espacio sin dejar rastro de su presencia anterior.

—¿Bajamos?

Empecé a descolgarme por las rocas sin contestar. Jane brincaba de roca en roca detrás de mí. Experimenté una sensación ampliamente acogedora al ver que el muro de roca iba creciendo detrás de nosotros, aislándonos del resto del Universo. Cada vez se oía trepidar el mar más cerca. Mugía como un buey acosado, tratando de vencer inútilmente el valladar que le oponía la Naturaleza. Sus aspersiones caían en su postrer esfuerzo blandamente a nuestros pies. Jane se detuvo de pronto, de pie sobre la arista de una roca. Con su mano derecha protegía su vista del destello del sol y miraba al mar, a lo lejos, a algo indeterminado y tan infinitamente lejano que parecía otear solamente por el simple placer de convencerse de que entre el cielo y el mar no cabía ni la brevedad de un beso. Así permaneció un rato en silencio expectante.

ENTRE VISILLOS   Carmen MARTÍN GAITE

No hemos ido al cine. Nos hemos puesto a hablar y a andar, y a lo último ya estaba Julia de buen humor. Está decidida a irse a Madrid para año nuevo como sea. Dice que con permiso o sin permiso. Que primero se va a casa de los tíos y luego se busca un trabajo allí hasta que se case, porque Miguel por lo menos en un año no puede casarse todavía, le han fallado unos trabajos con los que contaba para ahorrar un poco.

—Pero preferiría irme por las buenas, dentro de lo posible. A ver si hablas tú con papá, Tali, guapa, que me lo prometiste.

—Sí, si no me olvido, es que estoy buscando el momento oportuno. Me ha parecido que estos días no estaba el horno para bollos, con eso de la carta que le ha escrito Miguel.

—Pues fíjate, yo creo que en el fondo le ha gustado a él que le escriba. La carta está bien, no se mete con nadie, yo la he leído. Un poco dura, bueno, pero es para entenderse. Si la tía no hubiera metido cizaña, estaría encantado papá. Pero estoy harta, te lo digo. No sabes lo que es tener que estar templando gaitas todo el día. Desde luego me voy a Madrid, me voy sin falta, ¿no te parece?

—Claro que sí. ¿Pero qué trabajo quieres encontrar?

—Ya lo veremos, dice Miguel que es fácil. El caso es ir.

Estaba tan animada contándome todas estas cosas que ni

siquiera me preguntó ni una vez a dónde íbamos, anduvimos por calles y por calles. De pronto se echó a reír.

—¿Sabes dónde nos hemos metido, Tali?

—No.

—En el barrio chino[1].

—Bueno, ¿y qué?

—Nada, que no había entrado nunca.

Eran unas calles muy solitarias con faroles altos, las casas de cemento de un piso o dos, sin tiendas. Muchas ventanas estaban cerradas. Nos paró un hombre con un perro, para preguntarnos que si sabíamos el bar de la Teresa, y le dijimos que no. Julia tiraba de mí agarrada fuerte a mi brazo. Ya estaba bastante oscuro.

—¿No te da un poco de miedo?—dijo, y echó a andar más vivo.

—A mí no. No vayas tan de prisa.

—Si es que tengo frío. A mí tampoco me da miedo, no te creas.

MARÍA — Jorge ISAACS

Aprovechando una angosta y enmarañada trocha, empezamos a ascender por la ribera septentrional del río.

Su sesgo cauce, si tal puede llamarse el fondo selvoso de la cañada, encañonado por peñascos en cuyas cimas crecían, como en azoteas, crespos helechos y cañas enredadas por floridas trepadoras, estaba obstruido a trechos con enormes piedras, por entre las cuales se escapaban las corrientes en ondas veloces, blancos borbollones y caprichosos plumajes.

Poco más de media legua habíamos andado, cuando José, deteniéndose a la desembocadura de un zanjón ancho, seco y amurallado por altas barrancas, examinó algunos huesos mal roídos dispersos en la arena; eran los del cordero que el día antes se le había puesto de cebo a la fiera. Precediéndonos Braulio, nos internamos José y yo por el zanjón. Los rastros subían. Braulio, después de unas cien varas de ascenso, se detuvo, y sin mirarnos

---

1. El "Soho" de Barcelona.

hizo ademán de que pasásemos. Puso oído a los rumores de la selva; aspiró todo el aire que su pecho podía contener; miró hacia la alta bóveda que los cedros, jiguas[1] y yarumos[2] formaban sobre nosotros, y siguió andando con lentos y silenciosos pasos. Detúvose de nuevo al cabo de un rato; repitió el examen hecho en la primera estación, y, mostrándonos los rasguños que tenía el tronco de un árbol que se levantaba desde el fondo del zanjón, nos dijo, después de un nuevo examen de las huellas:—Por aquí salió; se conoce que está bien comido y baqueano[3]—. La chamba[4] terminaba veinte varas adelante por un paredón, desde cuyo tope se conocía, por la hoya que tenía al pie, que en los días de lluvia se despeñaban por allí las corrientes de la falda.

Contra lo que creía yo conveniente, buscamos otra vez la ribera del río, y continuamos subiendo por ella.

A poco halló Braulio las huellas del tigre[5] en una playa, y esta vez llegaban hasta la orilla del río.

EL PEREGRINO ENTRETENIDO   Ciro BAYO

Comí en la posada, tomé café en el Casino y a mediodía salí a ver la procesión del Corpus.

Es de ver una de estas procesiones de pueblo.

Cubre la iglesia una espesa alfombra de tomillo y de romero; las calles, enarenadas y cubiertas de retama y lentisco; colgando de los balcones, tapices o colchas de cama, según la calidad de la casa. Un repique de campanas de la parroquia y de esquilas ermitiñas anuncia al vecindario la salida del religioso cortejo. Abre marcha la cruz con manga, a hombros del sacristán, entre dos ciriales llevados por monagos, quienes, por venirles corta la sotana, enseñan los pies, calzados con alpargatas. Luego el gonfalón, escoltado por dos peones camineros; y los niños de la escuela,

1. Americano: Arbol indígena.
2. Americano: yagruma.
3. Práctico del campo, de los caminos.
4. Americano: zanja.
5. Americano: jaguar.

entre los que se intercala alguna niña, llevando de la mano un borrego bien lavado y encintado. Siguen después las cofradías, que, por ser muchas y los feligreses pocos, cada una va representada por dos cofrades, algunos con vistosos uniformes militares. Y aparece la custodia, llevada por el párroco, bajo palio, cuyas varas portean los vecinos más calificados. Dan guardia de honor dos o cuatro guardias civiles, de pecho colorado, calzón blanco y bayoneta calada. Inmediatamente la clerecía, reducida a dos clérigos forasteros y al predicador, si es caso hubo sermón por la mañana, que ahora maneja el turíbulo. Por último, la presidencia, compuesta de los monterillas[1], con pesadas capas, y la pareja de músicos: el tamborilero y el pífano o gaitero.

Cierra la comitiva el pelotón de mujeres, reverentemente tocadas con griñón o manto, rezando la letanía y con cirios encendidos, pero no cirios cualesquiera, sino cuaresmales.

LA ESFINGE MARAGATA   Concha ESPINA

Alzábase la moza a menudo para medir con los ojos la distancia a cuyo borde modulaba el arroyuelo su promesa; no era mucha, alcanzada con la vista: veinte metros escasos. Mas era enorme para hendirla con el azadón, honda hasta nivelar la altura del terreno con el declive donde el regajal corría. Y la carne joven, nueva en aquella bárbara lid, temblaba hecha un ovillo, sudorosa, encendida bajo el implacable sol.

En cuanto llegó la abuela a meter sus afanosos brazos en la zanja, Ramona la dejó arañar el escondido seno de la tierra, menos duro que la capa exterior, y subió infatigable a romper el camino en los abrojos, sobre el campo de barbecho, mustio y ardiente.

Rígida la corteza del erial, defendíase con sordas rebeliones del empuje bravo de la azada. Un hiposo jadeo, semejante a un bramido por lo amargo, resoplaba en el pecho de la cavadora, y

1. Autoridades pueblerinas.

la tierra devolvía en retumbos persistentes los desesperados golpes, escupiendo su polvo de cadáver a la roja cara de la mujer.

Mira la joven con espanto cómo su madre rompe al fin la brecha sin hacer una pausa ni pronunciar una frase, como poseída de un vértigo brutal. Da y repite azadazos lo mismo que una furia, con sacudidas violentas de todo su cuerpo: parece que le crujen los riñones y se le saltan los ojos; parece que llora a raudales según tiene la faz mojada de sudor.

También la anciana contempla absorta el tremendo poderío de una triste juventud, escondida en la sangre y en la voluntad bajo las injurias de vientos y de soles, de lágrimas y trabajos.

Pero al tío Cristóbal no se le da un ardite en aquel imponente pugilato de la carne heroica y viva con la tierra muerta y dura.

LA NORIA   Luis ROMERO

A pesar de todo, su situación actual es bastante miserable, y menos mal que ha descubierto este negocio, que si no estaba perdida. Desde hace tres años tiene una libreta en la Caja de Pensiones para la Vejez y Ahorros en la Vía Layetana, y gracias a Dios va progresando. Porque ella cada vez se encuentra más vieja, más fatigada, en los linderos del agotamiento. No tiene ninguna enfermedad, o al menos el médico del Consultorio no se la supo encontrar, pero ella nota algo por ahí dentro que le va mal, como si llevara un poco de muerte en las entrañas. Los médicos pueden decir lo que quieran, pero sabe que un día no podrá trabajar, que tendrá que meterse en la cama y entonces se morirá sola en su habitación, porque lo que es de este par de egoístas en cuya casa vive, no puede esperar gran cosa. Gasta muy poco y ahora ahorra casi el doble de lo que gasta. Como se acuesta tan tarde se levanta pasado el mediodía, y se prepara una buena olla. A esa hora ya ha comido el electricista y la cocina está libre, aunque la mujer, que no es nada limpia ni educada, no se preocupa de dejar fregado el fogón y la pila del agua, y ella tiene que hacerlo antes de empezar a cocinar lo suyo. Cuando le sobra algún bocadillo del día anterior, se come el pan y guarda el jamón para hacer otro bocadillo nuevo. El pan del racionamiento, con una tortilla, se lo lleva a su trabajo y le sirve de cena; en el bar la dan un buen café con leche y no se lo cobran. Le gusta tomarse de cuando en cuando alguna copita de aguardiente, pero como los vecinos son muy maliciosos prefiere tener la botella guardada en la alacena de su habitación, bajo llave; con mucho cuidado de que no la vea la mujer del electricista, porque luego todo sería criticarla por ahí y echárselo en cara a la primera ocasión.

LA VORÁGINE   José Eustaquio RIVERA

Durante los días empleados en el recorrido de la trocha hice una comprobación humillante: mi fortaleza física era aparente, y mi musculatura—que desgastaron fiebres pretéritas—se aflojaba con el cansancio. Sólo mis compañeros parecían inmunes a la fatiga, y hasta el viejo Clemente, a pesar de sus años y lacraduras, resultaba más vigoroso en las marchas. A cada momento se detenían a esperarme; y aunque me aligeraron de todo peso, del morral y la carabina seguía necesitando de que el cerebro me mantuviera en tensión el orgullo para no echarme a tierra y confesarles mi decaimiento.

Iba descalzo, en pernetas, malhumorado, esguazando tembladeros y lagunas, por en medio de un bosque altísimo cuyas raigambres han olvidado la luz del sol. La mano de Fidel me prestaba ayuda al pisar los troncos que utilizábamos como puentes, mientras los perros aullaban en vano porque los soltara en aquel paraíso de cazadores, que, ni por serlo, me entusiasmaba.

Esta situación de inferioridad me tornó desconfiado, irritante, díscolo. Nuestro jefe en tales emergencias era, sin duda, el anciano Silva, y principié a sentir contra él una secreta rivalidad. Sospeché que de aposta buscó ese rumbo, deseoso de hacerme experimentar mi falta de condiciones para medirme con el Cayeno. No perdía don Clemente oportunidades de ponderarme los sufrimientos de la vida en las barracas y la contingencia de cualquier fuga, sueño perenne de los caucheros, que lo ven esbozarse y nunca lo realizan porque saben que la muerte cierra todas las salidas de la montaña.

Estas prédicas tenían eco en mis camaradas y se multiplicaron los consejeros. Yo no les oía. Me contentaba con replicar:

—Aunque vosotros andáis conmigo, sé que voy solo. ¿Estáis fatigados? Podéis ir caminando en pos de mí.

Entonces, silenciosos, me tomaban la delantera y al esperarme cuchicheaban mirándome de soslayo. Esto me indignaba. Sentía contra ellos odio súbito. Probablemente se burlaban de mi jactancia. ¿O habrían tomado una dirección que no fuera la del Guaracú?

—Óigame, viejo Silva, grité deteniéndolo. ¡Si no me lleva al Isana[1], le pego un tiro!

EL JARAMA   Rafael SÁNCHEZ FERLOSIO

Luego Santos se acercaba a cuatro patas hacia Alicia y Miguel:

—La voy a mangar[2] a ésa un cigarrito de los que tiene—les decía.

—Sí, tú ándate con bromas—dijo Alicia—; se entera ella que le andan en la bolsa y le sabe a cuerno. Tú verás lo que haces.

—No se enterará. ¿Quieres tú otro, Miguel?

—¡Qué fino, míralo! Encima quiere enredar a los demás. No, a mí no me metas en líos, muchas gracias.

Santos sacó el pitillo de la bolsa y regresaba junto a Carmen.

Ahora venía un olor acre, de humo ligero, como de alguien que estuviese quemando las hojas y fusca[3] en las proximidades. El humo no se veía; sólo sentían el olor.

—¿Y a ti quién te manda quitarle cigarrillos a ésa?—dijo

1. Río colombiano.
2. Vulgar: robar.
3. Regional: maleza, hojarasca.

Carmen—, sabiendo cómo es. Se da ella cuenta, y ¡para qué queremos más! No veas la que te arma, si se entera.

—Mujer, si no lo echa de menos. No va a tenerlos contados.

—Capaz sería.

—Vamos, ahora tampoco hay que exagerar. Tú ya es que la tienes cogida con la pobre chica. ¿Cómo comprendes que va a ponerse a contar los cigarrillos? Eso ya es mala fe, pensar semejante cosa. ¿No será que ahora te entran celos de la Mely, también?

Ella cogía la cabeza de Santos por las sienes y se la sacudía a un lado y a otro, le murmuraba contra el pelo:

—Siempre piensas que tengo celos de todo el mundo; ¿pues y quién te has creído tú que eres?, bobo.

LA SALA DE ESPERA   Eduardo MALLEA

Llevaba un vestido sastre pizarra, un casquete a la moda, un zorro negro cruzado. Para beber el té desprendí el broche de esa banda de piel, me quedé cómoda en la silla de mimbre, alcé los ojos. Recuerdo que primero lo vi solamente de soslayo, sólo después presté atención, clavé la vista: estaba en una mesa sola, a un lado, cerca del mar de mesas ocupadas, y tenía el pelo negro, el traje oscuro, la apariencia de un hombre pensativo, pero no débil, ni preocupado, sino fuerte, y más distraído que meditativo (o quizás sólo aburrido), con su frente bella y el gesto ausente y elegante, laxo. Casi al tiempo en que yo estaba observándolo, subyugada por la calidad que reflejaba, él levantó los ojos, descubriéndome, y por unos segundos o minutos me estuvo contemplando, con el aire de alguien que va saliendo reclamado, sin prisa ni apariencia de sorpresa, de la abstracción en que se había sumido. Durante un tiempo nos miramos. Saqué la polvera, me observé en el espejito, retoqué el color de las mejillas. Él no me sacaba la vista de encima, impresionado grandemente, y yo lo miraba de tanto en tanto, fingiendo que lo hacía de modo distraído y por azar. Me hubiera quedado allí toda la noche, envuelta en el aura de la emoción y de la música; pero llegó un momento en que haber permanecido más habría sido contraproducente, equívoco. De modo que al fin llamé al mozo, pagué el té y volviendo a prender el broche del zorro negro salí a la noche.

ÁNGEL GUERRA   Benito PÉREZ GALDÓS

Tiempo hacía que don Francisco estaba de pésimo talante, como si todas las malas pulgas del orbe se dedicaran a picarle, aunque apenas le molestaba ya el alifafe aquél de la fluxión a los ojos que le obligó al uso constante de los desaforados vidrios. Y tal genio gastaba el bendito señor, que no se podía hablar con él, porque todo lo contradecía, y las cuestiones más inocentes se agriaban en su boca. Illán, que de muchos años le conocía y siempre vio en él benignidad y dulzura, se maravillaba del singular cambiazo. Por cualquier cosilla armaba camorra, por ejemplo: "¿A cómo ponéis ahora el bacalao?—A tanto". No se necesitaba más: "¡Ya no se puede vivir con este ladronicio! Toda la población civil, eclesiástica y militar se va a quedar en cueros vivos por enriqueceros a vosotros ... Todos esos dinerales que ganáis chupando la sangre del pobre os los echarán en la balanza cuando toquen la trompeta gorda, y veremos quién os saca del Infierno". Y si no era por el bacalao, era por cualquier noticia inocente que traían los periódicos, o por lo primero que saltaba, verbigracia, por si había mala o mediana cosecha de aceituna: "¿Qué cosechas ha de haber, ¡zapa!, si están esos cigarrales perdidos, si no los cuidan, si no se cultivan ni se abona; si no se administra? ... Váyase viendo en qué manos han caído las mejores fincas: en manos que no lo entienden. Después se quejan de que las tierras se destruyen y no dan ni para los gastos. Que las pongan bajo la dirección de persona entendida, que sepa administrar, y allá te quiero ver. Yo sé de un cigarral, de los mejores de Toledo, que ogaño no produce ni para que vivan los lagartos, y podría ser un platal[1]. ¿No quieren remediarlo? ... pues allá ellos. Con su pan se lo coman. Y cuenta que se están perdiendo los mejores

1. Figurado: un dineral.

albaricoques, los más dulces, los más tiernos que hay en toda la provincia. ¿Es culpa mía? No, yo me lavo las manos . . . Abur[1], señores."

EL CURSO   Juan Antonio PAYNO

Estaban en prácticas de Química. El laboratorio era una sala amplia e iluminada. Transversalmente estaban las mesas de azulejos, alargadas, con mecheros de gas, tubos de ensayo y frascos medio llenos de disoluciones químicas. A cada lado de las mesas había dos alumnos en batas blancas, atentos a las manipulaciones. En los cestos había varios tubos de ensayo rotos. Algunas batas tenían agujeros producidos por el ácido sulfúrico.

Melletis llevaba diez minutos tensos vertiendo una solución de nitrato de plata desde un frasco a un tubo con una solución problema, que mantenía entre el pulgar y el índice de la mano izquierda. La pesada solución blanca resbalaba lenta por las paredes del tubo, inclinado. Cerca ardía el mechero de su compañero, con una alta llama azul.

Terminó de verter el líquido. Dejó descansar vertical el tubo. Hasta dentro de unos minutos no había más que esperar. Fue a dar una vuelta por el laboratorio.

Se acercó a uno:

—¿Va bien? ¿Te sale?

—¡Hum! No sé. A aquél le ha explotado. ¡Menudo susto se ha llevado! Le dio por mezclar no sé cuántas cosas. El del bigote se ha cabreado.

El del bigote era un profesor auxiliar de unos treinta años y voz cavernosa.

Vio a otro cómo hacía un codo con el tubo. Siguió. Dio dos vueltas a la habitación mirando una reacción, ayudando a lavar tubos a otro. Volvió al sitio. La reacción había empezado. Se puso a escribir las características afanosamente en un cuaderno lleno de formulaciones y manchas.

Se acercó un compañero:

—¡Qué tío! Le ha salido a la primera. ¡Yo tengo un bollo!

1. Familiar: (= agur) adiós.

FORTUNATA Y JACINTA
Benito PÉREZ GALDÓS

Llevaba siempre los bolsillos atestados de chucherías, que mostraba para dejar bizcas a sus amigas. Eran tachuelas de cabeza dorada, corchetes, argollitas pavonadas, hebillas, pedazos de papel de lija, vestigios de muestrarios y de cosas rotas o descabaladas. Pero lo que tenía en más estima, y por esto no lo sacaba sino en ciertos días, era su colección de etiquetas, pedacitos de papel verde, recortados de los paquetes inservibles, y que tenían el famoso escudo inglés, con la jarretera, el leopardo y el unicornio. En todas ellas se leía: Birmingham. "Veis . . . este señor *Bermingán* es el que se cartea con mi papá todos los días, en inglés; y son tan amigos, que siempre le está diciendo que vaya allá; y hace poco le mandó, dentro de una caja de clavos, un jamón ahumado que olía como a chamusquina, y un pastelón así, mirad, del tamaño del brasero de doña Calixta, que tenía dentro muchas pasas chiquirrininas, y picaba como la guindilla, pero *mu* rico, hijas, *mu* rico . . ."

La chiquilla de Moreno fundaba su vanidad en llevar papelejos con figuritas y letras de colores, en los cuales se hablaba de píldoras, de barnices o de ingredientes para teñirse el pelo. Los mostraba uno por uno, dejando para el final el gran efecto, que consistía en sacar de súbito el pañuelo y ponerlo en las narices de sus amigas, diciéndoles: *goled*. Efectivamente, quedábanse las otras medio desvanecidas con el fuerte olor de agua de Colonia o de los *siete ladrones* que el pañuelo tenía. Por un momento, la admiración las hacía enmudecer; pero poco a poco íbanse reponiendo, y Eulalia, cuyo orgullo rara vez se daba por vencido, sacaba un tornillo dorado sin cabeza, o un pedazo de talco, con el cual decía que iba a hacer un espejo. Difícil era borrar la grata impresión y el éxito del perfume. La ferretera, algo corrida, tenía que guardar los trebejos, después de oír comentarios verdaderamente injustos. La de la droguería hacía muchos ascos, diciendo: "Huy, cómo apesta eso, hija; guarda esas ordinarieces!"

DON SEGUNDO SOMBRA   Ricardo GÜIRALDES

Don Segundo me explicó en cortas palabras las condiciones de la pelea.

Esperamos.

Un poco aturdido por el movimiento y las voces, miraba yo el redondel vacío, limitado por su cerco de paño rojo, y los cinco anillos de gente colocados en gradería, formando embudo abierto hacia arriba.

En el intervalo de espera se discutieron las probabilidades en favor de ambos animales. Sería la riña, al parecer, un combate rudo y parejo. Los gallos eran de igual peso, de igual talla. Cada uno había pisado por tres veces la arena para salir vencedor.

El público enumeraba los detalles de la pesada, buscando algún indicio de superioridad. El bataraz[1] fallaba en el pico, levemente quebrado hacia la punta, del lado izquierdo, pero tenía no sé qué tranquilidad que el giro[2] no compensaba con su mayor viveza.

La expectativa se hizo más tensa cuando los combatientes fueron depositados en postura conveniente, por los dueños, en el circo.

Sonó la campanilla.

El giro había caído livianamente al suelo, ladeadas las alas como un chambergo de matón, medio encogido el pescuezo en arqueo interrogante, firme en el enemigo la pupila de azabache engarzada en un anillo de oro.

El bataraz, más burdo en alardes, se acercaba a pasos cortos, alta la cabeza agitada en pequeñas sacudidas de llama.

Se cerraron tres o cuatro apuestas sin importancia. La plata estaba al giro.

En un brusco arranque, los gallos acortaron distancia. A dos centímetros, los picos se trabaron en un rápido juego de fintas. Las cabezas temblequeaban, subiendo, bajando.

Y el primer tope sonó como guascazo[3] en las caronas.

1. Americano: gallo jaspeado de negro y blanco.
2. Americano: gallo negro con pintas amarillas y coloradas.
3. Americano: latigazo.

EL PEREGRINO ENTRETENIDO   Ciro BAYO

Entramos en tierra de Ávila.

Vía de La Adrada va la gente a la feria. Viene de lugares y caseríos apartados de ferrocarriles y carreteras.

El camino se estrecha entre cerros y altozanos, pero cuando sale a un prado o pampichuela parece explayarse, aunque la anchura sea la misma.

Es una ilusión óptica, un espejismo que engaña a los viajeros, hasta el punto que en estos claros de camino se apelotonan peatones, carros y caballerías. De donde, choques, atropellos y pendencias, a lo que acude la pareja de civiles ahí apostada.

Huyendo de esta confusión tomo una vereda que, a manera de radio sector, corta el círculo que describe la carretera, y a paso corto revisto la caravana.

La gente joven va, por lo regular, en cabalgata. Algunos jaques llevan a la grupa una buena moza, a bien que no faltan amazonas rurales, a sentadillas, en hacanea o en buena alfana, con su espolique o escudero. Vense también caballeros sueltos que cabalgan a la jineta, valiéndose del freno y del mucho pulso, montando muy recogidos en los elevados arzones, con los estribos cortos; y parejas de campesinos sentados en artolas.

La carrocería es una exposición ambulante de vehículos: el carro de adrales, la tartana, el birlocho y la calesa. Las diligencias van colmadas de personas y equipajes, de la baca al pesebrón.

Pasan también músicos y saltimbanquis, capeadores y gitanos, mendigos y rufianes, tantos en número éstos, esotros y aquéllos, que la pareja de guardias que en cualquiera otra ocasión les daría el alto para pedirles los papeles, ahora hace la vista gorda y los deja pasar.

Entre los peatones abundan los campesinos de esta tierra de Ávila, algunos con montera y capa, que en días de mercado no dejan ni en el mes de agosto, y las mujeres con manteos recios de lana y sombreros de tosca paja en forma de abanico, adornados con cintas.

EL DÍA SEÑALADO   Manuel MEJÍA VALLEJO

El Cojo saboreaba la prolongación de la escena, jugaba con los nudos del zurriago asegurado a su muñeca por una trenza de cuero.

—¿Qué opinan?—se dirigió a sus guardaespaldas preparando un salto grande—. Dice que no muestra el gallo.

—Deberíamos averiguar por qué—intervino el de bigotes, provocador en el modo de arrastrar las letras y sobar la canana con la palma de sus manos. El Cojo lo señaló con un movimiento que pretendía ser despreocupado.

—¿Qué opinas?

El de bigotes aseguró los pulgares en la canana y tamborileó con sus ocho dedos libres. Me revisó desde la cabeza al suelo, descargó su cuerpo en una pierna y dijo:

—Se las quiere dar de hombre.

Cuando el Cojo aventó la cabeza con otra risotada, un rayo de sol chisporroteó en su muela de oro. La risa fue acabándose a bocanadas hasta convertirse en el ceño bronco y en la presión de sus sílabas.

—Pero esto de ser hombre no es cosa de niños.

Celebró con un golpe de tos. Pero yo no estaba para bromas y él lo sabía. Lo sabían todos, inclusive los mulatos y el enterrador y el del potro manchado. Seguía quieto el aire. ¡Si la cinta del techo se hubiera movido!

Como si rastrillara un fósforo en un reguero de pólvora, el Cojo formuló la pregunta:

—¿Y nos diría siquiera el nombre, para empezar?

Enrollaba el rejo[1] en sus manos, lo volvía a desenrollar.

—. . . El nombre suyo, el del gallo . . .

Sonreí como si golpeara. Mis ojos rozaron aquel rostro, como espuelas. De un manotazo sacudió el raspón[2] brincando una grada con ayuda del zurriago.

—Es una historia fea . . .—empecé con desaliento. Un cohete

1. Americano: correa cruda, torcida, que sirve de lazo.
2. Americano: sombrero de paja que usa la gente del campo.

dibujó en el aire una alta palmera de humo. Si hubiera estallado el volcán, me habría importado poco. Recordé una mujer envejecida, acodada en una ventana. Todo se templó en mí.

El Cojo avanzó desenrollando el rejo. Era inaguantable la tensión. Yo calculaba el estilo de su ramalazo, la manera de esquivarlo y asegurar efectividad al cuchillo.

ZOGOIBI   Enrique LARRETA

Al llegar a la laguna, a La Escondida, como la llamaban en el pago, acaso por uno que otro sauzal ribereño que, en vez de esconderla, la señalaba a distancia, comenzaron los teros[1] a lanzar su odioso grito de alerta. Federico recordó, esta vez, que don Álvaro los miraba siempre con aprensión, por esa uña que tienen en las alas, esa púa diabólica con que amenazan al hombre.

Aunque el mozo avanzaba despacio, levantáronse, con pesado vuelo, algunas garzas, una en pos de otra, como en las sederías chinescas. Al mismo tiempo, semejando flores que enseñan manchas rojas al abrirse, silenciosos flamencos rosados subieron también en el aire y huyeron hacia otras lagunas.

Ya los cisnes del cuello fúnebre iban y venían recelosos entre los islotes, mientras los cenicientos chajás[2], que hundían en el barro de la orilla sus patas granulosas y coloradas, como junco recubierto de huevos de caracol, contestaban a los teros con gritos más desapacibles, más ásperos.

Federico bajó la barranca en busca de la huella.

Los chajás alzaron, entonces, el vuelo en inmensa y resonante bandada; y, simultáneamente, macás[3] y gallaretas, las negras gallaretas de carne asquerosa, y muchísimos patos, volaron a ras del agua, produciendo un rumor de risa lúgubre y alargando, hasta muy lejos, en la superficie color de azafrán, estremecidas

---

1. Americano: ave zancuda que emite un grito parecido al ite-ru y da la alarma en el campo.

2. Americano: aruco, ave zancuda que lleva en la frente una especie de cuerno.

3. Americano: ave, especie de somorgujo.

estelas con el chorrear del plumaje y el roce de sus patas, que colgaban como un guiñapo embebido, como un moco de cieno. Llegaba, por fin, el paso.

La Escondida no era profunda y los peones preferían cruzarla por aquel sitio, sobre todo al anochecer, a fin de pasar lo más lejos posible de la tapera[1] del finado Miranda.

Pensando que en la pampa siempre hay alguien que mire, y no queriendo que nadie pudiese pensar que, a él también, le asaltaban aquellos recelos, Federico siguió de largo y enderezó hacia el triste rancho ruinoso, donde, al decir de muchos, aparecíase, noche a noche, el ánima del puestero[2], misteriosamente asesinado allí mismo, dos años antes. Algunos aseguraban que la habían baleado desde el caballo; pero que el ánima avanzaba "blanquita, blanquita", sin hacer caso, como persona de otro mundo, daba dos palmadas, "así, así", y desaparecía entre el matorral; otros que, al pasar por allí cerca, se había puesto a seguirles una luz, cada vez más porfiada y más arrimada al anca del mancarrón[3].

DOÑA BÁRBARA   Rómulo GALLEGOS

Y a la insinuación de Antonio, una vez más Santos se trazó rápidamente su plan. Saludó a la vecina, descubriéndose, pero sin acercársele. Ella avanzó a tenderle la mano con una sonrisa alevosa y él hizo un gesto de extrañeza; era casi otra mujer muy distinta de aquella, de desagradable aspecto hombruno, que días antes había visto por primera vez en la Jefatura Civil.

Brillantes los ojos turbadores de hembra sensual, recogidos, como para besar, los carnosos labios con un enigmático pliegue en las comisuras, la tez cálida, endrino y lacio el cabello abundante. Llevaba un pañuelo azul de seda anudado al cuello, con las puntas sobre el escote de la blusa; usaba una falda amazona,

1. Americano: ruinas de un rancho.
2. Americano: pastor.
3. Americano: caballejo.

y hasta el sombrero "pelodeguama"[1]; típico del llanero, única prenda masculina en su atavío, llevábalo con cierta gracia femenil. Finalmente, montaba a mujeriegas, cosa que no acostumbraba en el trabajo, y todo esto hacía olvidar a la famosa marimacho.

No podía escapársele a Santos que la femineidad que ahora ostentaba tenía por objeto producirle una impresión agradable; mas, por muy prevenido que estuviese, no pudo menos de admirarla.

Por su parte, al mirarlo a los ojos, a ella también se le borró, de pronto, la sonrisa alevosa que traía en el rostro, y sintió, una vez más, pero ahora con toda la fuerza de las intuiciones propias de los espíritus fatalistas, que desde aquel momento su vida tomaba un rumbo imprevisto. Se le olvidaron las actitudes zalameras que llevaba estudiadas; se le atropellaron y dispersaron por el tenebroso corazón los propósitos inspirados en la pasión fundamental de su vida—el odio al varón—; pero sólo se dio cuenta de que sus sentimientos habituales la abandonaban de pronto. ¿Cuáles los reemplazaron? Era cosa que por el momento no podía discernir.

Cambiaron algunas palabras. Santos Luzardo parecía esmerarse en ser cortés, como si hablara en un salón con una dama de respeto, y ella, al oír aquellas palabras correctas, pero al mismo tiempo secas, casi no se daba cuenta de lo que respondía. La subyugaba aquel insólito aspecto varonil, aquella mezcla de dignidad y de delicadeza que nunca había encontrado en los hombres que la trataran, aquella impresión de fortaleza y de dominio de sí mismo que trascendía del fuego reposado de las miradas del joven, de sus ademanes justos, de sus palabras netamente pronunciadas, y aunque él apenas le dirigía las imprescindibles, relativas al trabajo, a ella le parecía que se complaciera en hablarle, sólo por el gusto que encontraba en oírlo.

1. Americano: sombrero de fieltro aterciopelado.

c

EL CURSO   Juan Antonio PAYNO

Después de cenar se reunieron en torno al fuego. Comentaron incidencias del paseo. Se comunicaban los mejores sitios que cada uno había descubierto. Chisporroteaban los leños. A ratos sonó el acordeón de Luis, templado por el cansancio. Las voces fueron decayendo hasta cesar. Luego todo permaneció en silencio. Silencio olvidado de todo, fuera de todo. Era el verdadero descanso, el descanso de lo conocido, el que llega al trasplantarse a un sitio sin antecedentes ni consiguientes, sin relaciones ni problemas. El que viene de sumergirse en un vacío, sin futuro ni pasado, donde nada ata a uno ni uno cuenta para nada.

La segunda noche fue más calma. Los fantasmas salieron poco rato, sólo a tomar el aire. Cuatro habían bajado a la ciudad a ver el ambiente. Los que quedaron prepararon unas trampas rápidas y luego se arrebujaron en las ropas de cama húmedas. Cambiaron las camas de sitio, los pijamas de una cabecera a otra, hicieron petacas y echaron migas de pan entre algunas sábanas. Durmieron con un ojo hasta que llegaron los otros, esperando divertirse con sus exclamaciones de fastidio. Pero no se oyó nada.

Por la mañana continuó el silencio administrativo. Era una guerra de nervios. Estaban sentados en rededor de la mesa, embutidos en sus jerseys empapados de rocío. Mirábanse unos a otros a hurtadillas. Los que primero claudicasen ante el silencio, los que sacaran a relucir las bromas serían los perdedores. El callar de los bromeados era un desdén. El de los bromistas un no admitir el fracaso. Ningún grupo cedió. Salieron temprano de caminata por el borde de la hoz del Huécar; y en ello se formó la tregua. Anduvieron bajo el sol, sudorosos. Por el simple placer de caminar. Fueron cuatro horas. A la vuelta, sobre los mapas, calcularon que habían hecho veinte kilómetros. Se dieron una ducha casi todos. Luego fue comer y a continuación cerrar maletas. Salía el tren a media tarde.

TIGRE JUAN   Ramón PÉREZ DE AYALA

Aparte de la traza visible, el mote de Tigre Juan se apoyaba en fundamentos varios: unos, nebulosos, deleznables; otros, bastante sólidos. A los primeros pertenecían los rumores, o mejor leyenda, que corría como válida, acerca de la prehistoria de Tigre Juan, antes de su advenimiento a la Plaza del Mercado. Decíase que era viudo y había asesinado a su primera mujer; quiénes aseguraban que simplemente por hartazgo de matrimonio; otros, que como sanción de una ofensa de honor conyugal. Añadíase que este asesinato, o lo que fuese, había acontecido sirviendo Tigre Juan al rey, en las islas Filipinas. Pero la causa ocasional del apodo residía en sus periódicos arrechuchos de cólera, así como en el carácter sostenido y modo de conducirse de Tigre Juan. Era taciturno y ponderoso. Estando a solas en su puesto se le veía quieto y amodorrado, con soñolienta pereza de caimán. Desperezábase y bostezaba despaciosamente, tediosamente, ruidosamente, como un gran felino o un canónigo obeso. Ya por su aspecto un tanto estrambótico, ya por su larga dejadez y ensimismamiento, ya por la tentación a que induce el peligro dudoso, ello es que mocetes y chiquillos, a pesar del renombre medroso de Tigre Juan, hallaban solaz en hostigarle con cuchufletas y gritos a distancia. Tigre Juan, entornados los párpados, tardaba en darse por enterado. Los mofadores, envalentonados, iban aproximándose. Hasta que, agotada la paciencia, saltaba, en una especie de paroxismo. Cuando sus adversarios eran jovenzuelos talludos, los perseguía un trecho, con una cuerda de cáñamo, enderezando los zurriagazos a las posaderas, y a quien alcanzaba por delante le imprimía de recuerdo verdugones para una semana.

MARÍA   Jorge ISAACS

Había hecho yo algo más de una legua de camino y bregaba ya por abrir la puerta de golpe que daba entrada a los mangones[1] de la hacienda del padre de Emigdio. Vencida la resistencia que

1. Americano: cerco que se hace para encerrar el ganado.

oponían los goznes y ejes enmohecidos, y la más tenaz aún del pilón, compuesto de una piedra tamaña enzurronada, la cual, suspendida del techo con un rejo, daba tormento a los transeúntes manteniendo cerrado aquel aparato singular, me di por afortunado de no haberme atascado en el lodazal pedregoso, cuya antigüedad respetable se conocía por el color del agua estancada.

Atravesé un corto llano en el cual el rabo-de-zorro[1], el friega-plato[2] y la zarza dominaban sobre los gramales humillados y pantanosos; allí ramoneaban algunos caballejos molenderos rapados de crin y cola, correteaban potros y meditaban burros viejos, tan lacrados y mutilados por el carguío de leña y la crueldad de sus arrieros, que Buffón[3] se hubiera encontrado perplejo al tener que clasificarlos entre los cuadrúpedos.

La casa, grande y antigua, rodeada de cocoteros y mangos, destacaba su techumbre cenicienta y alicaída sobre el alto y tupido bosque del cacaotal.

No se habían agotado los obstáculos para llegar, pues tropecé con los corrales rodeados del tetillal[4], y allí fue lo de rodar trancas de robustísimas guaduas[5] sobre escalones desvencijados. Vinieron en mi auxilio dos negros; varón y mujer: él sin más vestido que unos calzones, mostraba una espalda atlética luciente con el sudor peculiar de la raza; ella vestía follado[6] de fulo azul sin más camisa que un pañuelo anudado hacia la nuca y cogido por la pretina, el cual le cubría el pecho. Ambos llevaban sombreros de junco, de aquellos que a poco uso se aparaguan y toman color de techo pajizo.

Iba la risueña y fumadora pareja nada menos que a habérselas con otra de potros a los cuales había llegado su turno en el mayal, y supe a qué, porque me llamó la atención el ver, no sólo al negro, sino también a su compañera, armados de rejos de enlazar.

1. Americano: planta gramínea.
2. Americano: arbusto espinoso.
3. Naturalista y escritor francés (1707–88).
4. Americano: hierba anual de las saxifragáceas.
5. Americano: especie de bambú gigantesco.
6. Americano: enaguas interiores, brial.

En gritos y carreras estaban cuando me apeé bajo el alar de la casa, despreciando las amenazas de dos perros inhospitalarios que se hallaban tendidos bajo los escaños del corredor.

LA FAMILIA DE PASCUAL DUARTE
Camilo José CELA

La cosa fue bien sencilla, tan sencilla como siempre resultan ser las cosas que más vienen a complicarnos la vida.

El pez muere por la boca, dicen, y dicen también que quien mucho habla mucho yerra, y que en boca cerrada no entran moscas, y a fe que algo de cierto para mí tengo que debe de haber en todo ello, porque si Zacarías se hubiese callado como Dios manda y no se hubiese metido en camisa de once varas, entonces se hubiera ahorrado un disgustillo y ahora el servir para anunciar la lluvia a los vecinos con sus tres cicatrices. El vino no es un buen consejero . . ..

Zacarías, en medio de la juerga, y por hacerse el chistoso, nos contó no sé qué sucedido, o discurrido, de un palomo ladrón[1], que yo me atrevería a haber jurado en el momento—y a seguir jurando aún ahora mismo—que lo había dicho pensando en mí; nunca fui susceptible, bien es verdad, pero cosas tan directas hay—o tan directas uno se las cree—que no hay forma ni de no darse por aludido ni de mantenerse uno en sus casillas y no saltar.

Yo le llamé la atención.

—¡Pues no le veo la gracia!

—Pues todos se la han visto, Pascual.

—Así será, no lo niego; pero lo que digo es que no me parece de bien nacidos el hacer reír a los más metiéndose con los menos.

—No te piques, Pascual; ya sabes, el que se pica . . .[2].

1. "El que con arrullos y caricias lleva las palomas ajenas al palomar propio" *(Diccionario de la Real Academia)*.
2. Refrán: "el que se pica, ajos come".

LA ESFINGE MARAGATA   Concha ESPINA

Pasea por el cuarto los bellos ojos dormilones, un poco ensombrecidos de vaga pesadumbre: mira su equipaje desparramado en confusión de cajas y de ropas, y encima del baúl, cruzado todavía de cordeles, sus arreos de maragata, desceñidos la víspera con laxitud de sueño y de cansancio. Se asoman los zapatos por debajo de la colcha, muy escandaloso el escote y algo arrugada la plantilla: parecen asustados, uno delante de otro, como si quisieran echar a correr; el bolsillo señoril, colgado del boliche de la cama, con la boca abierta, tiene un aire de expectación y de asombro, y la filigrana de corales, tendida al borde de un marco a la cabecera del lecho, corona la figura de una Virgen ancestral, bajo cuya traza primitiva dice, en letras muy grandes: Nuestra Señora la Blanca. Al volver los ojos hacia ella, hace Florinda maquinalmente la señal de la cruz. Luego prosigue su viaje curioso en torno al aposento: es reducido y bajo, con paredes combas, lamidas de cal, desnudo el tosco viguetaje del techo y pintado de amarillo, como la puerta y la ventana. Entre un recio arcón de interesante moldura y un mueble arcaico de alta cajonería, descuella el lecho, amplio y elevadísimo, duro de entrañas y abrumado de cobertores: luce colcha tejida a mano, floqueada, con muchos sobrepuestos, un poco macilenta de blancura, quizá por haber estado largo tiempo en desuso. Dos sillitas humildes parece que se agachan bajo la pesadumbre de los equipajes, y algunos clavos suben perdidos por las paredes, sosteniendo con negligencia varias cosas inútiles: un refajo roto, un cencerro mudo, una rosa mustia de papel . . . Ya no hay más utensilios ni más adornos en el nuevo camarín de Mariflor.

Ella busca, solícita, un espejo, un lavabo, una alfombra, cualquiera blanda señal de compostura y deleite, y como nada encuentra parecido a lo que necesita, vuelve la atención a los recuerdos de su llegada, confusos entre las emociones del viaje y la sorpresa de este peregrino amanecer.   .

EL PEREGRINO ENTRETENIDO   Ciro BAYO

Por ser día de fiesta sonada, llegué a Valdeiglesias entre repique de campanas y salvas de morteretes. Pregunto por una fonda, y un muchacho me lleva a la más próxima.

Estas fondas puebleras son legítimas sucesoras de las posadas de camino, con el mismo aspecto hosco y desaliñado, con la carencia total de cómodo alojamiento y de limpieza. Yo las prefiero, sin embargo, a los hoteles limpios y correctos que les van haciendo la competencia en las viejas ciudades castellanas, y las prefiero porque en ellas se siente más el contacto del espíritu nacional.

Pláceme ser recibido en el portalón por el mozo de mulas, que lleva mi animal al abrevadero; cruzar el patio, atestado de sacos y corambres, de aparejos y carromatos; subir la escalera del rincón, y, en la balconada, ser recibido por el ama ceremoniosa o por la maritornes[1] amable; entrar en un cuarto enjalbegado, que bastan a llenar una cama como un catafalco, tan aparatosa, que hay que ser ágil y tomar carrera para subir a ella; dos sillas de enea, un palanganero de metal y una mesa de pino; y meterme al fin entre sábanas a la luz de un cabo de vela o de un candil, mirando las estampas de santos y de toreros pegadas a la pared, hasta que, acabándose la luz, me quedo a las buenas noches.

O bien entrar en el comedor, con vistas a la cocina, de azulejos policromos, sin otros adornos que vasares empapelados y peroles y cacerolas de coruscante metal.

En vez de camareros tiesos y almidonados, las hijas del ama, cuál haciendo de cocinera, cuál de doncella de servicio, que me saludan y se aprestan a servirme, compitiendo una y otra en exquisiteces culinarias y en amable servicio. Desde mi asiento veo trébedes y llares, asadores y cazuelas lamidos por las lenguas de fuego de aromática leña; oigo chirriar el aceite en las sartenes y aspiro el vaho de guisos y fritadas. El aire y el sol que entra por las ventanas avivan mi apetito; las conversaciones del patio, los cantares de los arrieros y los gritos de los animales me saben a regalada música.

1. Moza de servicio; alusión a la moza de venta del Quijote.

LA REGENTA   Leopoldo ALAS

Vetusta, la muy noble y leal ciudad, corte en lejano siglo, hacía la digestión del cocido y de la olla podrida, y descansaba oyendo entre sueños el monótono y familiar zumbido de la campana de coro, que retumbaba allá en lo alto de la esbelta torre en la Santa Basílica. La torre de la catedral, poema romántico de piedra, delicado himno, de dulces líneas de belleza muda y perenne, era obra del siglo XVI, aunque antes comenzada, de estilo gótico, pero, cabe decir, moderado por un instinto de prudencia y armonía que modificaba las vulgares exageraciones de esta arquitectura. La vista no se fatigaba contemplando horas y horas aquel índice de piedra que señalaba al cielo; no era una de esas torres cuya aguja se quiebra de sutil, más flacas que esbeltas, amaneradas como señoritas cursis que aprietan demasiado el corsé; era maciza sin perder nada de su espiritual grandeza, y hasta sus segundos corredores, elegante balaustrada, subía como fuerte castillo, lanzándose desde allí en pirámide de ángulo gracioso, inimitable en sus medidas y proporciones. Como haz de músculos y nervios, la piedra, enroscándose en la piedra, trepada a la altura, haciendo equilibrios de acróbata en el aire; y como prodigio de juegos malabares, en una punta de caliza se mantenía, cual imantada, una bola grande de bronce dorado, y encima otra más pequeña, y sobre ésta una cruz de hierro que acababa en pararrayos.

EL EMBRUJO DE SEVILLA   Carlos REYLES

Ocuparon sus barreras del tendido número dos, que venían a quedar donde los toreros colocan los capotes de lujo después del paseo de la cuadrilla.

—¡Vaya un lleno; no cabe en la plaza ni un alfiler—aseguró! Cuenca paseando sus ojos ávidos por las gradas y los palcos.

Y como siempre, trató de equilibrar en su retina las masas de color que se le ofrecían a la vista: abajo, el amarillo y rojo del ruedo; en el medio, la abigarrada coloración de la muchedumbre; en lo alto, el azul rabioso del cielo, tamizado aquí y allá por nubes tan tenues y transparentes que parecían finas puntillas sobre la seda del espacio. Las mantillas de negros madroños o níveo encaje, las peinas jacarandosas, los claveles y las rosas de fuego, los ojos gachones, las bocas de sangre y nieve derramaban en los palquillos la sal y canela de Andalucía. Sobre los antepechos de éstos, los mantones de Manila, extendidos, parecían arriates de flores. Miradas pegajosas como moscas revoloteaban alrededor de los cuellos frágiles y los escotes mórbidos. El sol caía a plomo sobre la arena. Oíase como un zumbido de abejas. De vez en cuando una exclamación graciosa, un dicho oportuno hacía reír a la plaza entera. El aire hervía. Los abanicos aleteaban en los palcos, y en los tendidos de sol las botas de vino circulaban de mano en mano.

Por aquella parte, la sombra de los anchos[1] les ponía negros antifaces a los rostros de los hombres. Los mantones de talle y las blusas de las hembras destacaban sus colores rotundos sobre la masa del público; los rebozos de espumilla negra tenían reflejos tornasolados; las cabezas cargadas de claveles reventones, parecían vivas mariposas.

SOTILEZA   José María de PEREDA

Tenía esa habitación una salita con alcoba, a la parte del Sur, con una ventana enrejada que las llenaba de luz, y aun sobraba algo de ella para alumbrar un poco una segunda alcoba, separada de la primera por un tabique con un ventanillo en lo alto, y entrada por el carrejo[2] que conducía a la sala desde la puerta del portal. Cuando esta puerta se abría, se notaban ciertas señales de claridad en la cocina y dos mezquinas accesorias que caían debajo de la escalera. Cerrada la puerta, todo era negro allí, y no tenía otro remedio tía Sidora que encender un candil, aunque fuera al mediodía. Las puertas de las alcobas tenían cortinas de

1. Sombreros de ala ancha.
2. Regional: pasillo largo dentro de una habitación.

percal rameado; las paredes estaban bastante bien blanqueadas, y en las de la sala había tres estampas: una de la Virgen del Carmen, otra de San Pedro, apóstol, y otra del arcángel San Miguel, con sus marcos enchapados en caoba. Debajo de la Virgen del Carmen había una cómoda, con su espejillo de tocador encima, algo resobado[1] todo ello y marchito de barniz, pero muy aseado; como las cuatro sillas de perilla[2] y los dos escabeles de pino, y el cofre de cuero peludo con barrotes de madera claveteada, y hasta el cesto de los aparejos, que estaba encima de uno de los escabeles, y el suelo de baldosas que sostenía todos estos muebles y cachivaches. La cama, que se veía por entre las cortinas recogidas sobre sendos clavos romanos, algo magullados ya y contrahechos, llenando dos tercios muy cumplidos de la alcoba, no estaba mal de mullida, a juzgar por lo mucho que abultaba lo que cubría una colcha de percal, llena de troncos entretejidos, de gallos encarnados y azules, y de otros volátiles pintorescos. El tufillo que se respiraba allí, algo trascendía a dejo de pescado azul y humo reconcentrado; pero, así y todo, una tacita de plata llena de pomada de rosas parecía aquella bodega, comparada con todas y cada una de las viviendas de la escalera.

LA VORÁGINE   José Eustaquio RIVERA

Amaneció.

La ansiedad que los sostenía les acentuó en el rostro la mueca trágica. Magros, febricitantes, con los ojos enrojecidos y los pulsos trémulos, se dieron a esperar que saliera el sol. La actitud de aquellos dementes bajo los árboles infundía miedo. Olvidaron el sonreír, y, cuando pensaban en la sonrisa, les plegaba la boca un rictus fanático.

Recelaron del cielo, que no se divisaba por ninguna parte.

---

1. Muy gastado.
2. En forma de pera.

Lentamente empezó a llover. Nadie dijo nada, pero se miraron y se comprendieron.

Decididos a regresar, moviéronse sobre el rastro del día anterior, por la orilla de una laguna donde las señales desaparecían. Sus huellas en el barro eran pequeños pozos que se inundaban. Sin embargo, el rumbero cogió la pista, gozando del más absoluto silencio como hasta las nueve de la mañana, cuando entraron en unos "chuscales"[1] de plebeya vegetación donde ocurría un fenómeno singular: tropas de conejos y guatines[2], dóciles o atontados, se les metían por entre las piernas buscando refugio. Momentos después, un grave rumor como de linfas[3] precipitadas se sentía venir por la inmensidad.

—¡Santo Dios! ¡Las tambochas![4]

Entonces sólo pensaron en huir. Prefirieron las sanguijuelas y se guarecieron en un rebalse, con el agua sobre los hombros.

Desde allí miraron pasar la primera ronda. A semejanza de las cenizas que a lo lejos lanzan las quemas, caían sobre la charca fugitivas tribus de cucarachas y coleópteros, mientras las márgenes se poblaban de arácnidos y reptiles, obligando a los hombres a sacudir las aguas mefíticas para que no avanzaran en ellas. Un temblor continuo agitaba el suelo, cual si las hojarascas hirvieran solas. Por debajo de troncos y raíces avanzaba el tumulto de la invasión, a tiempo que los árboles se cubrían de una mancha negra, como cáscara movediza que iba ascendiendo implacablemente a afligir las ramas, a saquear los nidos, a colarse en los agujeros. Alguna comadreja desorbitada, algún lagarto moroso, alguna rata recién parida, eran presas de aquel ejército, que las descarnaba, entre chillidos, con una presteza de ácidos disolventes.

Cuánto tiempo duró el martirio de aquellos hombres, sepultados en cieno líquido hasta el mentón, que observaban con ojos pávidos el desfile de un enemigo que pasaba, pasaba y volvía a

1. Americano: vegetación de chusques (especie de bambú delgado).
2. Americano: animal roedor de Colombia.
3. Poético: aguas.
4. Americano: hormiga de cabeza roja, muy venenosa.

pasar. . . . Cuando calcularon que se alejaba la última ronda, pretendieron salir a tierra, pero sus miembros estaban paralizados, sin fuerzas para despegarse del barrizal donde se habían enterrado vivos.

ZOGOIBI   Enrique LARRETA

El puesto de Carmona era un rancho a la vez triste y risueño, torcido todo hacia un lado, a semejanza del gaucho que habla con el patrón; rancho fabricado a la antigua, miserable hasta más no poder, aunque siempre aseado y oliendo, a lo más, a humo y a ropas de pobre.

Solía, también, es verdad, respirarse en sus cuartos, de tiempo en tiempo, un tufo de zorrino[1]; pero, así que el puestero sacaba sus botas a la galería o las colgaba, algo más lejos, de una rama del saúco, la hediondez se pasaba del todo.

No había mueble que no cojeara sobre su ondulado piso de tierra. Veíanse, todavía, señales de las cuevas cavadas por los peludos[2], quién sabe cuándo, y que Carmona, al instalarse, rellenó, lo mejor que le fue posible, apisonándolas con un estacón de quebracho.

Las resquebrajadas paredes de quincha de duraznillo recubierta de barro, conservaban uno que otro parche exterior de remoto blanqueo. El techo era de paja; pero de paja compacta, corta, pareja, como lana a medio crecer. Carmona lo restauraba, cada dos o tres años, al fin del otoño, pasada la marcación[3], porque fue siempre enemigo del techo de fierro[4] y, según declaraba él mismo, hubiera preferido, mil veces, dormir al raso a meterse debajo de unas latas, como conserva de almacén.

Tres rosales completamente pelados por las hormigas, a pesar

1. Americano: zorrilla, mofeta.
2. Americano: especie de armadillo.
3. La época en que se marcan las reses.
4. Anticuado: hierro.

del grueso vellón que les ataran al tronco y abrazados con espanto a los pilares de ñandubay[1]; matas de pensamiento, en abollados envases de hojalata, color de tierra; la cabecera de una camita de niño, apoyada contra la panzuda pared y algunos cueros de zorro y de nutria, suspendidos de un clavo, junto a la puerta, formaban el ornamento de la angosta galería, sombreada, apenas, por el alero rabón y por el follaje del saúco tutelar, o más bien dicho, del "dotor", como lo llamaba Carmona, en razón de que sus flores, fritas en sebo o hervidas en el agua del mate, servían para curar todos los males.

FIESTA EN NOVIEMBRE   Eduardo MALLEA

Sin que todo lo que el minuto que pasaba contenía de preocupación y de intriga le permitiera ceder activamente un ápice del oído al raudal sinfónico lanzado a vuelo por la orquesta, sentía Marta sin embargo, como un fondo vibrante y maligno sobre el que se proyectara su pensamiento, la ondulación del caos melódico, por instantes melifluo, por instantes acalorado y estrepitosamente enloquecido. Contra aquel fondo de música incesante chocaba su pensamiento cada vez menos móvil, cada vez más fijo en la imagen fija de Brenda. Nada podía distraerla ya, por transitoriamente que fuera, del sentimiento de estar dando al aire inútil su tiempo cuando seguramente la necesitaba Brenda, en aquel otro sitio—¡qué extraño!—, en aquel número y aquella calle que no olvidaría hasta llegar a ellos, que estaban escritos en ese pequeño trozo de papel doblado, junto a su copa. Tendría que calcular el momento de irse, a fin de que su salida pasara sin ser notada. ¡Y éste era otro, uno nuevo, de los apuros de Brenda, sorpresas que se iban haciendo, a pesar de su frecuencia, cada vez más terribles cuando le eran comunicadas! Acudía Brenda a ella como a un recurso siempre cercano, como a alguien siempre

---

1. **Americano:** madera dura que se emplea para los postes de las alambradas.

dispuesto a precipitarse en su ayuda, como lo había hecho una
vez, siendo chicas las dos, desde lo alto de una roca, con riesgo de
muerte, para salvarla de ahogarse, en los alrededores de
Lausanne.

FORTUNATA Y JACINTA
Benito PÉREZ GALDÓS

Y lo que Barbarita no dudaba en calificar de encanallamiento,
empezó a manifestarse en el vestido. El Delfín se encajó una capa
de esclavina corta con mucho ribete, mucha trencilla y pasa-
manería. Poníase por las noches el sombrerito pavero, que, a la
verdad, le caía muy bien, y se peinaba con los mechones ahueca-
dos sobre las sienes. Un día se presentó en la casa un sastre con
facha de sacristán, que era de los que hacen ropa ajustada para
toreros, chulos y matachines; pero doña Bárbara no le dejó sacar
la cinta de medir, y poco faltó para que el pobre hombre fuera
rodando por las escaleras. "¿Es posible—dijo a su niño, sin
disimular la ira—que se te antoje también ponerte esos pantalones
ajustados con los cuales las piernas de los hombres parecen zancas
de cigüeña?" Y una vez roto el fuego, rompió la señora en
acusaciones contra su hijo por aquellas maneras nuevas de hablar
y de vestir. Él se reía, buscando medios de eludir la cuestión;
pero la inflexible mamá le cortaba la retirada con preguntas
contundentes. ¿Adónde iba por las noches? ¿Quiénes eran sus
amigos? Respondía él que los de siempre; lo cual no era verdad,
pues salvo Villalonga, que salía con él muy puesto también de
capita corta y pavero, los antiguos condiscípulos no aportaban ya
por la casa. Y Barbarita citaba a Zalamero, a Pez, al chico de
Tellería. ¿Cómo no hacer comparaciones? Zalamero, a los
veintisiete años era ya diputado y subsecretario de Gobernación[1],
y se decía que Rivero[2] quería dar a Joaquinito Pez un Gobierno

1. 2° de a bordo de un ministerio.
2. Nicolás María Rivero, orador y jurisconsulto español del siglo
diecinueve.

de provincia. Gustavito hacía cada artículo de crítica y cada estudio sobre los orígenes de tal o cual cosa, que era una bendición; y en tanto él y Villalonga ¿en qué pasaban el tiempo?, ¿en qué?: en adquirir hábitos ordinarios y en tratarse con zánganos de coleta.

LA REGENTA   Leopoldo ALAS

En los ojos del Magistral, verdes, con pintas que parecían polvo de rapé, lo más notable era la suavidad de liquen; pero en ocasiones, de en medio de aquella crasitud pegajosa salía un resplandor punzante, que era una sorpresa desagradable, como una aguja en una almohada de plumas. Aquella mirada la resistían pocos; a unos les daba miedo, a otros asco; pero cuando algún audaz la sufría, el Magistral la humillaba cubriéndola con el telón carnoso de unos párpados anchos, gruesos, insignificantes, como es siempre la carne informe. La nariz larga, recta, sin corrección ni dignidad, también era sobrada de carne hacia el extremo y se inclinaba como árbol bajo el peso de excesivo fruto. Aquella nariz era la obra muerta en aquel rostro todo expresión, aunque escrito en griego, porque no era fácil leer y traducir lo que el Magistral sentía y pensaba. Los labios, largos y delgados, finos, pálidos, parecían obligados a vivir comprimidos por la barba, que tendía a subir, amenazando para la vejez, aún lejana, entablar relaciones con la punta de la nariz claudicante. Por entonces no daba al rostro este defecto apariencias de vejez, sino expresión de prudencia de la que toca en cobarde hipocresía y anuncia frío y calculador egoísmo. Podía asegurarse que aquellos labios guardaban como un tesoro la mejor palabra, la que jamás se pronuncia. La barba, puntiaguda y levantisca, semejaba el candado de aquel tesoro. La cabeza, pequeña y bien formada, de espeso cabello negro muy recortado, descansaba sobre un robusto cuello, blanco, de recios músculos, un cuello de atleta, proporcionado al tronco y extremidades del fornido canónigo, que hubiera sido en su aldea el mejor jugador de bolos, el mozo de más partido, y a lucir entallada levita, el más apuesto azotacalles de Vetusta.

SIEMPRE EN CAPILLA   Luisa FORRELLAD

El mundo entero dio un tumbo. Fue una sacudida soberbia que me arrancó de la esfera terrestre arrojándome al vacío. No sé si descendí o me elevé . . . Quedé desprendido de todo y sentí terror de no hallar apoyo en nada. Vagaba por el espacio sin conciencia de adónde iba. No podía detenerme ni orientarme. Todo estaba envuelto en tinieblas . . . espesas tinieblas de ceguera. Apreté los párpados y surgieron círculos rojos, etéreos, escurridizos, que se agrandaron y se disolvieron en la sombra. La tupida negrura, bochornosa, sofocante, me impedía respirar, me taponaba la garganta produciéndome un ahogo lento, pero implacable. Mi lengua reseca se movía incesantemente tratando de humedecer los labios agrietados. De repente, el ruido de una cucharilla revolviéndose dentro de un vaso atronó mis oídos y caí sobre un lecho de un modo brusco y violento. Abrí los ojos. Vi el rostro de Alexander oscilando ante mí. Tenía la suprema bondad del de San Roque[1] y me vertía un líquido fresco en la boca. Traté de deglutir, pero una astilla atravesada en el cuello me lo impidió. Empecé a toser hasta que el estómago me quedó agarrotado. Luego cerré los ojos, exhausto. Sentí los latidos del corazón, pastosos como si mi cuerpo estuviera relleno de suero de conejo. Incliné la cabeza e inmediatamente se vertió todo sobre la almohada. Pestañeé asustado comprendiendo que me vaciaba . . . San Roque me acercó una medalla para que la besara, y aunque me esforcé en hacerlo, fui resbalando de nuevo hacia la terrible oscuridad. Un remolino lento, calmoso, me absorbió haciéndome girar en espirales cada vez más pequeñas, agitando mis cabellos y mis ropas de un modo pausado y monótono. Llegué al fondo y me quedé tendido, alargado sobre una superficie lisa y mojada, alumbrada tenuemente por una lucecita verdosa parecida a la del fósforo. Mi cuerpo empezó a destilar gota a gota todo el líquido que contenía. Se formó un charco a mi alrededor; creció, se ensanchó, subió su nivel, me cubrió y me ahogó. Intenté sacar la cabeza, agité los brazos desesperadamente; varias manos me

1. Santo del siglo catorce que se consagró a socorrer a los apestados.

asieron y me enderezaron. Parpadeé. Dos rostros borrosos se balanceaban sobre mí; se acercaban tanto que casi me rozaban. Movían los labios hablando continuamente, pero yo tenía aún las orejas llenas de mi propio exudado y sólo oía un rugido parecido al del oleaje. De pronto, me rodearon el tronco, me cogieron las piernas, me alzaron y me estiraron sobre una camilla. Una voz clara, timbrada, penetró en mi cerebro súbitamente:

—Yo llevaré la cabeza; tú, coge los pies, Alexander; pasa delante. Deberíamos ponerle un poco inclinado.

EL AMOR DE LOS AMORES   Ricardo LEÓN

¡Heroica tierra de Castilla! Es en ti el amor tan fuerte y silencioso, como tus hondas soledades; claro el pensamiento, como el cristal de tus fontanas; mansas las penas, como el curso de tus arroyos; sanos y sencillos los placeres, como el olor de tus agrestes flores; dulce el sueño, como la miel de tus colmenas; alegre el despertar, como el canto de tus alondras; robusta la fe, como el tronco de tus robles montesinos.

¡Qué tónico el ambiente, qué austero el paisaje, qué serena la atmósfera sobre el haz de la tostada llanura! Yo he visto las yuntas perezosas labrando la besana y hendir la reja el húmedo terruño, y caer, como una lluvia de oro, la simiente; he visto verdear la mies, y encorvarse al batir del viento, y madurar al sol, y caer al filo de los hoces, y yacer agavillada en los surcos, y bambolearse en los carros gemidores, y desbordarse en las eras, y crujir bajo los trillos, y molerse en la aceña, y tostarse en el horno, y convertirse en blanquísimas hogazas. He disfrutado en primavera de la hermosura de los campos y he bebido el olor de madreselvas y rosales, de mejoranas y tomillos. Secó mi garganta el áspero dogal de los calores agostizos y en la callada siesta, busqué el retiro del sombrío tamujal, a la vera del río soñoliento, y al llegar la noche bañé mi frente con las aguas mansas de la luna. Vi pasar, en tardes otoñales, la bulliciosa pastoría; sentí el balar de los corderos, el ladrar de los mastines, el chasquido de la honda y el silbo de los zagales, y en la postrera lumbre del crepúsculo se alzó un cayado, como un cetro de rey. Dormí en las majadas, sobre las hojas perfumadas de resina, embriagado por el vaho de los apriscos y arrullado el sueño por el manso rumiar. Y en el invierno castigué mi carne con el azote de la nieve y me curtí la piel con el cuchillo de la helada. Que así a tus hijos haces, ¡oh dura tierra de Castilla, recios también y fuertes como los robles!...

¡Abre el surco, buen castellano, siembra y ara, canta y siega, trilla, muele el trigo en tus aceñas, cuece el pan en tus hornos, cuida de tu peculio, pero no olvides tus glorias! Esa tierra que hieres, tierra sagrada es, llena de osamentas. Viviendo estás sobre una inmensa sepultura. Escucha la voz de los muertos, enseñanza y ley de los vivos.

TIGRE JUAN   Ramón PÉREZ DE AYALA

Tigre Juan, de cintura arriba, iba vestido a lo artesano: camisa sin corbata, almilla de bayeta amarilla, que le asomaba por el chaleco, y éste de tartán a cuadros. De cintura abajo se ataviaba como un labriego de la región: calzones cortos, de estameña; polainas de paño negro, abotonadas hasta la corva; medias de lana cruda y zuecos de haya, teñidos de amatista, con entalladuras ahuesadas. Andaba siempre a pelo. Su pelambre era tupido, lanudo, entrecano, que casi le cubría frente y orejas, como montera pastoril de piel de borrego. Al hablar, que enarcaba o fruncía las cejas con metódico ritmo y rapidez, este recio capacete piloso resbalaba, de una pieza, hacia adelante y hacia atrás, como lubrificado, sobre la gran bola del cráneo. También al hablar se le agitaban, en ocasiones, las orejas. En el pescuezo flaco, rugoso, curtido, avellanado y retractil, tan pronto largo de un palmo como enchufado entre las clavículas (al encogerse de hombros suprimía el cuello), estaba espetada, afirmada, la testa con rara energía, mostrando, en una manera de altivez, el rostro cuadrado, obtuso, mongólico, con mejillas de juanete, ojos de gato montés y un mostacho, lustroso y compacto, como de ébano, que pendía buen trecho por entrambas extremidades. Su piel, así por la entonación como por la turgencia (piel jalde, tirante, bruñida), parecía de cobre pulimentado. Cuando una emoción fuerte o el humor de la cólera, que tal vez le domeñaba, se le subían a la cabeza, la dura cara de cobre se ponía broncínea, verde cardenillo, como si, de súbito, se oxidase con la acidez de los sentimientos. La faz, bárbara e ingenua, de Tigre Juan, guardaba cierta semejanza con la de Atila.

EL MIEDO Y LA ESPERANZA
Alfonso MARTÍNEZ GARRIDO

Eugenio encendió los ojos.

—Esta noche . . .—dijo—. A mí me toca guardia junto a la tapia. Si llego a saber lo de Julio, me voy con él.

Miraba fijamente a Anselmo y, aun cuando éste tardó en contestarle, pensó que ya conocía su respuesta, pero aguardó, de todos modos, hasta que, al fin, Anselmo dijo:

—No puedo ir. A mí no me llama el cabo lo que le ha llamado a Julio. —Respiró fuerte y añadió—: Lo siento. Otra vez será.

Eugenio movió instintivamente los labios para insistir en su propuesta de deserción, pero, al pensar que lo hacía, y era posible que a consecuencia más de otro impulso instintivo que por mandato de su voluntad, los apretó con violencia, dio media vuelta y se alejó apresuradamente de Anselmo, preguntándose (no él, sino algo de él, algo que no se trataba del pensamiento ni del corazón, pues era precisamente a éstos a los que dirigía la pregunta, y entonces el soldado Eugenio Mayoral vislumbró claramente que era su miedo, su miedo a morir, su miedo a todo, lo que, ampliando su actividad común de constituir, simplemente, el miedo, preguntaba su porqué, esto es, no su porqué, pues una vez conocido el porqué del miedo, y el soldado estaba seguro de conocerlo, éste debiera dejar de existir inmediatamente, sino el porqué de su permanencia y de su crecimiento, si bien, al llegar la pregunta a oídos del pensamiento o del corazón, igual que cuando se escucha hablar en un idioma desconocido, sonaba de distinto modo, como si fuera otra pregunta, aun cuando su autenticidad estuviera constituida por la causa que el soldado Eugenio Mayoral sabía que la constituía, sabiendo también que, caso de poder dar una respuesta, caso de que el pensamiento o el corazón se expresasen analíticamente ante la invocación del miedo, lo harían en razón de lo que escuchasen ellos, el pensamiento o el corazón, sin atenerse a la realidad de lo que el miedo había preguntado) que por qué nadie quería acompañarle, que por qué estaban tan locos todos, tan locos como para dejarse morir, es decir, como para dejarse matar, cuando bastaba la huida para salvarse.

LA ESFINGE MARAGATA   Concha ESPINA

Había ya el tren salvado el espantoso despeñadero que divide las tierras galaicas[1] y legionenses[2], el cauce lúgubre y sonoro del aurífero[3] río, las hoscas breñas fronterizas, los puentes y los túneles de la Barosa y Paradela; corría el convoy con fuerte resoplido por la ancha cuenca del Sil[4], oculta en el fondo de un mar de vapores, fantástico mar de cuajadas neblinas, donde se embotaban los rayos del naciente sol. Pugnaba éste por herir y romper las apretadas ondas de la niebla; resistía la niebla los ímpetus del encendido rey, ahogando entre impalpables copos los saetazos de su luz . . ..
Súbitamente se alzó el astro rútilo, irguió la frente sobre el cuajado mar y lanzó por encima de sus ondas una triunfante llamarada; vino entonces un oportuno y vigoroso cierzo que agitó las nieblas en raudo torbellino, las desgarró en jirones, las arrastró con furia, bajo la gloria del sol, lo mismo que un oleaje de sutiles aguas y espumosas crenchas, entre nimbos de púrpura y de oro, quiméricos y extraños como una aurora boreal. Pero, al caer un punto el aire, subió la niebla solapadamente; subió dejando perezosos vellones en las praderas del Sil; hubo un momento en ' que, a ras del tren, que dominaba unas alturas, logró alcanzar la niebla al disco soberano y sofocar su lumbre; pero los haces del

1. Gallegas.
2. Leonesas.
3. Poético: de oro.
4. Río de Galicia.

incendio solar, cada vez más agudos y potentes, se cruzaron veloces por la tierra y por el cielo, hasta coger entre dos llamas al flotante enemigo, el cual, acorralado, flexible, retorciéndose como el convulso brazo de un herido titán, fingió partir el sol en dos mitades, en dos hemisferios resplandecientes. Fue un espectáculo de hermosa y terrible grandeza, una visión sideral, un alborecer[1] de los primeros días de la creación: diríase que dos soles gemelos, dos ígneos meteoros, dos astros rivales ardían entre el cielo y la tierra, prestos a chocar y convertir el mundo en un caos de lumbres y vapores. Duró sólo un instante, un breve y peregrino instante; pues todo el denso jirón de la vencida niebla, perseguido, acosado, ya en el cielo, ya en el monte, sobre las aguas y las frondas, se evaporó, copo tras copo, pulverizado y sorbido por el viento y por el sol.

1. Anticuado: alborear.

PART II

PRACTICE SENTENCES FOR TRANSLATION INTO SPANISH

(The numbers at the head of each exercise refer to the paragraphs of the Grammar (Part V))

1. THE ARTICLE (1–3)

1. Human beings are funny people.
2. Spanish literature has a certain charm.
3. What is life?
4. There is no charity in this world.
5. Poor Mary is living now with her mother.
6. Saint John of the Cross was a famous poet.
7. Mr and Mrs Ruiz arrived with the headmaster, Mr Pérez.
8. We should like to live in South America.
9. They embarked in Corunna for Havana, the capital of Cuba.
10. He is studying Portuguese because his firm is sending him to Brazil. He already speaks Spanish.
11. Milking the cows was always a pleasant task.
12. "We Spaniards are a proud people", replied old Joe.
13. He will arrive next week on Monday, the fifth of April.
14. After going to church they went to market to buy some vegetables for dinner.
15. She slowly raised her arm.

16. They took off their jackets and washed their hands and faces.
17. He spends ten per cent of his income on cigarettes; they cost nearly four shillings a packet.
18. He was reading the ABC, the Madrid daily.
19. Have you seen Pelé, the greatest footballer in the world?
20. At first sight the results appeared satisfactory.
21. King George the Sixth was succeeded by Queen Elizabeth the Second.
22. He went to Spain with the intention of buying himself a villa on the sea shore.
23. From the top of the tower could be seen the entire city.
24. They entered the thickest part of the woods.
25. You can imagine how wretched we felt.
26. This did not trouble him in the slightest.
27. Have you forgotten yesterday's affair already?

2. THE ARTICLE (cont.) (4–6)

1. The old woman moved with surprising agility.
2. He writes with considerable difficulty.
3. They entered a high-class hairdresser's.
4. His father is a Frenchman but his mother is English.
5. His father, who was a naval officer in the last war, later became an admiral.
6. His grandfather was a very famous surgeon.
7. He is a good catholic and moreover he is a good friend of mine.
8. Poor man! He thinks his son is a hero and really he is a coward.
9. He is playing the guitar, an instrument I find truly delightful.
10. They haven't got a vacuum-cleaner.
11. If I am not mistaken he earns a thousand pounds a year.
12. What a surprise! I should never have believed such a thing.

13. He has gone out without an umbrella.
14. He works as a window-cleaner in his spare time.
15. They took him for a spy.
16. He escaped half an hour later dressed as a priest.
17. The book was called *An Anthology of German Verse*.
18. The schoolboys went at a snail's pace to school.
19. He's no fool, that lad!
20. The maid could not go out because her mistress was in a bad mood.
21. I could not help wondering whether he had a girl-friend.
22. After taking a nap they set off for the bullfight at a little after four.
23. While he was on holiday in Naples he unfortunately got sunstroke.
24. It is a question of putting an end to the rumours.

3. NOUNS (7–11)

1. In the north of Spain the Cantabrian mountains overlook the Atlantic.
2. The fir trees and the pines of Canada reach an extraordinary height.
3. She was worried about what people would say.
4. The model stretched out her hand and switched off the radio.
5. The woman bought a cabbage, a cauliflower and some salt.
6. A "C" in the catalogue refers to the Canary Islands.
7. The trams run every day including Sundays.
8. The poet Rafael Alberti and the artist Picasso are both communists.
9. Do you like doing crosswords?
10. The guests were having tea on the lawn.
11. Chess strikes me as a very intellectual pursuit.
12. The lorry was transporting an enormous dynamo.
13. Do you know Ibáñez's *The Four Horsemen of the Apocalypse*?
14. What is the cure for cholera?

15. I would willingly give all my capital for those ear-rings.
16. The saying is on the tip of my tongue.
17. Shortly after setting sail the crew threw the victims overboard.
18. The duchess has sold all her rubies.
19. If our dads can put their feet on the sofas, why can't we?
20. The shops close early on Thursdays.
21. They are staying with the Orna family.
22. Please remember me to your mother and father.
23. Voices; gardens; margins; countries.
24. On the eve of his wedding he crossed from Algiers to Marseilles.
25. For dessert we only had custard.
26. The gipsy woman was telling fortunes while her husband asked for alms.
27. The climber died because no-one knew how to give him first aid.
28. He begins his breakfast every morning with porridge.
29. Why do the rich hate the poor?
30. He failed to open the tin with the tin-opener but eventually did it with a penknife!
31. We cannot use the car in this storm because the windscreen wipers are not working.
32. I know his father very well.
33. When will the Great Powers renounce their nuclear weapons?
34. She treats her little poodle like a child.
35. Adjectives sometimes precede nouns.
36. They will visit France in the spring.
37. I have got no-one.

4. ADJECTIVES (12–16)

1. His wife is Spanish; she is an Aragonese.
2. They say she is lazy and inquisitive.
3. Personally I find her charming.

4. They had heard better music during the previous week.
5. He worked with tremendous energy and zeal.
6. We saw an unpleasant youth wearing a pink waistcoat.
7. Why does she always wear that dark blue skirt?
8. It leaves me with a bad taste in the mouth.
9. Saint Thomas of Aquinas was a great philosopher.
10. When was your son twenty-one?
11. He offered me a hundred pesetas.
12. Take any book from the bottom shelf.
13. You will be pleased to know that my daughter has a small dowry.
14. Her words raised his depressed spirits.
15. These Gallician songs produced a deep and lasting impression.
16. The traveller gazed in silence at the wretched hovels.
17. She did not understand Gerald's subtle allusions.
18. Poor Christine could not take another step.
19. The said artist died in poverty.
20. Give these five pounds to your mother, said the kind old gentleman.
21. The goalkeeper of the hockey team was an extremely fat girl.
22. They did not dare to spend the night in the haunted house.
23. Life is very exciting in the twentieth century.
24. The sweet-smelling flowers are the ones I like best.
25. Sweet-smelling flowers adorned the bridal suite.
26. They set out one dark and stormy night.
27. She spends most of the day sitting in an armchair on account of her high blood pressure.
28. The men were eating bread and cheese and drinking cheap red wine.
29. He is preparing a short contemporary Spanish literary history.
30. The police had sure proof of the pawnbroker's guilt.
31. The old women criticize her out of sheer envy.
32. Every Easter she buys herself a new hat.

5. ADJECTIVES (cont.) (17–19)

1. His more recent works are the most interesting ones.
2. His funniest comments were very funny indeed.
3. Spain is one of the most mountainous countries in Europe.
4. The headwaiter made a most obsequious bow.
5. The shouts became louder and louder.
6. He was so pleased to receive her letter.
7. They are one as foolish as the other.
8. He is as suspicious as can be.
9. If you do not go hunting with us I shall be most annoyed.
10. England is physically smaller than Spain.
11. There is not the slightest doubt that he is very loyal.
12. Jane is very fond of her elder brother.
13. The leader of the rebels was determined to sell his life dearly.
14. Even bad sportsmen play fair when they are winning.
15. Our next door neighbours are going to Belgium for their holidays.
16. A thief could easily get in through the downstairs windows.
17. They were approached by a round-faced youth carrying a sharp-pointed stick.
18. Do you know the name of the fair-haired girl in the long-sleeved dress?

6. NUMERALS, DATES, TIME, ETC. (20–27)

1. I am only fifteen years old.
2. The Brazilians won by two goals to nil.
3. I was born in 1949.
4. There are a hundred and one reasons why you should not leave her now.
5. Is it true that Spain has thirty-one million inhabitants?
6. Charles the Fifth; James the Third; Louis the Fourteenth.
7. Go up to the fourth floor and knock at the second door on the right.

8. The peasant woman returned from the market with a couple of hens and a dozen eggs.

9. If ten and four are fourteen, what do eleven and four make?

10. He seems to spend three-quarters of his time drinking coffee and telling jokes.

11. We have rehearsed the first two acts.

12. In the first place we must decide on the correct number.

13. They study about twenty hours a week.

14. At about 9.30 there were only twenty-odd students at the lecture.

15. The price of this bookcase is fifteen pounds, madam.

16. Our school is about five miles from the city centre.

17. How tall is your boy friend? He is six feet two inches tall.

18. We were taught that Mount Everest is 29,141 feet high.

19. A brick is 9 inches long, $4\frac{3}{8}$ wide and $2\frac{5}{8}$ thick.

20. We were conducted around the museum by a guide in his late sixties.

21. On Wednesdays there are no classes in the afternoon.

22. Term ends on Thursday, December 15th.

23. Hitler came to power on January 30th, 1933.

24. Heavens! It is nearly a quarter past ten. It is time for supper.

25. We arranged to meet at one o'clock prompt but the majority arrived at a little after one.

26. What time do you make it?—I make it twenty-five to four but my watch is slow.

27. How long have you been in Spain?—I have been here for two months.

28. We shall set out early in the morning.

29. They met each other for the first time the day before yesterday and they are going to the theatre together next Saturday.

30. On the following day at daybreak they caught sight of the enemy patrol.

7. PRONOUNS (28–29)

1. If I were you I should decline the offer.
2. She wanted to go shopping but he preferred to read the paper.
3. Where do you spend the summer?
4. Who is it?—It is they.
5. The fact is that there is not sufficient for the two of you.
6. Before sitting down I wiped the chair.
7. On thinking it over we have decided he is not suitable.
8. Put them there, don't give them to me.
9. How brown you are getting!
10. I am going to tell you the truth.
11. It was as if the monkey were human.
12. Whenever I see him I give him a small coin.
13. Where is the chocolate?—We have eaten it.
14. There are Peter and Philip, let's go and invite them.
15. We offered it to her.
16. He entertains his friends a good deal.
17. He handed the list to the inspector.
18. They took out the necklaces and beads and showed them to the natives. They showed them to them.
19. She was so scared that her hair stood on end.
20. The nurse put a thermometer in his mouth and took his temperature.
21. He promised his wife he would buy her a new washing machine. He promised her it.
22. In order to pay for it he borrowed the money from his bank manager.
23. It is impossible for us to accept this ultimatum.
24. They were shot at dawn.
25. Why go on talking about it?
26. He thinks he's handsome but he isn't.
27. He is so kind-hearted!—I told you so.
28. You cannot rely on him; believe me!
29. We think it opportune to sell all our shares in that company.

30. I am surprised there are foreign tourists here.—They are everywhere.
31. He thought he was so clever!

8. PRONOUNS (cont.) (30–31)

1. They were not willing to go without him.
2. The children were quarrelling among themselves.
3. Between you and me I think he is a fraud.
4. He was beside himself with grief.
5. Behind us the spectators were applauding.
6. They took her with them.
7. I see *you* every day.
8. He will sell it to *me*.
9. He gave her a gold bracelet.
10. Don't come to me with your excuses.
11. I went to them.
12. We are not complaining about you.
13. The manager sent me to you.
14. At whom is he looking?—At you.
15. They smiled first at her and then at him.
16. But where is the weapon he beat her with?
17. This gave the villagers something to talk about.
18. Show me the painting he gave you for your birthday.
19. These are the fields that belong to Colonel Ochoa.
20. What became of the guide who accompanied them to the summit?
21. The blackmailer he despised now stood before him.
22. I bet you can't guess his age.
23. So these were the troops of whom he had read so much!
24. We are looking for someone to mend the television set.
25. I am the one who lit it.
26. Silence gives consent.
27. At last we received the documents without which we could not cross the frontier.

28. The day when war broke out he was about to go fishing as usual.
29. He had a tape recorder but no tapes, which puzzled me.
30. The boys, who play football, are going to the match.
31. The news was communicated to their parents, who knew nothing.
32. We were waiting for the child's mother, who had the tickets.
33. Those who are not with us are against us.
34. What you need is a rest.
35. He scorns all that we suggest.
36. All those who went to the party enjoyed themselves.
37. He is a thinker whose philosophy attracts me.

9. PRONOUNS (cont.) (32–35)

1. Whose records are these?
2. What sort of journey did you have?
3. What's the matter with you? Are you angry?
4. What did you think of his Japanese camera?
5. They would not confess whose overcoat they had stolen.
6. Who unpacked my trunk?
7. What instruments can you play?
8. Which boy threw that?
9. What is truth?
10. What is your motive?
11. For a long time they did not know what to reply.
12. What an ugly face!
13. What! And you dare to remain in this house!
14. He thought nostalgically of that evening so many years ago.
15. Gregory and David are both intelligent but the latter is more intellectual.
16. This question of language laboratories will have to be decided sooner or later.
17. They will not learn to speak Polish fluently and yet they have excellent teachers.

18. This is all *your* fault.
19. Listen, my friend, I am going to give you a piece of advice.
20. We need it for a client of ours.
21. It's their responsibility.
22. What's yours is mine, what's mine is ours.
23. Which of these umbrellas is mine?
24. I don't know who this one belongs to; it is not mine.
25. You can put your car in the garage; we have left ours in front of the house.
26. I had the pleasure of serving in Germany with your brother.
27. The house is his but the furniture is hers.
28. Which climate do you prefer, Spain's or England's?
29. His cup is empty but hers is full.

10. INDEFINITE ADJECTIVES AND PRONOUNS (36)

    1. Did you say something?
    2. Someone could be heard playing castanets.
    3. During our stay we made the occasional excursion.
    4. Whatever the conditions you must sign the contract.
    5. It fills one with contempt.
    6. In those days there were many Germans there and some English.
    7. I should like to believe both children but they cannot both be telling the truth.
    8. Here is another example.
    9. The other road is far prettier.
    10. He finished it somehow or other.
    11. She whispered something or other to her companion.
    12. Each of the artists was presented to the queen.
    13. The Olympic games take place every four years.
    14. Every week they scan the advertisements.
    15. Snakes are not all poisonous.
    16. This is the only way out of the maze.
    17. She lived alone in the middle of the moor.
    18. Many patriots died in this village.

19. The view from the bridge was far from picturesque.
20. We all felt a little sad when the music stopped.
21. Little remains to be done.
22. The patient unwillingly swallowed a little medicine and a few pills.
23. The other dancers stopped to watch the young couple.
24. He goes to work every day at the same time.
25. Do you live in Barcelona itself or in the suburbs?
26. At the very moment when the canoe turned over, he managed to catch hold of a branch.
27. That wretch is afraid of his own shadow.
28. We quickly perceive other people's faults.
29. Certain accusations were made about his conduct.
30. Such ideas are not so revolutionary in this country.
31. The said officer has now returned to his regiment.
32. I had never before experienced such a welcome.

11. VERB FORMS (37–38)

Give the forms indicated:

(pres., present indicative; perf., perfect indicative; fut., future indicative; imp., imperfect indicative; pret., preterite; ger., gerund; imper., familiar imperative; subj., subjunctive)

Adquirir	pres., fut.	Decir	pret., perf., fut., imper.
Andar	pret., imp. subj.		
Avergonzar	pres. subj.	Degollar	pres.
Averiguar	pres., pres. subj.	Delinquir	pres., pres. subj., pret.
Bullir	ger., imp., pret.		
Buscar	pres. subj., pret.	Depender	pres., fut.
Caber	fut., pres. subj., pret.	Discernir	pres., pret.
Caer	pres., pres. subj., ger.	Empezar	pres., pres. subj., pret.
Cocer	pres.		
Colgar	pres. subj., pret.	Entender	fut., pres., imp. subj.
Conducir	pres., pret., imp. subj.	Erguir	pres., imp.
Continuar	pres., imp.	Errar	pres., ger.
Creer	pres. subj., ger.	Estar	pres., pres. subj., pret.
Dar	pres., pres. subj., pret.	Fingir	pres., pret.

Forzar	pres., pres. subj.	Querer	fut., imp. subj.
Haber	pres., fut., pres. subj., imp. subj.	Regir	pres. subj., pret.
		Reír	pres., pret., ger.
Hacer	pres., perf., fut., imper.	Reñir	pres. subj., pret., ger.
		Saber	pres., fut., pres. subj., imp. subj.
Huir	perf., imper., pret.		
Ir	pres., imp., imper., pres. subj., pret.	Salir	pres., fut., imper.
		Seguir	pres., pret.
Leer	imp., ger., pret.	Sentarse	pres., imper., ger.
Morir	perf., imp. subj., ger.	Ser	pres., imp., pres. subj., imp. subj.
Mostrar	imper., pres.		
Obedecer	pres., pret., imper.	Tener	fut., pres. subj., imp. subj.
Oír	pres. subj., imper.		
Oler	pres.	Torcer	pres., pret.
Pedir	pres., imp. subj.	Trabajar	pres. subj., pret.
Poder	fut., pret.	Traer	pres. subj., imp. subj.
Poner	perf., imper., pres. subj., pret.	Venir	pres., fut., pret.
		Ver	perf., imp., pres. subj.
		Volver	perf., pres.

12. USE OF TENSES (39–43)

1. How long have you been waiting?—I've been waiting for half an hour.
2. I have not written to her for more than eight years.
3. He had been playing the same role for nearly seven months.
4. And now he was returning to London where he had lived for ten years before the war.
5. We have come to congratulate you both.
6. They are taking a stroll by the river.
7. He had just found out the reason for our delay.
8. We nearly missed the train.
9. This evening you are to look for his housekeeper and give her this.
10. Can he have seen me? Is it possible?
11. It must have been eleven o'clock that same night when the police knocked at the door.
12. I won't dance; don't ask me.
13. It is cold in here. Shall I light the fire?

14. I assure you I shall use it.
15. I'll go and see if they have come back yet.
16. The shell was about to explode.
17. Thou shalt not kill.
18. I'll come tomorrow without fail.
19. If I stopped to consider the consequences I should not undertake the mission.
20. If you want to be a member of the team you should train more regularly.
21. Should you need help ring me at the office.
22. "Did you like the film?", Rose asked me as we came out of the cinema.
23. They had scarcely gone to bed when the baby started to cry.
24. The ship had already sailed when they reached the port.
25. I warned him of the danger.

13. USE OF TENSES (cont.) (44)

1. The castle stood out against the cloudless sky.
2. The peasants enjoyed their weekly visits to the market.
3. She usually dusted the bedrooms after breakfast.
4. Miss Evans taught French at the local grammar school.
5. Every night he would put the cat out, lock all the doors, switch off the lights and go to bed.
6. At the time when the doctor practised specialists were unknown.
7. Ferdinand the Seventh reigned in the nineteenth century; he was a very bad king.
8. Fish was very cheap this morning so I did not go to the butcher's.
9. He could see the donkey approaching; it was laden with bundles.
10. Time after time the spider spun its web.
11. That year it was hot every day.
12. He paid her many visits before he returned to Sweden.

13. That night the high tide reached the fishermen's cottages.
14. He picked up the rifle, took aim and fired.
15. She was very happy when she saw her parents.
16. There was another brief pause and then their leader spoke again.
17. At the beginning he didn't like it but then he got used to it.
18. She could hear his footsteps behind her; she felt his hands on her throat; she tried to scream but she could not.
19. He remained for a moment lost in thought.
20. It was twelve o'clock when they landed.
21. The cathedral clock struck nine while the priest was praying.
22. It is thought that he was drowned.
23. The woman was rescued by a handsome fireman.
24. If I were on leave I'd go to Switzerland.
25. In his telegram he said that the plane would take off at midnight.

14. PARTICIPLES AND GERUNDS (45–46)

1. They were in the sitting room, watching television.
2. Beneath the setting sun the fisherman related to us the legend of the Flying Dutchman.
3. I have not yet heard a convincing argument.
4. Why do little children ask so many embarrassing questions?
5. They are gathering blackberries whilst we are resting.
6. "What are you doing here?", he asked, shaking my hand enthusiastically.
7. Everyone left the theatre but the organist went on playing.
8. By going now you will get there before the others.
9. He ran down the stairs and shot out of the house.
10. She saw a young man hurry across the yard.
11. As soon as the general set foot on the beach the artillery opened fire.
12. On reaching the age of twenty-one he inherited his father's fortune.

13. While the witnesses were present the invalid signed his will.
14. The scene represents good triumphing over evil.
15. I saw her come in and go to her room.
16. We heard the shepherd whistling to his dog.
17. We watched the dog rounding up the sheep.
18. Drinking is not so harmful as smoking in my opinion.
19. We have invited them to the party.
20. The table was already laid when the telephone rang.
21. Next the singer sang a song chosen by the audience.
22. When he had watered the flowers the gardener went into the greenhouse.
23. We have got the supper ready for you.
24. They caught sight of some survivors clinging to a raft.
25. Leaning on the lamppost at the corner of the street was a suspicious-looking tramp.
26. She fell fainting on to the sofa.
27. Sitting in the corner was a good-looking sailor telling amusing stories.
28. In view of the fact that there has been a misunderstanding I propose to say no more about it.

15. *SER* AND *ESTAR* (47)

1. Roses are red, violets are blue.
2. Love is blind so they say.
3. The street was deserted when I looked out of the window.
4. He will not help us, he is too stubborn.
5. Don't worry your father; he is very busy.
6. I regret to say that her husband is a drunkard.
7. You are very polite this evening!
8. If I was happy when I was blind, why am I not now?
9. I didn't know if he was mad or stupid.
10. If you are ready I will fetch the horses.
11. It's all right; he is still alive.
12. All their furniture is of mahogany.
13. Where are you from?—We are from the south.

14. Whose gloves are these?—They are Josephine's.
15. Christopher is Greek; he is a shoemaker.
16. During the summer vacation he acts as a courier.
17. That's nothing; what a clown you are!
18. The best thing is to say nothing.
19. She is afraid of being buried alive.
20. The bull was covered with blood.
21. It is a well-known fact that the Moors invaded Spain.
22. What is the date today?—It is Thursday the first of March.
23. The manager is at the moment in Brussels but he will be back tomorrow.
24. At last they reached the cemetery; it was here that she had seen the ghost.
25. She was about to return his ring when her mother intervened.
26. And now that he is dead what will become of us?
27. Once upon a time there was a wicked witch.
28. Hurry up! I don't want to be late.
29. He is tired and hungry.
30. She is attracted by his fair hair and blue eyes.

16. THE PASSIVE VOICE (48)

1. The table was broken by the struggling students.
2. As soon as the headmaster entered he saw that the table was broken.
3. The ambassador was accompanied by his advisers.
4. The princess was adored by her maids.
5. The classrooms were separated from the gymnasium by a wide corridor.
6. In such a phonetic language every letter is pronounced.
7. It is thought that the victim knew the assailant.
8. The players were criticized.
9. Customers are asked to check their change.
10. The hunter was killed by a tiger.
11. The hedge was cut by the farmer.

12. One never knows what may happen.
13. In the south they fry, in the centre they roast and in the north they boil.
14. The judgement of the court will be appealed against.
15. They were forbidden to consult a dictionary.
16. The guests were shown an endless number of photographs.
17. It is admitted that our absence was much commented upon.
18. We shall never know whether they poisoned themselves or whether they were poisoned.

17. REFLEXIVE VERBS AND IMPERSONAL VERBS AND EXPRESSIONS (49–50)

1. I cut myself this morning while shaving.
2. After dinner the old man lay down for an hour.
3. Once a person is dead it is too late to repent of our selfishness.
4. One does not complain for fear of reprisals.
5. We took a walk along the avenue before coming to a stop outside the Town Hall.
6. The funeral took place at eleven o'clock this morning.
7. I know what I'm doing.
8. Be still, child.
9. The ground was becoming damp.
10. Place litter in the baskets provided for the purpose.
11. He shrugged his shoulders and tightened his belt.
12. We should all love one another.
13. It seems to me that the French are very fond of praising themselves.
14. The Chinese and the Russians distrust one another.
15. I was approached by a photographer.
16. We are going to give it to him tonight.
17. Let us dare all.
18. Wrap yourselves up well.
19. At first it drizzled, then it hailed.

20. We went out only when it was cool.
21. Dawn found them in the Bay of Biscay.
22. It was misty and stormy at the same time.
23. It must be pointed out that these conditions cannot last.
24. It is very noticeable that he is never mentioned by name.
25. We went to the pictures and then it turned out that we had both seen the film before.
26. It goes without saying that the taxes will be increased.
27. It just so happened that he was in London at that time.
28. It was self-evident that things could not go on like that.

18. THE INFINITIVE (51–57)

1. Why worry? Why not send the boy to a boarding school?
2. What me? Say something foolish?
3. Apply to the caretaker.
4. It is to be hoped that their foreign policy will not change.
5. The police ordered it to be postponed.
6. I recognized her by her walk.
7. After having scolded the child she wished she hadn't done so.
8. You might have warned me!
9. When Mr Jones arrives show him up at once.
10. These harsh words made the little girl cry.
11. He made her dry her tears.
12. The doctor made me get up.
13. We are having our dining-room decorated.
14. He makes himself known.
15. This incident made the crowd furious.
16. The indulgent mother always allowed her son to have his own way.
17. The Civil Guard forbade them to continue their journey.
18. He would not leave the fire to take them to the door.
19. I should like to have met your aunt.
20. Will you give her my regards?
21. You must be very tired after such a long journey.

22. You should have taken the books back to the library before.
23. They must have refused to accept his resignation.
24. The senior member should investigate it; it is his duty.
25. He may not realize how late it is.
26. Although he made every effort, he could not console her.
27. I could have danced all night.
28. We might have offended her.
29. If you had attended the meeting we would have been able to compare notes.
30. I can't see the reason why.
31. I couldn't hear anything.

19. THE INFINITIVE (cont.) (58–61)

1. I heard her poking the fire.
2. We had heard about his experiment.
3. I heard that he had emigrated.
4. They pretended they did not notice her dyed hair.
5. We are not prepared to listen to such nonsense.
6. The headmistress is of the opinion that the girls are too fond of knitting.
7. I'll go and phone for an ambulance.
8. The troops advanced to attack the enemy.
9. Some individuals are not capable of conforming.
10. These sentences are easy to translate.
11. It is impossible to believe that the authorities did not know what was going on.
12. For fear of contradicting his superiors he said nothing.
13. Don't worry; you would not be the only one to think so.
14. Would you mind putting your case on the rack?
15. He studied hard in order to please his parents.
16. He is intelligent enough to get the job.
17. Everyone loses in the struggle to excel.
18. They ended up by buying the latest model.
19. The prisoner committed suicide by cutting his wrists.

20. THE INFINITIVE (cont.) (62)

1. The invalid refrained from eating for two days.
2. His wife agreed to drive him to the bank.
3. He is striving to win the prize.
4. We are all very glad to see you.
5. The old lady was longing to stay in her own home.
6. As a boy he learned to tie many knots.
7. Everyone hastened to warn me.
8. They will not dare to punish him.
9. The children helped me to sweep the floor.
10. They came down late to breakfast.
11. They condescended to send her a card.
12. They did not succeed in persuading us.
13. They agreed never to blame one another again.
14. He took to visiting the public house every evening.
15. They decided not to wait for you.
16. The two girls did not stop chatting all through the play.
17. We stopped to admire the view.
18. Their son-in-law did not deign to answer them.
19. I began to despair.
20. They undertook to complete the job by February.
21. The clerk took great pains in preparing the report.
22. I am in favour of leaving it.
23. He has had his fill of living in the north.
24. My brother insists on doing everything himself.
25. We shall try to dissuade her from going to Cairo.
26. He deserves to obtain a place.
27. He denies having taken part in the robbery.
28. When do you intend to set off?
29. They are trying to discover his motive.
30. He went so far as to slap her face.
31. The little orphan burst into tears.
32. Please leave the room.
33. She usually meets me here.
34. He still dreams of returning to Argentina.

35. Those cherries will take a long time to ripen.
36. She was afraid of telling her own father.
37. It is your turn to peel the potatoes.
38. They all hesitated to call him a liar.
39. Do not mention her name to me again.

21. THE GOVERNMENT OF VERBS (62)

1. The translator hit upon the right word.
2. I do not remember the title.
3. They were astonished at the young man's frankness.
4. He clutched the lifebuoy desperately.
5. Is it true that vegetarians feed on nuts and berries?
6. The soldiers seized the broadcasting station.
7. He took advantage of the opportunity.
8. A husband and wife often resemble each other.
9. This destruction lacks all sense.
10. A large number of hams hung from the beam.
11. The other members of the family commented on his attitude.
12. What does happiness consist of?
13. Can we count on you for the next match?
14. The innocent man was accused of every conceivable crime.
15. I bumped into Joe last night; he asked about you.
16. It all depends on what you mean by the word "education".
17. He fell madly in love with a beautiful Spanish nun.
18. "I know very little about wines", admitted the host.
19. As soon as I find out his address I shall let you know.
20. The students were examined in all subjects at the end of the term.
21. The politician failed to keep his promise.
22. We congratulated him on his success.
23. I did not notice what he was drawing.
24. He entered the college at the age of eighteen.
25. I am not interested in camping.
26. He was cursing all Irishmen and foreigners.

27. They are gossiping about the mayor.
28. You look after the tickets and I will attend to the luggage.
29. He looks very much like his grandfather.
30. Spaniards appear to do without much sleep.
31. I am thinking about what you have just told me.
32. The bride behaved very badly towards her mother-in-law.
33. They do not care about anybody or anything.
34. Did you notice the colour of the leaves?
35. I cannot vouch for his honesty.
36. This omelette tastes of oil.
37. Most children take after their parents.
38. Two enormous oxen were pulling the heavy cart.
39. We ran across them in the woods.
40. One cannot live on one's illusions.

22. GOVERNMENT OF VERBS (cont.) (63–67)

1. He affirmed his confidence in the business.
2. He avoided the question.
3. Can a man marry his widow's sister?
4. It is impossible to approve of such conduct.
5. This frying pan smells of garlic.
6. She cannot endure her husband's sarcasm.
7. It caused her great distress.
8. She covets her sister's jewels.
9. It will cost my client nothing.
10. I envy that man his courage.
11. He forgave them their sins.
12. If you want to know the time ask a policeman.
13. He reminded his boss of his promise.
14. We gave the typist a box of chocolates.
15. He supplies the garages with petrol.
16. They confiscated the smuggler's watches.
17. He demanded a lot from everyone.
18. Someone stole the money from the shopkeeper.
19. The tailor took Joseph's measurements.

20. He wrenched the sword away from the rock.
21. She took the lid off the saucepan.
22. This remark hurt the secretary's feelings.
23. He drank his tea from the saucer.
24. They live in or near the country.

23. GOVERNMENT OF VERBS (cont.) (68–86)

1. Dear Carlos, I am coming to Spain this summer . . .
2. He used to walk to work.
3. Very few ministers will be present at the conference.
4. Bring your chair nearer the fire.
5. There is no doubt that Buñuel would have treated the theme differently.
6. She fell ill last week.
7. I want to change this pair of stockings.
8. Do you understand what he means?
9. The french windows give on to the lawn.
10. We did not realize the time.
11. He did not fail to remind me about it.
12. I said goodbye at the airport.
13. His recklessness spoiled everything.
14. Don't go out without bolting the door.
15. We shall miss you very much.
16. The lighthouse stands on the top of the cliff.
17. She sat up in bed with a start.
18. I lack inspiration.
19. We must take care not to exaggerate the seriousness of the situation.
20. He was very fond of bullfighting.
21. I do not like his fiancée.
22. I do not like his behaviour.
23. There is going to be a short interval.
24. There she is, over there.
25. Don't take any notice of him.
26. This has nothing to do with you.

27. They got to Segovia at midnight.
28. Anthony is five years older than Anne.
29. The business man wore a bowler hat and carried an umbrella.
30. They have tea at four o'clock.
31. They took a month to solve the problem.

24. GOVERNMENT OF VERBS (cont.) (87–104)

1. We were both born on the same day.
2. She forgot to draw the curtains.
3. He paid the driver a hundred pesetas for the message.
4. They seem to dislike him.
5. I think you need more practice.
6. The police were asking him a lot of questions.
7. When are you thinking of leaving?
8. She started to polish the mirrors.
9. Put the penny in the slot.
10. The fugitive lay down and pretended to be dead.
11. There was nothing else for it but to sell the house.
12. They laughed at his suspicions.
13. "Don't mention it," answered the taxi-driver.
14. Do you know Falla's *The Three-cornered Hat*?
15. Can snakes swim?
16. I cannot help being curious.
17. I feel very nervous.
18. I am sorry I sat on your hat.
19. He used to feed the pigeons in the park.
20. I thought he was jealous but I was wrong.
21. There is nothing the matter with me.
22. I am not very keen on going.
23. We shall have to wait a little while.
24. What is this chapter about?
25. It would be better to stay at home.
26. When he felt the cold sponge he soon recovered.

25. THE SUBJUNCTIVE MOOD (105–106)

1. Don't touch me, darling.
2. Don't trust him, sir.
3. Lend them to me, please.
4. Let's go back.
5. Let's go away.
6. Let's not refuse them.
7. Let's cross here.
8. Let him talk, I don't care.
9. Let the fools laugh.
10. Come back soon!
11. May he rest in peace.
12. I *do* hope it snows on Christmas Day.
13. I wish I could ski!
14. Perhaps you are mistaken.
15. Say what they will, I shall defend him.
16. I shall tell him to finish it today.
17. There had been no trouble so far as they knew.
18. It is possible that you have missed the boat.
19. I did not think that he would lie to me.
20. I was glad that he had received a reward.
21. It is not certain that America intervened.
22. I advised him to come and apologize himself.

26. THE SUBJUNCTIVE (cont.) (107–110)

1. The captain ordered the stowaway to leave the ship.
2. I begged them to be quiet.
3. I want you all to listen to me.
4. He permitted us to go on our way.
5. They prevented me from seeing her.
6. He proposes to leave the party.
7. They would not allow me to keep the gun.
8. He was opposed to our getting drunk.
9. She was afraid that he would follow her.
10. I am surprised that you travelled first class

11. We are sorry you had a breakdown.
12. I think it is time that he knew the facts.
13. He considers it necessary for you to take the class.
14. We hope you will come again next year.
15. Did you expect me to foresee that?
16. I am afraid I cannot come out this evening.
17. I don't say that it is perfect.
18. I didn't think there would be room for us.
19. I suppose they don't satisfy you?
20. Do you think they will reach an agreement?
21. Don't think we are not grateful to you.
22. I doubt whether they will improve.
23. He denied that they had been there.
24. He pretended that we were unknown to him.
25. It was possible that they had seen her.
26. It is sufficient that I repeat it twice.
27. It seemed doubtful whether he loved her.
28. It is strange that you should acquire that.
29. What a pity it was that they fled so soon.
30. Visitors are requested to remove their shoes.
31. Is it believed that they will survive?
32. It does not surprise me that he should have written to her.

27. THE SUBJUNCTIVE (cont.) (111–114)

1. He is incapable of doing anything that's bad.
2. He is going nowhere that interests us.
3. There is no-one who can correct it.
4. There are plenty of people to protect her.
5. I am looking for someone to look after them.
6. We want some toys that will amuse him.
7. We approve of whatever they have printed.
8. There is someone cleaning the windows.
9. Whatever day you come, you will find us at home.
10. Wherever you are, don't forget the time.
11. Whenever he goes out he leaves the door open.

12. However he explains it I cannot understand.
13. However strong he is, he is not as strong as Andrew.
14. It is the most thrilling view I have ever seen.
15. I shall tell him as soon as he returns.
16. We shall wait here until they let us pass.
17. They listened to him until they were bored.
18. As long as you are happy I shall be too.
19. Even if it were sunny I should not want to bathe.
20. Although he told her the truth, she did not believe him.
21. They can read it provided that it is translated.
22. They will come for Christmas unless it snows.
23. Take your raincoat in case it rains.
24. Bring your grandson so that we can see him.
25. The little boy did not move lest his mother scold him.
26. He very nearly died during the night.
27. She dressed the doll so that it looked like a baby.
28. He waited for the bus; not because he was tired, but because he was in a hurry.
29. It is no reason for him to lose his temper.
30. I caught sight of them before the light went out.
31. I will lay the table after I have darned this sock.
32. If the car broke down he would not know what to do.
33. If you had rung the bell before I would have let you in.
34. We knew he would do it if he had time.
35. If it were not so, he would have contradicted us.
36. If you ask him he will arrange it for you.
37. Whatever it be we shall destroy it.

28. INVERSION AND AGREEMENT OF SUBJECT AND VERB (115–116)

1. He thought the right moment had arrived.
2. The sports-car overtook the lorry.
3. Do your next-door neighbours make a lot of noise?
4. Does the Pope receive many foreign statesmen?
5. Is William coming to dinner?

6. I asked him if the champion had won.
7. "There they are," his friend whispered.
8. The miners have returned to work who were on strike last week.
9. I do not care what people are thinking; they are wrong.
10. Most of her presents were expensive but useless.
11. Most of the icecream has melted.
12. His boldness and daring astonished us.
13. His beard and his hair were turning grey.
14. Neither this house nor that one has a bathroom.
15. It was clear that more than one witness was lying.
16. It is he; it was they.
17. The important thing was not his fingers.

29. ADVERBS (117–120)

1. She smiled innocently.
2. The echo resounded lugubriously.
3. The knife flew swiftly and silently through the air.
4. They waited patiently for the signal.
5. He spoke in a haughty manner.
6. The baby is sleeping peacefully.
7. On the right stood the supermarket.
8. They now dress in the Italian fashion.
9. All of a sudden the lightning flashed.
10. He went willingly to school.
11. He groped his way up the stairs.
12. Someone had left the door wide open.
13. Shortly before he was playing cards.
14. They sailed upstream as far as the camp.
15. We know for a fact that your brother was wounded.
16. She crept downstairs.
17. He laughed uproariously.
18. Read it more quickly.
19. It was Paul who read it most quickly.
20. They all translate well but Jane translates best.

21. We ran away as fast as we could.
22. He has more friends than he deserves.
23. I have less time now than I used to have.
24. The streets seemed less narrow than I had imagined.
25. I have no more than five shillings left.
26. The more you earn the more you spend.
27. They reacted most violently to the accusation.
28. He gambles as much as they do; so much the worse for him.

30. ADVERBS (cont.) (121–122)

1. This collar is very fashionable.
2. I am very cold.
3. I am very pleased to meet you.
4. It was really getting dark now.
5. She will not welcome you.—I know.
6. It is late, don't you think?
7. Have they weighed it yet?
8. He could not stand her bad temper any longer.
9. She still wonders why he left her.
10. Even her best friends won't tell her.
11. We usually go to Italy in May; it is not so hot then.
12. You have seen it? You will know what I mean then.
13. First he caught a bus then he hired a taxi.
14. Let's see what we can do, then.
15. Have you met the newly-weds?
16. I am afraid I cannot make such a promise.
17. There has been a very unpleasant atmosphere lately.
18. At the present time the government is achieving little.
19. He always wanted to travel and sure enough he is now in Greece.
20. It could well be that he is not coming today.
21. Lucky you got here before the storm broke.
22. He cannot pronounce the word, much less spell it.
23. And they will say of him when he is gone, "*There* was a man."

24. Now *she* really is pretty.
25. They write to one another frequently.
26. We were a little disconcerted.
27. Our Spanish teacher regularly contributes articles.
28. It always rains on Sundays.

31. NEGATION (123–128)

1. They never fight.
2. Nobody uses that nowadays.
3. They parted without solving anything.
4. I cannot find my cuff-links anywhere.
5. None of them was disappointed.
6. Not one of them offered her a seat.
7. He agreed, not without hesitating.
8. He has no talent whatever.
9. This subject does not interest me much.
10. Is there anything so absurd?
11. She needs a holiday more than anything.
12. It would be better to stay there than here.
13. It's a long time since I saw them.
14. All day long I have not been able to find you.
15. He is neither tall nor short.
16. His stories are not even funny.
17. She didn't say yes but she didn't say no either.
18. He only goes to observe.
19. The gipsies live in caves, don't they?
20. They are wasting their time. Are you?
21. I will buy you a new sewing machine but not today.
22. That is by the way.
23. We knocked at the door but there was no-one in.

32. CONJUNCTIONS AND INTERJECTIONS (129–130)

1. His novels are long and interesting.
2. They will be back in September or October.
3. The mountain-side was not only steep but rocky too.

4. Both electricity and gas are expensive.
5. They had scarcely dug the trench when the enemy charged.
6. We all know it is not fair.
7. But it's all the same to me.
8. At the time of my last visit she was still a little girl.
9. As we were saying yesterday . . .
10. As it is getting late we had better go in.
11. As they approached the village they met many farmworkers.
12. As the clock struck twelve she started to eat the grapes.
13. While she was ironing the shirts she listened to her transistor.
14. As we grow older we become more and more tolerant.
15. Whilst there is no cause for alarm, there is no room for complacency.
16. Since the bookshop is closed, let's go to the library.
17. Since he joined the army he has not been the same.
18. Good heavens! Are you mad?
19. Ooh, I'm falling!
20. Shut up, for goodness' sake!
21. And now she won't help me to wash the dishes.—Honestly!
22. He is a one-eyed Jewish negro. So what?
23. What the devil are you doing?

33. PREPOSITIONS (131–133)

1. The column marched by at a slow pace.
2. She sat down at the organ.
3. The motorcyclist came down the hill at full speed.
4. He stretched himself out in the sun.
5. I arrived in Valencia at daybreak.
6. In their opinion Spain will lose in the long run.
7. Little by little the flames reached the top storey.
8. Machine-made lace is not so fine.
9. A few went on horseback but most of them went on foot.
10. On the following morning he made his way to the station.
11. We bought the television set on H.P.

12. He threw the receipt onto the fire.
13. A few days later they set fire to the factory.
14. They hang out their washing on the flat-roof.
15. On that occasion the shop was crowded.
16. On the corner stood a butcher's shop.
17. We waited more than an hour at the bus stop.
18. This is the greatest problem confronting mankind at the present time.
19. At Easter time they like to watch the processions.
20. From time to time she cast a glance at her husband.
21. He went by train as far as the frontier.
22. He was highly esteemed by his colleagues.
23. I know him by sight but not by name.
24. By day he leads a normal life.
25. She was a thin girl with dark hair and green eyes.
26. They were eating cakes filled with cream.
27. On seeing Father Christmas, the children jumped for joy.
28. The skyscraper was almost a thousand feet in height.
29. The beggar was blind in one eye.
30. They drew near to a house painted white.
31. We met them on the way to Edinburgh.

34. PREPOSITIONS (cont.) (134–136)

1. She married him for his money.
2. It was nothing but talking for the sake of talking.
3. Let's go to the opera tomorrow night.
4. They passed through the Customs.
5. He has hitch-hiked all over Europe.
6. He offered me sixpence for the orange.
7. He mistook the margarine for butter.
8. They heard the news on the wireless by chance.
9. He receives a twenty per cent profit.
10. He has gone out for a newspaper.
11. They feel for him an instinctive affection.
12. I struggled to avoid his gaze.

13. I caught a fish for my supper.
14. He handed me a bag for my apples.
15. He is good for nothing.
16. It is good for your health.
17. He writes well for a child.
18. You are never too old to learn.
19. You promised to have it finished by today.
20. When I went in, he was muttering to himself.
21. The prisoner escaped from the prison only to give himself up two days later.
22. Is this a suitable time to call him?

35. PREPOSITIONS (cont.) (137–140)

1. I have never seen this man before.
2. This street used to have another name.
3. Before surrendering they burned their crops.
4. I must tell you before I forget.
5. It is not a chore to perform this task; rather it is a privilege.
6. He bowed his head before these insults.
7. A large dish of beans was placed before them.
8. He worked afterwards for the Red Cross.
9. After the war many millions were homeless.
10. All the other guests arrived after me.
11. Several rows of people were sitting behind us.
12. For mile after mile they trudged through the jungle.
13. Under the eaves the swallows built their nests.
14. He preached under the threat of excommunication.
15. Over the door could be seen the family's coat-of-arms.
16. Above all remember he is the president.
17. He is writing a thesis on some Norwegian dramatist.
18. They are calling for us about 8.30.
19. As for his rivals, he ignores them.
20. Visitors came from the four corners of the earth.
21. Since the 14th they have sent no message.
22. From Monday to Friday he scarcely sleeps.

23. I don't think you will get as far as Santander in that car.
24. And now he even dreams in Spanish.
25. We hastened towards the square.
26. Her indifference towards him was absolute.
27. I stuck a five-peseta stamp on the envelope.

PART III

ENGLISH PROSE PASSAGES FOR TRANSLATION

(The numbers in the footnotes refer to the
paragraphs of the Grammar (Part V))

1

And now, talking of Medina del Campo, I should like to relate
another touching example of Spanish honesty. One day when[1] we
were waiting there in the "fonda" for the train which was to take
us to Salamanca, my wife left behind an umbrella with a silver
top. When[2] she discovered her[3] loss in the train, she said: "Alas,
I shall never find it again, for who knows when we shall pass
through Medina del Campo again? Besides, there is no morality
or[4] honesty in the world as far as umbrellas are concerned[5]."

Two months later when we were returning from Salamanca,
the train stopped at[6] Medina del Campo, and just for[7] curiosity
I asked the waiter in the "fonda" if a silver-handled[8] umbrella
had been found[9]. "Not to my knowledge[10], señor," he replied.
Before I left the room I went over to the corner where I remembered that we had dined two months before, and much to my
surprise[11] I saw the umbrella leaning[12] against the back of the
sofa exactly in the same position as my wife had left it.

Adapted from WALTER STARKIE, *Spanish Raggle Taggle.*

1. 31c(i).   2. *al* + inf.   3. 1j.   4. 125a.   5. 138.   6. 132.
7. 135a.   8. 6a.   9. 48b.   10. 105e.   11. 35d.   12. 46b.

2

"Here it is," said the driver.

Adam paid him and went up the steps to the front door. He rang the bell and waited. Nothing happened[1]. Presently he rang again. At this moment the door opened.

"Don't ring twice," said a very angry old man. "What do you want?"[2]

"Is Mr Blount in?"[3]

"There's no Mr Blount here. This is Colonel Blount's house."

"Excuse me ... I think the Colonel is expecting me to luncheon."

"Nonsense. I'm[4] Colonel Blount," and he shut the door. The Ford had disappeared. It was still raining hard. Adam rang again.

"Yes,"[5] said Colonel Blount, appearing instantly. .

"Would you mind[6] letting me telephone to the station for[7] a taxi?"

"I haven't got a telephone ... It's raining. Why don't you come in? It's absurd to walk to the station in[8] this rain. Have you come about the vacuum cleaner?"

"No."

"How strange! I've been expecting a man all the morning to show[9] me a vacuum cleaner. Come in, do. Will you stay to luncheon?"

"I should love to."

"Splendid[10]. I get very little company nowadays."

Adapted from EVELYN WAUGH, *Vile Bodies.*

1. 123.   2. ¿Qué quieres?   3. 128.   4. 28a.   5. ¿Qué desea?
6. 61a.   7. 135j.   8. con.   9. 108 note i.   10. Estupendo.

3

It was midday before[1] Boris decided[2] to get up. All the clothes he now had left[3] were one suit, with one shirt, collar and tie, a pair of shoes almost worn out and a pair of socks all holes. He had also an overcoat which was to be pawned in the last extremity.

He had a suitcase, a[4] wretched twenty-franc cardboard thing, but very important, because the "patron" of the hotel believed that it was[5] full of clothes—without it[6], he would probably have turned Boris[7] out of doors. What it actually contained were medals and photographs, various odds and ends, and huge bundles of love-letters. In spite of all this Boris managed[2] to keep a fairly smart appearance. He would shave without soap and with a razor-blade two months old, tie his[8] tie so that[9] the holes did not show, and carefully stuff the soles of his[8] shoes with newspaper. Finally, when he was[10] dressed, he would take out an ink-bottle and cover the skin of his[8] ankles with ink where it showed through his[8] socks. You[11] would never have thought, when he had finished, that he had recently been sleeping under the Seine bridges.

Adapted from GEORGE ORWELL, *Down and Out in Paris and London.*

1. 112d.   2. 62.   3. 95.   4. 5b.   5. 47a.   6. 30a.   7. 11a.
8. 1j.   9. 112b note.   10. 47e.   11. 48b(1).

4

"I wish[1] you were coming with me," he said suddenly.

"It wouldn't take[2] me long to pack," I answered.

He shook his head[3], and smiled. "No," he said, "I was joking. We can't both be away for[4] months at the same time. It's a responsibility, you know, being[5] a landowner, though many don't feel as I do."

"I could travel with you as far as Rome," I said, excited by the idea. "And provided that[6] the weather did not hold me back, I'd still be home by[7] Christmas."

"No," he said slowly, "no, it was just a whim. Think no more about it."

"You're feeling well enough, aren't you?" I said. "No aches or pains?"

"Good God, no," he answered, laughing, "who do you take me for[8], an invalid? I haven't had[9] a twinge of rheumatism for months. The fact is, Philip, that I love my home too much. When you reach[10] my age, perhaps[11] you'll feel about it like I do."

He got up from his chair and went over to the window. He drew back the heavy curtains and remained for a few moments gazing at the meadows. It was a quiet, still evening. The jackdaws had gone to roost, and for once even the owls were silent.

Adapted from DAPHNE DU MAURIER, *My Cousin Rachel*.

1. 107.　　2. 86.　　3. Movió la cabeza negativamente.　　4. durante.
5. 45b note.　　6. 112a.　　7. 136e.　　8. 135g.　　9. 39b.　　10. 112.
11. 105d.

5

He stared at the paper. He had bought it from[1] the boy[2] on the corner, on his way back from the office, as he always did. He had had an interesting day and not too tiring. He had got home about half-past six and had been to see the children in their beds before they went to sleep, and played with them a little. Then he had gone down with Joan, and before dinner they had planned a new position for the sweet pea hedge, taking it off[1] the wall and putting it between the garage and the lilac tree. She[3] had shown him that the magnolia was coming out[4]; they had talked about the errors of omission of the gardener, who came once a week. Then he had read the paper for a little; he remembered having heard during the day that all leave[5] had been cancelled for the Fleet over at Portsmouth, because of the tension[6] on the Continent. But there was always tension[7] on the Continent, and leave[5] had been cancelled many times before. There[8] didn't seem to be anything[9] particularly alarming in the paper.

So they had gone in to dinner and talked about their holiday, wondering if it would be nice to take the car to Scotland this year, for a change[10]. And after dinner there[8] had been a concert of chamber music on the wireless; they had listened to that until the news came on[11] at nine o'clock when they switched it off, having read the evening paper.

NEVIL SHUTE, *What Happened to the Corbetts.*

1. 65.   2. 29c.   3. 28b.   4. Use *florecer.*   5. Make plural.
6. la gravedad de la situación.   7. adapt.   8. 83.   9. 111a.   10. 136a.
11. Use *dar.* Mood?

6

South of Tortosa is[1] the promontory of Peñíscola, where a small fishing town is built into the ramparts of a castle of the Templars. The white-washed houses are flat-roofed in the manner of the region, black nets hang over the doors, the streets are[2] of rough stone and rock. The place smells of fish, and the village appears to be stuck like a barnacle on to the precipitous ruins of the castle. I called to a woman at[3] a window informing her that I wanted to get into the castle. She shouted down the street to another house in[4] an iron voice. A loud squawk came out of the door.

"What is it?"

"Tell[5] Aunt Antonia to open the castle."

Then I heard a shout from that house to another house, out of sight. "Aunt Antonia, someone's trying to get in the castle."

"Coming[6]", bawled Aunt Antonia.

The village might have been[7] one family in a great kitchen, where everyone shouted orders.

Aunt Antonia came coughing up the street, thin, bent, and shrinking[8] in her jersey. She was a woman of about forty, tired, ill, and morose.

There was a fig tree in the castle. "Are they ripe?" she said. "This one is[9]". She snatched at it and put it in her pocket.

Adapted from V. S. PRITCHETT, *The Spanish Temper.*

1. 47g.   2. 47b.   3. asomada a.   4. con.   5. 107.   6. 68.
7. 57.   8. encogida.   9. 29e(i).

7

The next day at half past three, Anna having put on her best clothes, was ready[1] to start. She had seen almost nothing of social life, and the idea of taking part in this entertainment of the Suttons filled her with trepidation. Should she arrive early, in which case[2] she would have to talk more, or late, in which case[2] there would be the ordeal of entering a crowded room? She could not decide. She went into her father's bedroom whose window overlooked Trafalgar Road, and saw from behind a curtain that small groups of ladies were continually passing up the street to[3] disappear into Alderman[4] Sutton's house. Most[5] of the women she recognised; others[5] she only knew vaguely by sight. Suddenly she heard[6] the kitchen clock strike four. She ran downstairs[7]— Agnes, doubtless feeling[8] very important, was carrying her father's tea into[9] the parlour—and hastened out[7] the back door. A moment later she was at the Sutton's front-door.

Adapted from A. Bennett, *Anna of the Five Towns.*

1. 47a.   2. en tal caso ... y entonces.   3. 136g.   4. el Concejal.
5. 11g.   6. 58a.   7. 45b(iv).   8. 99.   9. 131.

8[1]

At breakfast on the following morning there was no one present but the bishop, Mrs Proudie, and Dr Tempest. Very little was said during the meal. Mr Crawley's name was not mentioned. The eggs were eaten and the coffee was drunk, but the eggs and coffee disappeared almost in silence. When these ceremonies had been altogether completed[2], and it was clearly necessary[3] that something further should be done, the bishop spoke: "Dr Tempest," he said, "will you come to my study at eleven? We can then say a few words to each other about the unfortunate matter on[4] which I shall have to trouble you." Dr Tempest said he would be[5] punctual to his appointment, and then the bishop withdrew, muttering something about the necessity of looking at his letters. Dr Tempest took a newspaper in his hand, which had been brought in by a servant, but Mrs Proudie did not allow him to read it. "Dr Tempest," she said, "this is a matter of vital importance. I am quite sure that you feel that it is so."

"What matter, madam?" said the doctor.

"This terrible affair of Mr Crawley's. If something is not done[6] the whole diocese will be disgraced." Then she waited for an answer, but receiving none was obliged to continue. "Of the poor man's guilt there can, I fear, be no doubt." There was[7] another pause, but still the doctor made no answer.

Adapted from A. TROLLOPE, *The Last Chronicle of Barset.*

1. 48b. 2. 42. 3. 110. 4. por. 5. acudiría. 6. 113 note ii.
7. Tense?

9

Lucian's appointment was for eleven o'clock, but at eleven fifteen he had still not presented himself. Milne was not surprised. He would have been more surprised if Lucian had arrived[1] on time. He went on working at his notes on Miss Lucas.

At eleven-thirty, glancing out of his window, Milne saw a big man with a slight limp pass slowly by the garden gate. He was dressed in a sports jacket and old flannel trousers. His bare head was bent, and he was kicking a stone aimlessly in front of him. He did not look at the house, but went on walking slowly until he was out of sight.

Milne waited two minutes and then went out to the garden gate. The big man was leaning against[2] the wall about twenty yards away[3], staring at the pebble at his feet.

Milne said, "Hallo. Are you Lucian?"

"Yes," said the big man, looking at him without marked interest.

Milne said, "I'm Milne. Will you come in?"

Lucian seemed to consider for a moment. "All right," he said at last. He stooped, picked up the pebble, put it carefully into his pocket and followed Milne who went into the house.

As they went up the path, Milne said, "Is that a special pebble or just a pebble?"[4]

"I've kicked it[5] all the way from[6] Camden Town," said Lucian. "So it seemed a pity to leave it now."

"Oh, you walked up?"[7]

"Yes. They say it's good for[8] my leg."

"How's your leg getting on?"

"Oh, it's better," said Lucian vaguely.

They went into the consulting room. "Sit down," said Milne. "Cigarette?"

Adapted from NIGEL BALCHIN, *Mine Own Executioner.*

1. 113.   2. 62.   3. 22.   4. Use *cualquiera.*   5. He venido dándole patadas.   6. 139.   7. 68.   8. 136b.

10

I checked[1] the numbers and could see ahead the house which must be hers[2]. There was a single light on upstairs. The sight of that light made my heart increase its pace[3] so hideously that I had to slow down and then to stop and hold on to a lamp-post while I tried to breathe evenly and quietly[4]. I wondered if I had better wait a while and attempt, not to calm myself, which[5] was impossible, but simply to organise my breathing so as to be sure not to swoon. I decided that I must wait no longer in case[6] Honor should take it into her head to go to bed. I knew that she could hardly be in bed at this hour, and pictured the upstairs room as a study. Then I pictured her there sitting at[7] a desk surrounded by books. Then I pictured myself[8] beside her. I advanced to the door and leaned against the wall.

IRIS MURDOCH, *A Severed Head.*

1. Comprobé.   2. 35b.   3. Render as "When I saw this light, my heart started to beat . . .".   4. 117.   5. 31c(ii).   6. 112a.   7. delante de.   8. 49h.

11

Dirk Stroeve agreed to fetch me on the following evening and take me to the café at which Strickland was most likely[1] to be found. I was interested to learn[2] that it was the same as that at which[3] Strickland and I had drunk absinthe when I had gone over[4] to Paris to see him. The fact that he had never changed suggested a sluggishness of habit which seemed to me characteristic.

"There he is," said Stroeve, as we reached the café.

Though it was October the evening was warm, and the tables on the pavement were crowded. I ran my eyes over them[5], but did not see Strickland.

"Look. Over there, in the corner. He's playing chess." I noticed a man bending over a chess-board, but could see only a large felt hat and a red beard. We threaded our way among[6] the tables till we came to him[7].

"Strickland."

He looked up[8].

"Hulloa, fatty[9]. What do you want?"

"I've brought[10] an old friend to see you."

Strickland gave me a glance, and evidently did not recognize me. He resumed his scrutiny of the chess-board.

"Sit down and don't make a noise," he said.

W. SOMERSET MAUGHAM, *The Moon and Sixpence*.

1. 110.   2. Me interesó saber.   3. Omit "as that"   4. Use *venir;* cf. 68.   5. Eché un vistazo alrededor.   6. Nos deslizamos entre.   7. a su sitio.   8. 45b(iv).   9. gordiflón.   10. Tense? 39b.

12

In spite of many rumours to the contrary, the French train, as usual, crossed the frontier and went on to[1] Port Bou. And there everything, far from being unpleasant, as everybody had foretold, was peaceful to[1] an almost ludicrous extent.

In the train from Toulouse I had made the acquaintance of an Englishman who was going to Spain as delegate of one of the

British socialist organizations. He did not know Spanish, so I offered to act as his interpreter and we decided to travel together. We were received, at Port Bou station, not by an armed guard[2] pointing his bayonet at our breasts as I had expected after all the silly rumours in London and Paris but by a porter, offering to carry our luggage with as much politeness and doing so with as much laziness as one would have expected from a Spanish porter in peace time. We had to wait[3] for hours, which also was no new experience to me, because I knew the country in normal times and there, in the hall where we were waiting, sat dozens of peasant women, chatting peacefully, without even[4] mentioning the revolution. There were the usual armed guardias, and in addition a few armed workers; young boys in their civilian clothes[5]. One of them was chatting with us when he was called away, not to perform any specifically revolutionary duty, but in order to find something to drink for a crying[6] baby.

Adapted from FRANZ BORKENAU, *The Spanish Cockpit*.

1. 139.   2. centinela.   3. 44c.   4. siquiera.   5. jóvenes en traje de paisano.   6. 45a.

13

"Sit down," I said, unable to keep the irritation out of my voice. "Would you rather discuss now what has brought you home, or wait till morning? You must be exhausted."

"I'm very tired," he said. "I've been riding for hours. I came[1] through a lot of rain."

"You mean you don't want to talk tonight? I can understand that[2]. Hadn't you better go straight to bed?"

"I'm very hungry," he said, "and I'd like a bath."

"Then you'd better have a bath quickly, and come with us. We're going to have dinner out."

"Oh may I?" he cried. "I didn't expect that. That's very good of you."

The fact was, I didn't want to let him out of my sight that night.

I remembered the strained look on his face under the lamp. It was no time to harass him or leave him on his own.

"Well, get along[3] and bath," I said, "and remember, we discuss this first thing in the morning[4], seriously."

He looked relieved, nodded[5], and went to the bathroom.

While he was bathing the telephone rang. I told the headmaster that Oliver was at home, and begged him not to discuss such a grave matter by telephone. I promised I would take Oliver to school myself in the morning. The headmaster sounded grim, and reluctantly he agreed to this.

Adapted from HOWARD SPRING, *My Son, My Son.*

1. Tense? 41.　2. Lo comprendo.　3. 49e.　4. en cuanto te levantes.　5. asintió.

14

After walking two or three times along that part of the lane, she was tempted, as the morning was so pleasant, to stop at the gates and look into the park. The five weeks which she now passed in Kent had produced a great change in the country, and each day was adding something to the verdure of the early trees. She was on the point of[1] continuing her walk, when she caught a glimpse[2] of a gentleman within the sort of grove that surrounded the park. He was coming towards her; and fearing that it was Mr Darcy, she started at once to retreat. But the person who advanced was now near enough to see her, and approaching with eagerness, pronounced her name. She had turned round to go away, but on hearing her name called—though the voice was Mr Darcy's[3]—she headed again towards the gate. He had by that time reached it also; and handing her a letter, which she instinctively took, he said, with a look of haughty composure, "I have been walking in the grove for a long time, in[4] the hope of meeting you. Will you do me the favour of reading that letter?"— and then, bowing slightly, he turned again into the plantation, and was soon out of sight.

Adapted from JANE AUSTEN, *Pride and Prejudice.*

1. 40e.　2. alcanzó a ver.　3. 35c.　4. con.

15

"Shall I bring[1] the victuals now?"

"Yes please do," she murmured languidly.

When he had gone, and the dull sounds of his movements in the kitchen occasionally reached her ears[2], she forgot where she was, and for a moment had to make an effort[3] to deduce what the sounds meant. After an interval which seemed short to her because her thoughts were elsewhere, he came in with a tray on which steamed tea and toast, though it was nearly lunch-time.

"Place it on the table," she said. "I shall be ready soon."

He did so, and retired to the door: however, when he perceived that she did not move he came back[4] a few steps.

"Let me hold it to you, if you don't wish to get up," said Charley. He brought the tray to the front of the couch, where he knelt down, adding, "I will hold it for you."

Eustacia sat up and poured herself a cup of tea. "You are very kind to me Charley," she murmured as she sipped the tea.

"Well, it's natural," said he diffidently, taking great trouble not to rest his eyes upon her, though Eustacia being immediately before him, this was their only natural position. "You have been kind to me."

Adapted from THOMAS HARDY, *Return of the Native*.

1. 40c.   2. Word order?   3. 61c.   4. retrocedió.

16

Suddenly the expression of her face changed from utter disgust into[1] a bitter and proud smile. Without thinking[2] further, without daring to think, she rose out of bed and, night-gowned and barefooted, crept with infinite precaution downstairs. The oilcloth[3] on the stairs froze her[4] feet. A cold, grey light issuing through the glass pane over the front door showed that dawn was beginning. The door of the front parlour was shut; she opened it gently, and went within. Every object in the room was faintly visible, the bureau, the chair, the files of papers, the pictures, the books on the mantelshelf, and the safe in the corner. She knew the bureau was never locked; fear[5] of[6] their father had always prevented Anna and Agnes from touching it, without the need of a key. Now that Anna stood in front of it, a shaking figure with hair hanging loose, she dimly remembered having one day seen a blue paper among the white ones in the pigeon-holes. But if the bill was[7] not there she vowed that she would steal her father's keys while he slept, and force the safe. She opened the bureau, and at once saw the edge of a blue paper corresponding with her recollection. She pulled it forth and scanned it.

Adapted from A. BENNETT, *Anna of the Five Towns.*

1. a.   2. 29e(i).   3. El linóleo.   4. 29d(i).   5. 1b.   6. a.
7. Mood?

17

"You couldn't get me a little bread?" insisted Decoud. The child did not move; he saw her large eyes[1] stare at him very dark[2] from the corner. "You're not afraid of me?"[3] he said.

"No," said Linda, "we are not afraid of you. You came here with Gian' Battista."

"You mean Nostromo?" said Decoud.

"The English call him so, but that is no name either for man or beast," said the girl, passing her hand gently through her sister's hair.

"But he lets people call him so," remarked Decoud.

"Not in this house," retorted the child.

"Ah! well, I shall call him the Capataz then."

Decoud gave up the question, and after writing steadily for a while turned round again.

"When do you expect him to come back?" he asked.

"After he brought you here he rode off to fetch the Señor Doctor from the town for mother. He will be back soon."

"He runs the risk of being hit by a bullet[1] somewhere on the road," Decoud murmured to[4] himself audibly; and Linda declared in her high-pitched voice—

"Nobody would dare to fire a shot at Gian' Battista."

"You believe that, do you?" asked Decoud.

"I know it," said the child with conviction. "There is no one in this place who is brave enough to attack Gian' Battista."

"It doesn't require much bravery to pull a trigger behind a bush," muttered Decoud to himself.

Adapted from JOSEPH CONRAD, *Nostromo*.

1. 143.　　2. 17b.　　3. 62.　　4. 136f.

18

It seemed useless to ask Boris whether he still had his job at the Hotel Scribe. I hurried downstairs and bought a loaf of bread. Boris threw himself on the bread and ate half, after which he felt better, sat up in bed, and told me what was the matter with him. He had failed to get a job after leaving the hospital, because he was still very lame, and had spent all his money and pawned everything and finally starved for several days. He had slept a week on the quay under the Pont d'Austerlitz, among some empty wine barrels. For the past fortnight he had been living in this room, together with a Jew, a mechanic. According to Boris (there was some complicated explanation) the Jew owed him three hundred francs, and was repaying this by letting[1] him sleep on the floor and allowing[2] him two francs a day for food. With two francs he could buy a bowl of coffee and three rolls. The Jew went to work at seven in the mornings, and after that Boris would leave the place where he slept (it was beneath the skylight, through which the rain came in) and get into the bed. He could not sleep much even there owing to the bugs, but it rested his back[3] after being on the floor.

It was a great disappointment, when I had come to Boris to ask for help, to find him in a worse state than myself. I explained to him that I had only about sixty francs left and must get a job immediately. However, Boris had by this time eaten the rest of the bread and was feeling cheerful and talkative.

Adapted from GEORGE ORWELL, *Down and Out in Paris and London.*

1. 45b(iii).   2. descontándole.   3. era un descanso para su espalda.

19

We arrived at the house in which I lived. I would not ask him to come in with me, but[1] walked up the stairs without a word. He followed me, and entered the apartment on my heels[2]. He had not been in it before, but he never[3] gave a glance at the room I had been at pains to make pleasing to the eye. There was a tin of tobacco on the table, and taking out his pipe, he filled it. He sat down on the only chair that had no arms and tilted himself[4] on the back legs.

"If you're going to make yourself at home[5], why don't you sit in an arm-chair?" I asked irritably[6].

"Why are you concerned about my comfort?"

"I'm not," I retorted, "but only about my own. It makes me uncomfortable to see someone sit on an uncomfortable chair."

He chuckled[7] but did not move. He smoked on in silence, taking no further notice of me[8], and apparently was absorbed in thought. I wondered why he had come.

W. SOMERSET MAUGHAM, *The Moon and Sixpence.*

1. Omit.   2. pisándome los talones.   3. 125b   4. se balanceó.
5. sentarte cómodamente.   6. 18.   7. Reprimió una carcajada.
8. Sin hacerme más caso.

20

Ciudad Real is lively at night, like all towns in Southern Spain, and picturesque, though it lacks remarkable architecture. I wandered, late at night[1]; zigzagging through the streets, repeatedly crossing remote and empty side-streets[2] and then returning to the main avenue. I realized that my conduct was likely to arouse suspicion[3], but I did not care. To be arrested[4] would only be interesting, as I had reported to[5] the committee immediately on my arrival. Suddenly I heard "Ssss" in a low voice behind me, and turning round I saw two men, one in militia uniform, the other in civilian clothes, with their rifles pointed at my breast, at a few steps' distance. "Hands up," said the militia-man very quietly. I obeyed the order; one of the men stepped to one side and continued to point at me, while the other approached and calmly and quietly started to search my body. When they realized that I was not resisting in any way, they became less gloomy. "Foreign Press," I said as quietly as they[6] had spoken to me, and laughed. The search[7] was soon over; I showed them my documents, they questioned me about my abode, and when my answer satisfied them, they released me with complete courtesy.

Adapted from FRANZ BORKENAU, *The Spanish Cockpit*.

1. 121a.   2. calles laterales.   3. Make plural.   4. 1f.   5. me había presentado ante.   6. 28a.   7. El cacheo.

21

I was awakened by a pressure below my left ear. I thought it was Peter, for it is the old hunter's trick of waking a man so that he makes no noise. But another voice spoke. It told[1] me that there was no time to[2] lose and to[2] rise and follow, and the voice was the voice of Hussin.

Peter was awake and we stirred Blenkiron out of a heavy slumber We were bidden[3] to take off our boots and hang them by their laces round the neck, as country boys do when they want to go barefoot. Then we tiptoed to the door, which was ajar.

Outside was a passage with a flight[4] of steps at one end which led to the open air. On these steps lay a faint shine of starlight, and by its help[5] I saw a man huddled up at the foot of them. It was our sentry, neatly and scientifically gagged and tied up.

The steps brought us to a little courtyard about which the walls of the houses rose like cliffs. We halted while Hussin listened intently. Apparently the coast was clear[6], and our guide led us to one side, which was clothed by[7] a stout wooden trellis. Once it may have supported fig trees, but now the plants were dead and only withered tendrils and rotten stumps remained.

J. BUCHAN, *Greenmantle.*

1. Imperfect.   2. que.   3. 48b(i).   4. un tramo.   5. con ella.
6. no había moros en la costa.   7. cubierto de.

22

One of the sights of Madrid are the new American cars. I should say that there are more of these here than in any other capital in Europe. Most of them, I'm told, belong to Government officials, but rich people can also get permission to import them if they are prepared to pay what is asked. They cost from £3,000 to £5,000. In contrast with these cars is the number of cripples: one frequently meets a one-armed or one-legged man. Some have no legs at all and creep along on all fours, wearing a sort of boot on their hands. I am told[1] that many of these cripples are "mutilados de guerra", but not all. For example a chambermaid in our hotel tells me that she is a widow and that she supports not only her three children but also her parents. Her father cannot work because he has no legs. "I suppose he lost them in the war," I said. Not a bit of it.[2] He was a railwayman and an engine ran over them. This seems to me typical. Spaniards are very careless of their safety and shed their limbs with the facility of crabs. But what is really shocking is that, although foreign exchange[3] is freely used to buy the most expensive cars, none is spent on artificial limbs. I am told[1] that only those who get permission to go abroad can buy them, and certainly one sees well-dressed men and even women hobbling along painfully on wooden stumps[4].

Adapted from GERALD BRENAN, *Face of Spain.*

1. Avoid repetition.   2. Ni mucho menos.   3. divisas.   4. patas de palo.

I was seldom at home in the evening, for when I attempted to occupy myself in my apartments a swarm of noxious insects would come in, attracted by the lamplight, and it was too hot to have the windows closed[1]. Accordingly I spent the late hours either on the water—the moonlights[2] of Venice are famous—or in the splendid square which serves as a forecourt[3] to the strange old church of Saint Mark. I sat in front of Florian's café eating ices, listening to music, talking with acquaintances: the traveller will remember how the immense cluster of tables and little chairs stretches like a promontory into the smooth lake of the Piazza. The whole place, on summer evenings under the stars and with all the lamps, all the voices and light footsteps on marble—the only sounds of the immense arcade that encloses it—is an open-air saloon dedicated to refreshing drinks and to a still finer degustation, that of the splendid impressions received during the day. When I didn't prefer to keep mine to myself there was always some stray tourist, disencumbered[4] of his Baedeker, to discuss them with[5], or some native painter rejoicing in the return of the season of strong effects. The great Basilica, with its low domes and beautiful embroideries, and the mystery of its mosaic and sculpture, looked ghostly in the twilight, and the sea-breeze passed between the twin columns of the Piazzetta, the lintels of a door no longer guarded, as gently as if[6] a rich curtain swayed there.

Adapted from HENRY JAMES, *The Aspern Papers*.

1. 46a(iv).   2. las noches de luna.   3. lonja.   4. desembarazado.   5. 31.   6. 112a.

24

I found the secretary of the Holy Twelve, Don Miguel, sitting in his office at seven o'clock in the evening after he had returned from a business trip through the "ribera". He was a chemist, and he owned a canned food factory. We spoke about tinned asparagus long before I attempted to broach more spiritual matters, because my presence reminded Don Miguel of[1] his abortive attempt to export this delicate vegetable to Great Britain. He had been considering the idea only a few days before my visit, but had given it up, exasperated by our peculiar system of weights, measures and currency. He told me how he had sent to the local bank for information about our ounces and had made detailed calculations in consequence; and how, just when he had laboriously completed them, a "muchacho" came running up with an urgent message from the bank manager saying that he was terribly sorry but "they had made a mistake in the calculation of those English ounces". This infuriated Don Miguel so much that he abandoned the entire project, thereby depriving the obstinate British of[2] the best tinned asparagus they had ever tasted[3]. It seemed incongruous and unreal to be discussing asparagus and English eccentricities with this fresh-complexioned blue-eyed young man who had found time in his private life to belong to a brotherhood of men in[4] black tunics pledged to walk in the small hours of the morning[5] for miles and miles through the deserted countryside.

Adapted from NINA EPTON, *Navarre*.

1. 64.　　2. 65.　　3. 111d.　　4. con.　　5. 121a.

My earliest memory of a Quixotic eccentric dates from a summer day in 1908 when I went with my father to see the cricket match between the Gentlemen of Ireland and the Australians. As[1] we sat under the trees I saw coming towards me the weirdest figure of a man imaginable[2]. He was dressed in a brown swallow-tail coat[3] with gold buttons, yellow plush waistcoat, white riding breeches and top boots, and he wore a tiny bowler hat[4] in which fishing flies were stuck and a monocle. Out of the pockets of his breeches projected a large bone which he said he had retrieved from the tomb of an ancestor. What was more eccentric was that he carried under his arm a sword, an umbrella, and a fishing rod.

As he walked haughtily by, some mischievous little boys began to guy him and make rude remarks, but he brushed them off[5] contemptuously and walked on wrapt in his own dreams.

"Who is that strange individual?" I enquired from my father.

"He is called Endymion because he was touched by the moon. He was not, however, lying asleep on the mountain side when he was stricken, like his Greek namesake whom the Moon goddess[6] touched for love, but wide awake and at his post in Guinness's brewery."

Adapted from WALTER STARKIE, *Scholars and Gipsies*.

1. 129g.   2. que se puede imaginar.   3. una casaca.   4. un sombrero hongo.   5. los echó a un lado.   6. la diosa Luna.

26

Going back again through Torremolinos, I picked up a stout and agreeable woman laden with bundles and baskets, who asked me if I could take her to Marbella, twenty-eight miles further on, as[1] she had missed the bus. I said yes by all means, if she was not in a hurry and would not mind my stopping to bathe somewhere on the way. She said that she would not mind at all[2], but strongly advised me to wait until we reached Marbella, which had the best beach in[3] the world. She was a Marbella enthusiast; whenever I showed signs of admiring some sequestered cove or beach she assured me, with much fervour and gesticulation, that it was nothing compared to[4] Marbella, which had the best beach in the world, and that when I saw Marbella I should never again want to bathe anywhere else. She had me in such a state of pleasant anticipation about Marbella that I sped quickly on[5]. We talked agreeably all the way about her family, the coffee she was taking them, the beauty of her married daughter, the terrible price of food, why I had come to Spain, why I was alone, why Spanish women did not drive cars nor Spanish little girls ride donkeys in the streets like their brothers; that is to say, she did not really know why, only that it was "costumbre española", and the other "costumbre extranjera". She was a delightful woman, handsome, stout, loquacious, beautifully mannered, comfortably off, either a peasant or a small Málaga bourgeoise; I liked her a great deal.

Adapted from ROSE MACAULAY, *Fabled Shore*.

1. 129g.   2. 124.   3. 17a.   4. con.   5. me di más prisa por llegar.

27

She followed him in, bending her head as he did under the low door.

The room was[1] small and square, half the size of the kitchen at Jamaica Inn, with a great open fireplace in the corner. The floor was[1] filthy, and littered with rubbish: potato-scrapings[2], cabbage-stalks[3], and crumbs of bread. There were odds and ends scattered all over the room, and ashes from the fire covered everything. Mary looked about her[4] in dismay.

"Don't you[5] ever clean it?" she asked him. "You've got this kitchen like a pigsty. You ought to be ashamed of yourself. Leave me that bucket of water, and fetch me a broom. I'll not eat my dinner[6] in a place like this.

She set to work at once, all her instincts of cleanliness and order aroused by the dirt and the squalor. After scrubbing for half an hour she had the kitchen as clean as could be[7], with the stone floor wet and shining, and all the rubbish cleared away. She had found crockery in the cupboard, and a strip of table-cloth, with which she laid the table, and meanwhile the mutton boiled in the saucepan on the fire, surrounded by potatoes and turnips.

The smell was good, and Jem came in at the door, sniffing the air like a hungry dog. "I shall have to keep a woman," he said. "I can see that[8]. Will you leave your aunt and come and look after me?"[9]

Adapted from DAPHNE DU MAURIER, *Jamaica Inn*.

1. 47a.   2. mondaduras de patatas.   3. tronchos de berzas.
4. 35d.   5. ¿Es que ...?   6. Yo no como.   7. 17a.   8. 29e(i).
9. 30b(i).

28

One of the peculiarities of Spain is the humble restaurant, or wine shop[1], which looks to the stranger like the hide-out of a robber gang, in whose dark interior, filled with wine barrels and bottles, he may dimly see garlic and every manner of sausage hanging from the ceiling, and wooden benches and trestle-tables[2] white from so much scrubbing. Sometimes an assassin walks to the door and smiles charmingly at the apprehensive stranger. It is not unusual that the rougher the exterior the finer[3] are[4] the manners which are met with inside. I found in the old streets what at first seemed the sinister scene for a murder, but attracted by a notice written with whitewash on the window announcing that fresh grilled sardines were obtainable there, I went inside and was incorporated with delightful courtesy into a happy domestic scene. The proprietor and his wife, surrounded by a great number of children, were eating in the aisles of a veritable cathedral of casks, with two dogs and several cats at their side; and when I asked for fresh sardines a girl placed a hunk of bread and a jug of white wine on the table, and eventually sardines the size of herrings arrived. There were no knives or forks and the way to eat them was to pick them up by the head and tail and nibble them. I thought this gave a new meaning to the sardine.

Adapted from H. V. Morton, *A Stranger in Spain.*

1. taberna.   2. mesas plegables.   3. 120b.   4. Mood? 110.

29

Holly and her father arrived by the midday train. It was her first visit to the city of spires and dreams, and she was very silent, looking almost shyly at the brother who was part of this wonderful place. After lunch she wandered, examining his household gods[1] with intense curiosity. Jolly's sitting room was panelled, and Art represented by a set of Bartolozzi prints which had belonged to old Jolyon, and by college photographs—of young men, live young men, a little heroic, and which she compared with her memories of Val. Jolyon also scrutinized with care that evidence of his boy's character and tastes.

Jolly was anxious that they should see him rowing, so they set forth to the river. Holly, between her brother and her father, felt elated when heads were turned and eyes rested on her. That they might see him to the best advantage[2] they left him near the Barge and crossed the river to the towing-path. Slight in build—for of all the Forsytes only old Swithin and George were beefy—Jolly was rowing "Two" in a trial eight[3]. He looked very earnest and strenuous. With pride Jolyon thought him the best-looking boy of the lot; Holly, as became a sister, was more impressed by one or two of the others, but would not have said so for the world[4].

Adapted from J. GALSWORTHY, *The Forsyte Saga*.

1. dioses lares.   2. 120a.   3. remaba en la segunda posición en la prueba de los ocho.   4. 128.

30

The relationship between master and servant in Spain is different from ours and very charming. The Spaniard will work like a mule for[1] his meagre wage and put up with long hours, discomfort and a total lack of consideration, but he never hesitates to reprove if he deems it justified. I used to carouse with a bibulous old gentleman in Madrid who would sit up[2] till all hours with his cronies about him, roaring time after time for[3] the ancient housekeeper to bring in wine. She never dreamed of[4] disobeying or asking when she might go to bed, but came slowly and painfully, wheezing and groaning, with the jug in her hands and grumbled as she came: "Don Rafael! How many more? You have had far too much already. At your age! Are you a Christian? Do you not know how[5] near is the end?" She said "Don Rafael" and "you" and he said "María" and "thou", but apart from this there was nothing in tone or word to indicate the smallest[6] inequality. "Silence thou!" he would chortle: "take thy long face out of here!" And if he spilt a drop of wine he roared for her to come and wipe the table, if he dropped his handkerchief she must hobble up from the kitchen again in order to retrieve it, scolding all the while. It was better than a play to watch them, and both found the arrangement perfectly natural and proper.

Adapted from HONOR TRACY, *Spanish Leaves*.

1. 135f.   ⸱2. se quedaba.   3. 112b.   4. no se le ocurriría.
5. 3b.   6. la más mínima.

31

"Are you hurt?" Pyle said.

"Something hit my leg. Nothing serious."

"Let's get on," Pyle urged me. I could just see him because he seemed to be covered with a fine white dust. Then he simply went out like a picture on the screen when the lamps of the projector fail[1]: only the sound-track[2] continued. I got gingerly up on to my good knee and tried to rise without putting any weight on my bad left ankle, and then I was down again breathless with pain. It wasn't my ankle: something had happened to my left leg. I couldn't worry—pain took away care. I lay very still on the ground hoping that pain wouldn't find me again: I even held my breath, as one does with toothache. I didn't think about the Viets[3] who would soon be searching the ruins of the tower: another shell exploded on it—they were making quite sure before they came in. What a lot of money it costs, I thought as the pain receded, to kill a few human beings—you can kill horses so much cheaper.

GRAHAM GREENE, *The Quiet American*.

1. fallan.   2. la banda sonora.   3. los vietnamitas.

32

A gipsy shouted at me to come over[1] and look at his horse, a young animal of a deep chestnut colour with a fine head. I did so, and was unwisé enough to enquire the price. Nobody in Spain is ever interested in information for its own sake[2] and the gipsy assumed that I wanted to buy the horse—indeed, nothing would convince him of the contrary. He pulled its mouth open to display the strong young teeth, he drew my attention to the splendid muscles, he leaped upon its back and made it gallop: he undertook to deliver it to my hotel.

"There never was[3] such a bargain!" he yelled, seizing me by the arm and shaking me.

By now we were ringed by curious spectators, each[4] eagerly trying to get his word in[5].

"I cannot take the horse to London," I explained.

"Why not? Why not? It is just the thing[6] for London."

"The Customs would not like it."

"Customs!" said the gipsy, and spat.

A little gnome of a man[7] with a beard of several days and gentle, falsetto voice intervened at this point.

"The Señora does not want to buy your horse," he whispered in his flute-like voice[8]. "I know what the Señora wants."

"Leave my customer alone," the gipsy roared, turning on him.

"She does not want to buy your horse."

"She asked the price. Of course she does[9]. Woman! you will buy my horse? You will never get this chance again."

Adapted from HONOR TRACY, *Silk Hats and No Breakfast*.

1. 68.   2. 135b.   3. Tense? 44a.   4. 36i.   5. meter baza.
6. Viene pintiparado.   7. 141.   8. 19a.   9. Claro que quiere.

33

The cell door slammed behind Rubashov.

He remained leaning against the door for a few seconds, and lit a cigarette. On the bed to his right lay two fairly clean blankets, and the straw mattress looked newly filled. The wash-basin to his left had no plug, but the tap functioned. The can next to it had been freshly[1] disinfected; it did not smell. The walls on both sides were of solid brick, which would stifle the sound of tapping, but where the heating and drain pipe penetrated it, it had been plastered and resounded quite well; besides, the heating pipe itself seemed to be noise conducting[2]. The window started[3] at eye-level; one could see down into the courtyard[4] without having to pull oneself up by the bars. So far everything was in order.

He yawned, took his coat off, rolled it up and put it on the mattress as[5] a pillow. He looked out into the yard. The snow shimmered, yellow in the double light of the moon and the electric lanterns. All around the yard, along the walls, a narrow track had been cleared for the daily exercise. Dawn had not yet appeared; the stars still shone clear and frostily, in spite of the lanterns. On the rampart of the outside wall, which lay opposite Rubashov's cell, a soldier with slanted rifle was marching the hundred steps up and down; he stamped at every step as if[6] on parade. From time to time the yellow light of the lanterns flashed on his bayonet.

A. KOESTLER, *Darkness at Noon.*

1. El bidón que estaba junto a él acababa de ser desinfectado. 2. conductor de sonidos. 3. estaba casi. 4. desde arriba se podía ver el interior del patio. 5. 5g. 6. Supply "he were".

34

It may be, as they say in Spain, God was not willing, or the slight fluttering of the feathers raised a little dust, for at that moment a side door opened and with a cautious glance to see that no one was about, a nun stepped out, and taking up the bird, bore it into the shade. It lay almost expiring in her hand as she, with many little cries of pity[1], took a rag and by means of this gently dropped some water in its mouth. As[2] the drops of water followed one another, it slowly came back to the life it had nearly left. Its head became less languid, and its eyes brighter, until at last it feebly pecked the hand that held it, making the nun smile, and mutter it behaved just like a Christian, as she released it and let it hop about her cell. Then taking up a cane, she split it for[3] a

perch, and stuck it in the darkest corner of the cell, making some
holes in the rough plastering. All had gone well so far and on its
perch the bird sat resting, and recovering its strength. Quickly
she made a little cage out of split canes, not thinking for a moment[4]
that after giving life she thus would take away[5] life's chiefest
treasure—liberty. The cage contrived[6], and the revived but still
half drooping little bird duly inducted[6] to its prison, she put a
broken saucer and some breadcrumbs by its side, and sat down,
proud and happy with[7] her work.
Adapted from CUNNINGHAME GRAHAM, *Thirty Tales and Sketches*.

1. exclamaciones de lástima.   2. 129g.   3. 136a.   4. sin pensar
siquiera.   5. 44d(iii).   6. 46a(iii).   7. de.

35

The most notable Spanish Communist, Dolores Ibarruri,
known as "La Pasionaria", spoke next[1]. Always dressed in black,
she had a grave but fanatical face which caused the masses who
listened to her platform speeches to consider her a kind of
revolutionary saint. She was now about thirty-five. Years before
as a girl, she had been a devout Catholic. In those days she had
wandered from village to village in the Basque provinces, selling
sardines from[2] a great tray which she bore on her head. But
Dolores la Sardinera married a miner from Asturias, one of the
obscure founders of the Communist party in northern Spain. Her
devotion passed from Our Lady of Begoña to the prophet of the
British Museum Reading Room. She was to become celebrated
for her appeal to Spanish women to bear sons without the en-
cumbrance of having husbands. The Right spread rumours
according to which she had once cut a priest's throat[3] with her
own teeth. She was to become a great orator, and was already an
artist in the use of words. But her personality was less strong than[4]
it publicly appeared since she was unrebellious in her adherence
to the party instructions from Moscow. In the Cortes nevertheless
she stood out as the only striking leader in the Spanish Communist

party, which was anyway very small. There were only sixteen Communist deputies, and throughout the country, the party possessed 30,000 members at the most.

Adapted from HUGH THOMAS, *The Spanish Civil War*.

1. Word order?   2. 66.   3. 65 note.   4. 120b.

36

Darkness was falling as she crossed the highroad and went into the yard. As usual the inn looked dark and uninhabited, with the door bolted and the windows barred. She went round to the back of the house[1], and tapped on the door of the kitchen. It was opened immediately by her aunt, who seemed pale and anxious.

"Your uncle has been asking for[2] you all day," she said. "Where have you been? It's nearly five o'clock; you've been out since morning."

"I was walking on the moor," replied Mary. "I didn't think[3] it mattered[4]. Why should Uncle Joss ask for me?" She felt[5] nervous all of a sudden and she looked towards his bed in the corner of the kitchen. It was empty. "Where has he gone?" she said. "Is he better?"

"He wanted to sit in the parlour," said her aunt. "He said he was tired of being in the kitchen. He's been sitting there all the afternoon at the window, looking out for you[6]. You must humour him[7] now, Mary, and speak fair to him, and not go against[8] him. This is the bad time, when he's recovering . . . he will get a little stronger every day, and he'll be very self-willed, violent perhaps. You'll be careful what you say to him, won't you, Mary?"

This was the old Aunt Patience, with nervous hands and twitching mouth, who glanced over her shoulder as she talked. It was pitiable to see her, and Mary caught something of her agitation.

"Why should he want to see me?" she asked. "He never has anything to say to me. What can he want?"[9]

Adapted from DAPHNE DU MAURIER, *Jamaica Inn*.

1. Se dirigió a la parte trasera de la casa.   2. 91.   3. 109a.
4. Use *tener importancia*.   5. 99.   6. esperándote.   7. seguirle la corriente.   8. 86.   9. 40a.

37

She felt caught here now, like a bird in a net, and however much[1] she struggled she would never escape. If she wished to be[2] free she must[3] go now, leap from her window and run like mad along the white road that stretched like a snake across the moors. Tomorrow it would be too late.

She waited until she heard his footsteps on the stairs. She heard him mutter to himself, and to[4] her relief he turned aside and went along the other passage to the left of the staircase. In the distance a door closed, and there was silence. She decided that she would wait no longer. If she stayed[5] even one night beneath this roof she would lose her nerve, and she would be lost. Lost, and mad, and broken-spirited, like Aunt Patience. She opened the door and stole into[6] the passage. She tiptoed to the head of the stairs. She paused and listened. Her hand was on the banister and her foot on the top stair when she heard a sound from the other passage. It was somebody crying. It was someone whose breath came in little gasps and spasms[7], and who tried to muffle the sound in a pillow. It was Aunt Patience. Mary waited a moment, and then she turned back and went to her own room again, and threw herself on her bed and closed her eyes. Whatever[8] she would have to face in the future, and however frightened[1] she would be, she would not leave Jamaica Inn now. She must stay with Aunt Patience. She was needed here.

Adapted from DAPHNE DU MAURIER, *Jamaica Inn*.

1. 111c.   2. ser.   3. Tense?   4. para.   5. Mood?
6. 45b(iv).   7. que al respirar emitía sonidos entrecortados y espasmódicos.   8. 105e.

38

I knew Sara. She was about seven years old and lived in the
Tumble houses with her mother, father and little twin brothers.
She wore rags, instead of clothes, and the holes in her mam's
black stockings showed her knees and ankles caked with dirt, but
pretty, she was[1], with her dark hair hanging down either side of
her face, and her big smiling eyes. She threw me the hammer.
Most of the children were from the Tumble, too, but some were
from the Bridge Houses, whose arches the ironmasters[2] had
walled up[3] for homes; arches where the trams[4] rumbled overhead
and the chimney went through the sleepers above. Ceinwen
Hughes, for example. She had lived in one of them since the day
she was born six years ago. Now she sat beside Sara, trying to lift
her hammer, for until she could lift it she drew no pay[5]. The
molten iron had poured over her mother's shoulders and she had
been lying in straw since spring, so Mr Hughes got a job for
Ceinwen because there was nobody at home to take care of her.
She had survived this winter so far, but according to Morfydd she
was[6] weak in the chest and would not see another.
Adapted from Alexander Cordell, *The Rape of the Fair Country*.

1. bonita sí lo era.   2. los dueños y señores del hierro.   3. cuyos
ojos habían cerrado.   4. las carretas de carbón.   5. no cobraría.
6. 47a.

39

The dog went directly to the fire; there, sitting in the very[1]
middle of the golden cockatoos on the Turkey rug, he began to
lick himself. He did this by sitting very upright on three legs and
spreading out the fourth stiff and erect, as though it had been not
a leg at all but something of wood or iron. The melted snow
poured off him, making a fine little pool about the golden
cockatoos. He must have been[2] a strange-looking animal at any
time, being quite square like a toy dog[3], with a great deal of hair,
very short legs, and a thick stubborn neck; his eyes were brown,

and now could be seen very clearly because the hair that usually covered them was stuck all over his face by the snow. In his normal days his eyes gleamed behind his hair like sunlight in a thick wood. He wore a little pointed beard that could only be considered an affectation; in one word, if you imagine a ridiculously small sheep-dog with no legs, a French beard[4] and a stump of a tail[5], you have him[6]. And if you want to know more than that I can only refer you to the description of his great-great-great grandson[7] "Jacob", described in the Chronicles of the Beaminster Family.

Meanwhile the children gazed, and for a long time no one said a word. Then Helen said: "Father *will* be angry."

Adapted from HUGH WALPOLE, *Jeremy*.

1. 36p.   2. 56b.   3. 9 note ii.   4. una perilla francesa.
5. y rabón.   6. acierta(s).   7. tatataranieto.

40

It was the Sunday after Easter, and the last bullfight of the season in Mexico City. Four special bulls had been brought over from Spain for the occasion, since Spanish bulls are more fiery than Mexican. Perhaps it is the altitude, perhaps just the spirit of the western Continent which is to blame for the lack of "pep", as Owen put[1] it, in the native animal.

Although Owen, who was a great socialist, disapproved of bullfights, "We have never seen one. We shall have to go," he said.

"Oh yes, I think we must see it," said Kate.

"And it's our last chance," said Owen.

Away he rushed to the place where they sold tickets to book seats, and Kate went with him. As she came into the street, her heart sank[2]. It was as if some little person inside her were sulking and resisting. Neither she nor Owen[3] spoke much Spanish, there was a fluster at the ticket place, and an unpleasant individual came forward to talk American for them.

It was obvious they ought to buy tickets for the "Shade". But they wanted to economize, and Owen said he preferred to sit among the crowd, therefore, against the resistance of the ticket man and the onlookers they reserved seats in the "Sun".

The show was on Sunday afternoon. All the tram-cars and the frightful little Ford omnibuses called "camiones" were labelled[4] "Toros" and were surging away towards Chapultepec. Kate felt that sudden dark feeling, that she didn't want to go.

"I'm not very keen on going," she said to Owen.

"Oh, but why not? I don't believe in them on principle[5], but we've never seen one, so we shall *have* to go."[6]

Owen was an American, Kate was Irish. "Never having seen one" meant "having to go". But it was American logic rather[7] than Irish, and Kate only let herself be overcome[8].

D. H. Lawrence, *The Plumed Serpent.*

1. según lo definió Owen.　2. se le cayó el alma a los pies.　3. 116d. 4. llevaban el cartel.　　5. no me gustan por principio.　　6. Add *a la fuerza.*　　7. 120a.　　8. 51c.

41

"I have often heard of you," said the Countess, as I sat down near her; "my mother often spoke of you."

"Often?" I answered. "I am surprised at that."

"Why are you surprised? Were you not good friends?"

"Yes, for a certain time—very good friends. But I was sure she had forgotten me."

"She never forgot you," said the Countess, looking at me intently and smiling. "She was not like other women."

"She was not like other women in any way," I declared.

"Ah, she was charming," cried the Countess, rattling open[1] her fan. "I have always been very curious to see you. I have received an impression of you."

"A good one I hope."

She looked at me laughing, without answering this: it was just her mother's trick.

" 'My Englishman,' she used to call you—'Il mio inglese'."

"I hope she spoke of me kindly," I insisted.

The Countess, still laughing, gave a little shrug, balancing her hand to and fro. "So-so; I always supposed you had had a quarrel. You don't mind my being so frank—eh?"

"I delight in it; it reminds me of your mother."

"Everyone tells me that. But I am not clever like her. You will see for yourself."

"That speech," I said, "completes the resemblance. She was always pretending she was not clever, and in reality—"

"In reality she was an angel, eh? To escape from[2] dangerous comparisons I will admit then that I am clever. But let us talk of you. You are very—how shall I say it?—very eccentric."

Adapted from HENRY JAMES, *Diary of a Man of Fifty*.

1. abriendo de golpe.   2. para evitar.

42

It is hard[1] to know in all-in wrestling[2] what[3] is spontaneous and what[3] has been arranged beforehand. That night in Tortosa, one saw, however, the Iberian style and the excellent opportunities for the display of native temperament. First the boastful, conceited man came on[4] strutting in his beautiful dressing-gown, followed by a resolved, silent and austere opponent. Naturally the conceited man soon got the worst of it[5]. He was thrown, flung, scissored[6]; soon he began to foul. The crowd booed[7] him. Spanish pride goes mad[8] when ridiculed—except under the restraints of the bull-ring—and presently the conceited fellow sprang away from his seconds who were mopping him in his corner,[9] charged at his opponent in the opposite corner, and tried to hit him over the head with a pail. In another bout[10], another, bald, bullet-headed man, with a square beard and long hairy legs, tried to brain the referee with a bottle. The referee, who was a small middle-aged man in neat white flannels, seized some part of the bearded man and tossed him out of the ring into the audience.

Raging, the Beard[11] got back and tried again: the same thing happened. The Beard was finally chased through the audience and half round the stadium by his opponent.

Adapted from V. S. PRITCHETT, *The Spanish Temper*.

1. 60 note.   2. la lucha libre.   3. 32.   4. salió.   5. recibió la peor parte.   6. sometido a una llave.   7. abucheó.   8. se vuelve locura.   9. rincón.   10. encuentro.   11. el Barbas.

43

They had a very jolly evening, and sat up late, and, when the time came to go to bed, they (this was when George's father was a very young man) were slightly jolly, too. They (George's father and George's father's friend) were to sleep in the same room, but in different beds. They took the candle, and went up the stairs. The candle lurched up against the wall when they got into the room, and went out, and they had to undress and grope[1] into bed in the dark. This they did; but, instead of getting into separate beds, as they thought they were doing, they both climbed into the same one without knowing it—one getting in with his head at the top, and the other from the opposite side, and lying with his feet on the pillow.

There was silence for a moment, and then George's father said: "Joe!"

"What's the matter, Tom?" replied Joe's voice from the other end of the bed.

"Why, there's a man in my bed," said George's father, "here's his feet on my pillow."

"Well it's an extraordinary thing, Tom," answered the other; "but there's a man in my bed, too!"

"What are you going to do?" asked George's father.

"Well, I'm going to chuck him out," replied Joe.

"So am I," said George's father, valiantly.

There was a brief struggle, followed by two heavy bumps on the floor, and then a rather doleful voice said:

"I say[2], Tom!"

"Yes."[3]

"How have you got on?"

"Well, to tell you the truth, my man's chucked *me* out."

"So's mine! I say, I don't think much of this inn do you?"

Adapted from JEROME K. JEROME, *Three Men in a Boat.*

1. 119a.   2. ¡Oye!   3. ¡Dime!

44

The Valencians have always had the reputation of being violent and trigger-happy[1], quicker to[2] defend their so-called honour and that of their relatives than any other Spaniards, though they all are susceptible: so much so that[3] they made a profession of it and their services were called upon by people of other provinces who wished to dispose discreetly of rivals and opponents. A nobleman in Madrid once called upon a well-known Valencian professional assassin[4] to kill off one of his friends with whom he had recently quarrelled. Terms were agreed upon and all was set for the deed when the nobleman met his ex-friend by chance in the Prado, where a reconciliation[5] took place. He then sent a message to the Valencian, together with the stipulated money for the murder, requesting him not to accomplish the deed but to return home. The Valencian called upon him in a rage. "You have offended my honour," he cried. "I never take money for a service I have not rendered. Take it back, I will not have it." The nobleman insisted—after all, the Valencian had had expenses, he had spent time working out the details of the planned murder, etc. "It cannot be," replied the Valencian. "You must therefore choose. If I take the money, somebody has to be murdered—either you or your friend." He was finally persuaded to wait until the nobleman engaged in a further quarrel, "which is bound to occur sooner or later," he assured the honest assassin.

Adapted from NINA EPTON, *Love and the Spanish.*

1. pendencieros.   2. 59a.   3. tanto es así que.   4. 15b(iv) note.   5. Use a verb.

45

Two black-shawled women argued beside an open cart, one of them holding by the feet a squawking hen, whose fluttering, protesting wings brushed the wide wicker basket, heaped with apples, on which the woman leant; while towards them came a great hulking fellow[1] in a nut-brown velvet coat, his face purple with good cheer from a near-by tavern, his eyes blurred, his walk unsteady. He grumbled to himself as he peered down at the coins in his open hand, fewer than[2] he had expected, too few—he must somehow have miscalculated in that vanished hour of heat and sweat and tobacco, whence he now came[3] to quarrel with his mother and his wife. I could picture the farmstead which was his home and had been his father's before him[4], two kilometres[5] from the road up a sand-track full of pot-holes, the low house a pale lemon colour, the roof tiled, the farm[6] and out-buildings scarcely visible amidst the flat brown fields heaped now with line upon line of pumpkins, lime-green[7] or salmon-pink, rounded and firm, left to dry before they were fed to the beasts for winter fodder or to the farm people themselves as soup.

Adapted from DAPHNE DU MAURIER, *The Scapegoat*.

1. 143.   2. 120b.   3. Tense?   4. antes que el suyo.   5. 22.
6. la casa de labor.   7. verde limón.

46

At the station, amid the bustle of departure, I bought two third-class tickets as directed by the clerks, explaining that one was for my dog. The man in the ticket-office nodded wisely—that was correct, he said. Having arranged with a porter for the stowing of my luggage, I walked with Lobo on the leash beside me towards the entrance. A Guardia Civil blocked my way.

"Does that dog have a muzzle?" he demanded.

"Of course," I said taking it hastily from my string bag[1].

"That's all right then," he nodded, moving away.

As he had said nothing about putting it on, I put it back into the string bag, and Lobo and I looked at one another in relief.

We passed safely[2] by the ticket-collector, who merely asked for Lobo's vaccination papers[3], and approached the waiting train. We were just about to board it when a uniformed official appeared beside us.

"No dogs allowed on this train," he chanted.

"But the ticket-clerk sold me a ticket for him, and neither the Guardia Civil nor the ticket-collector said anything against it. Besides, they told me at the Central Railway Office that dogs could definitely[4] travel in this train," I said in alarm.

I produced the clerk's bit of paper with my travelling instructions, knowing from experience that officials find "something in writing" very reassuring. He refused even to glance at it.

"No dog has ever travelled in this train," he said, "and no dog ever will."

"Take me to the station master," I demanded, as the warning whistle blew.

"I am the station master," he replied simply.

Adapted from SHIRLEY DEANE, The Road to Andorra.

1. bolsa de malla.   2. tranquilamente.   3. el certificado de vacuna.   4. 121j.

47

Afterwards our march was quiet till the dawn, when we found ourselves riding up a narrow valley. At its head was a sharp turn[1] to the left, into[2] an amphitheatre of rock where the hill went up by step after step of broken cliff to a crest on which stood[3] a massive cairn. Zaal said the railway was visible thence, and if this were true the place was an ideal ambush, for the camels could be herded without any guardians into the pit of excellent pasture.

I climbed at once to the cairn, the ruin of an Arab watch-tower of the Christian period, commanding a most gracious view of rich pastoral uplands beyond the line, which ran round the foot of our slope in a lazy curve, open to sight for perhaps five miles. Below

on our left was the square box of the "coffee-house", a railway
halt, about which a few little soldiers were slouching[4] peacefully.
We lay alternately watching and sleeping, for many hours, during
which a train ground slowly past up the stiff gradient. We made
plans to descend upon the line that night, wherever[5] seemed best
for mining.

However in mid-morning a dark mass approached from the
northward. Eventually we made it out to be a force of perhaps
one hundred and fifty mounted men, riding straight for our hill.
It looked as though we had been reported; a quite possible
thing, since all this area was grazed over by the sheep of the Belga
tribes, whose shepherds, when they saw our stealthiness, would
have taken us for robber-enemies and alarmed their tents.

T. E. LAWRENCE, *The Seven Pillars of Wisdom.*

1. una curva pronunciada.   2. que entraba en.   3. 79.
4. haraganeaban.   5. 111b.

48

When I arrived at the fair it was about ten o'clock in the
morning. The sun's rays scorched me. I sweated through every
pore, and the thick white dust of the road made me cough and
sneeze at every moment. Business had started early in the morning and I saw Gypsies here and there resting in the shade beside
their tethered mules and donkeys. The actual buying and selling[1]
took place under a huge shed. Here there was an animated scene.
Horses, mules, donkeys led by gypsies of both sexes, and every
age and condition: the horses neighed, the donkeys brayed, the
men swore, the children squealed: I could hardly breathe, so
powerful was the smell of dust, dung, and sweat. Here and there
groups of men gathered round one particular mule. The owner,
holding the animal by a rope, would with his stick point out its
good features to the others, explaining his meaning with a wealth
of excited gestures. They would shake their heads, scratch their
chins, yawn, shrug their shoulders, and grunt disapprovingly. A

Gypsy fair is a most dramatic business, for the Romany "chals" are masters of the art of creating illusion in the "Busnó", to be followed later by disillusion. A Gypsy could make a "white face" believe that pineapples grow off[2] fig-trees: he is expert in the art of embellishment. The old mule is a pathetic, woebegone wreck, but he describes it in terms of Pegasus, Bucephalus, and Babieca and dazzles the simple man by his flow of rhetoric.

Adapted from WALTER STARKIE, *Spanish Raggle-Taggle.*

1. 116b.　　2. 66.

49

Five minutes later, Lord[1] Emsworth, leaning pensively out of the library window and sniffing the morning air, received an unpleasant shock. He could have sworn[2] he had seen his late[3] secretary, Rupert Baxter, cross the gravel and go in at[4] the front door.

"Bless my soul!" said Lord Emsworth.

The only explanation that occurred to him was that Baxter, having met with some[5] fatal accident, had come back to haunt[6] the place. To suppose the fellow could be here in person was absurd. When you shoot a secretary out for throwing flower-pots at you in the small hours, he does not return to pay social calls. A frown furrowed his lordship's brow. The spectre of one of his ancestors he could have put up with, but the idea of a Blandings Castle haunted by Baxter he did not relish at all. He decided to visit his sister Constance in her boudoir and see what she had to say about it.

"Constance, my dear."

Lady Constance looked from[7] the letter she was writing. She clicked[8] her tongue, for it annoyed her to be interrupted at[9] her correspondence.

"Well, Clarence?"

"I say, Constance, a most extraordinary thing happened just now. I was looking out of the library window and—you remember Baxter?"

F

"Of course I remember Mr Baxter."

"Well his ghost has just walked across the gravel."

"What are you talking about, Clarence?"

"I'm telling you[10]. I was looking out of the library window and I suddenly saw[11]—

"Mr Baxter," announced Beach, flinging open the door.

"Mr Baxter!"

"Good morning, Lady Constance."

P. G. WODEHOUSE, *Summer Lightning*.

1. 1c(iii).   2. 57 note.   3. 16.   4. por.   5. sufrido.
6. frecuentar como fantasma.   7. 45b (iv).   8. chasqueó.   9. en.
10. 29a.   11. add personal *a*.

50

It was the custom at the Stag for guests to be woken at whatever hour they named by the simple process of a loud bang on the door and a shout which informed them that it was "Eight-thirty, sir," or "Eight o'clock", whatever the case might be[1]. Tea was served early if expressly stipulated for, and was deposited with a rattle of crockery on the mat outside the door.

On this particular[2] Wednesday morning, young Gladys as usual stopped outside No. 5, yelling out "Eight-fifteen, sir", and crashing down the tray with a bang that slopped the milk out of the jug. She then went on her way, calling more people and proceeding to her other duties.

It was ten o'clock before she took in the fact that No. 5's tea was still on the mat.

She beat a few heavy raps on the door, got no reply and thereupon walked in.

No. 5 was not the kind of gentleman who overslept himself[3], and she remembered that there was a convenient flat roof outside the window. It was possible, thought Gladys, that No. 5 had done a bunk without paying his bill.

But the man registered as Enoch Arden had not done a bunk. He was lying face down in the middle of the room and without any knowledge of medicine, Gladys had no doubt whatever that he was[4] dead.

Gladys threw back her head and screamed, then rushed out of the room and down the stairs, still screaming.

Adapted from AGATHA CHRISTIE, *Taken at the Flood.*

1. según los casos.   2. de que hablamos.   3. se dormía más de la cuenta.   4. Mood?

51

She had forgotten to buy bacon, and breakfast would be late[1]; it was a calamity unique in her experience! She stood at the door of her bedroom and waited, desperately, for Agnes's return. At last the child raced breathlessly in; Anna flew to meet her. With incredible speed the bacon was whipped out of its wrapper, and Anna picked up the knife. At[2] the first stroke she cut herself, and Agnes was obliged to bind her finger with a rag. The clock struck the half hour like a knell. It was twenty minutes to nine, forty minutes behind time, when the two girls hurried into the parlour, Anna bearing the bacon and hot plates, Agnes the bread and hot coffee. Mr Tellwright sat upright and ferocious in his chair, the image of resentment and wrath. Instead of reading his letters he had fed full of[3] his ineffable grievance. The meal began in a desolate silence. Their father's terrible displeasure permeated the whole room like ether, invisible but carrying vibrations to the heart. Then, when he had eaten one piece of bacon, and cut his envelopes, the miser began to empty himself of some of his anger in stormy tones that might have uprooted trees. Anna ought to feel thoroughly ashamed. He could not imagine what she had been thinking of.

Adapted from A. BENNETT, *Anna of the Five Towns.*

1. se retrasaría.   2. De.   3. se había reconcomido de.

52

"I think this must be Brushwood Cross," resumed Parker, who had the map on his knee. "If so,[1] and if it's not Covert Corner, which I thought we passed half an hour ago, one of these roads leads directly to Crofton."

"That would be highly encouraging if only we knew which road we were on."

"We can always try them in turn, and come back if we find we're going wrong."

"They bury suicides at crossroads," replied Wimsey dangerously.[2]

"There's a man sitting under that tree," pursued Parker. "We can ask him."

"He's lost his way too, or he wouldn't be sitting there," retorted the other. "People don't sit about in the rain for fun."

At this moment the man observed their approach and, rising, advanced to meet them with raised hand motioning for them to stop.

Wimsey brought the car to a standstill.

"Excuse me," said the stranger, who turned out to be a youth in motor-cycling kit[3], "but could you give me a hand with my bike?"

"What's the matter with her?"

"Well, she won't go."[4]

"I guessed that," said Wimsey. "Though why she should wish to linger in a place like this beats me." He got out of the car, and the youth, diving into the hedge, produced the patient for inspection.

"Did you tumble there or put her there?" inquired Wimsey, eyeing the machine distastefully.

"I put her there. I've been kicking the starter[5] for hours but nothing happened, so I thought I'd wait till somebody came along."

"I see. What is the matter exactly?"

"I don't know. She was going beautifully and then she conked out[6] suddenly."

"Have you run out of[7] petrol?"

"Oh, no. I'm sure there's plenty in the tank."

Adapted from DOROTHY SAYERS, *Unnatural Death.*

1. 29e(i).   2. amenazante.   3. en traje de motociclista.   4. 68.
5. estoy dando patadas al arranque.   6. se trabó.   7. Use *acabarse* impersonally.

53

My "noviazgo" came to an end in an abrupt and painful manner. I had been courting Carmen patiently and with circumspection for a couple of weeks and had got to the point where I was allowed to hold one of her fingers in my hand, when the crude Anglo-Saxon idea came to me that it was time to take another step forward and give her a kiss through the bars of the window. But when I attempted to do this there was an immediate reaction. Drawing back several feet into the room she declared, though with a smile to soften the harshness of her refusal, that no man's lips had ever touched hers nor would they be allowed to do so until her husband bestowed his on her upon their bridal night. Then, seeing that these words had a chilling effect upon me[1], she made an offer. She would meet me on the following afternoon at a certain place in the public gardens accompanied by her young sister, and we would walk up and down a little. But I must understand that this was an extraordinary concession which she would never have agreed to if I had not been a foreigner, accustomed to greater freedom than Spaniards in these matters.

The hour came and I approached the rendezvous. And there at the end of the alley, I saw two girls dressed in black shiny silk, standing with their hands folded in front of them under a white-flowered trumpet tree[2]. One of them was young, a mere child, while the other, who might have been twenty four, was short and squat, almost a dwarf. She had the face of Carmen—it was a handsome and distinguished face and by no means a stupid one—but oh, that body! In an access of panic I turned and fled, unable to face the ordeal of meeting her and pretending that nothing had happened, when in fact her shortness had made my tallness seem a deformity.

Adapted from GERALD BRENAN, *South from Granada.*

1. me desalentaron.   2. un árbol retorcido.

54

I was not surprised to be told that sword making is a hereditary occupation in Toledo and goes back in families[1] as long as memory can tell[2]. Catching up these red-hot blades the sword-makers carried them to anvils where they began to hammer at them with a series of blows measured by instinct. They know how hard[3] to hit a blade, just as they can judge from the colour of the red-hot metal the right moment to withdraw it from the forge. They talk about the Tagus just as Martial wrote about the Jalon. They say it is the Tagus water that[4] gives the Toledo blade its superb flexibility, but you know perfectly well that what made the Toledo sword the best weapon of its kind was a superb tradition of craftsmanship, which goes back beyond even the oldest Gothic church in Spain and was already an ancient craft when the Romans built the theatre at Mérida.   I have no doubt in my own mind that if you could substitute a few gallons of the Thames for the Tagus, the blades would be just as good! The easiest way to temper a sword is in oil, but that is not the right way or the old way. Hot steel and cold water is the recipe, and that is the way they do things still in Toledo. They make swords for the slaying of bulls, for the American souvenir hunter, and for members of the Diplomatic Corps when in evening dress, as if they were making them for the Cid.

Adapted from H. V. MORTON, *A Stranger in Spain.*

1. que pasa de generación en generación.   2. y se pierde en la memoria del tiempo.   3. cómo.   4. lo que.

55

It will be generally admitted that Beethoven's Fifth Symphony is the most sublime noise that has ever penetrated into the ear of man. All sorts of conditions are satisfied by it. Whether you are like Mrs Munt, and tap surreptitiously when the tunes come—of course, not so as to disturb the others—or like Helen, who can see heroes and shipwrecks in the music's flood; or like Margaret who can only see the music; or like Tibby, who is profoundly versed in counterpoint, and holds the full score open on his knee; or like their cousin, Fräulein Mosebach, who remembers all the time that Beethoven is "echt Deutsch"; or like Fräulein Mosebach's young man, who can remember nothing but Fräulein Mosebach: in any case, the passion of your life becomes more vivid, and you are bound to admit that such a noise is cheap at two shillings. It is cheap even if you hear it in the Queen's Hall, the dreariest music-room in London, though not as dreary as the Free Trade Hall in Manchester; and even if you sit on the extreme left of that hall, so that the brass[1] bumps at you[2] before the rest of the orchestra arrives, it is still cheap.

"Who is Margaret talking to?" said Mrs Munt, at the conclusion of the first movement. She was again in London on a visit to Wickham Place.

Helen looked down the long line of their party, and said that she did not know.

"Would it be some young man or other whom she takes an interest in?"

"I expect so," Helen replied.

Adapted from E. M. FORSTER, Howards End.

1. los metales.   2. Use zumbar.

56

The view from my bedroom window bore no relation at all to the medieval city I had just seen. I looked down upon a square where a great deal of the life of Santiago took place. Here beside some venerable looking petrol pumps[1] was a 'bus station, where every now and then a coach would arrive with a fanfare[2] of klaxons and another would depart with a salvo of backfires[3]. There was the "Café Bar Galicia" near the station, and opposite stood the optimistic "Hotel Argentina", with awnings, and chairs set out on the pavement. The crowds were converging on a departing 'bus from every corner of the square, and the strangest bundles and parcels were roped to the top[4]. Old peasants in their Sunday serge, girls in their best clothes—cherry-red pullovers seemed to be in vogue—priests and monks, women and children, all crowded round the entrance, for the Spaniard will not stand in a queue. I noticed how few gave way to the men of God, and that many priests let others go first and had to stand. I saw too for the first time the ability of Spanish women to carry heavy loads upon their heads. A neatly dressed girl came daintily along, remarkable only for the sewing-machine in its wooden case upon her head. No sooner had[5] she lowered this to the ground than another young woman, dressed in a black frock and white apron, appeared balancing upon her head in the most graceful manner a great chest as large as the Cid's; and when two strong men had[5] lifted it to the ground, the girl smilingly thanked them and removed the little head pad upon which she had balanced it.

Adapted from H. V. Morton, *A Stranger in Spain.*

1. surtidores de gasolina.   2. una fanfarria.   3. escapes falsos.
4. la baca.   5. Tense?

57

I had never met a dictator before, and although I had been warned that President Somoza was not the kind with horns who eat babies for breakfast I was surprised by the amiable young man who received me. The appointment was for seven in the evening, but I had to wait for an hour and twenty minutes in an air-conditioned waiting-room of the palace before I was called in; I had been warned about that too, for the President who is both chairman and managing director of the firm, is a very busy man.

Also in the waiting-room sat three other visitors, and we all tried to show how cool and nonchalant we felt, only occasionally drumming the back of an empty chair with our fingers, or tapping a squeaky shoe on the floor, or picking[1] a nose. At a desk in one corner sat a tiny army officer, cubic in shape, with an enormous gold wrist watch, a gold ballpoint pen, several gold rings[2] on his sleeves, a pistol in his belt and a telephone far out of his reach. Other, lesser soldiers[3] came in and out, with similar watches and pens and pistols, but with fewer rings on their sleeves. When the telephone rang, one of them would hand the receiver to the little officer, who dropped into a brief, cryptic[4] conversation; and when he wanted to make a call he leaned across the big desk and flicked the dial[5] with his gold ballpoint pen. Once his hand went to his pistol and I thought he was going to flick the dial with the muzzle or even shoot at the numbers he wanted, but suddenly he remembered, or else changed his mind, and pulled out the pen instead.

Adapted from NICHOLAS WOLLASTON, *Red Rumba*.

1. hurgándonos.   2. galones.   3. soldados de menor graduación.
4. misteriosa.   5. el disco.

58

Although I had had only a few hours' sleep, I was lying wakeful when Bidwell called me. He drew the blind and let in the grey half-light of the December morning: I turned away, longing for sleep again. I wanted to shirk the day.

Bidwell had not lit the fire in my sitting room early enough; there were only spurts of flame among the great lumps of coal. Smoke blew out of the grate, and it struck cold and raw in the lofty room. I sat down heavy-heartedly to my breakfast. With an effort, I roused myself to call down the stairs for Bidwell. He entered with his usual smile, intimate, deferential and sly. I sent him to find whether Pilbrow was up yet, and he returned with news[1] that Pilbrow had pinned a note on his door saying he proposed to sleep until midday and was not to be disturbed.

I knew that, as soon as he was about, he would be punctilious in warning his former side of his change of vote. His views were eccentric for[2] an old man, but his manners had stayed gentle and nineteenth century; the only complaint I had ever heard him make about his young friends of the left was that, though he was sure there was some good reason for it, he could not for the life of him understand why they found it[3] necessary to be so rude.

Adapted from C. P. SNOW, The Masters.

1. 8e.   2. 136c.   3. 29e(i).

59

King Philip sat working in the Escurial—the gigantic palace that he had built for himself, all of stone, far away, high up, amid the desolation of the rocky Guadarrama. He worked incessantly, as no monarch had ever worked before, controlling from his desk a vast empire—Spain and Portugal, half Italy, the Netherlands, the Western Indies. He had grown old and white-haired in[1] his labours, but he worked on. Diseases had attacked him; he was tortured by the gout; his skin was cankered, he was the prey of a mysterious and terrible paralysis; but his hand moved over the paper from morning till night. He never emerged now. He had withdrawn into this inner room of his palace—a small room, hung with dark green tapestries—and there he reigned, secret, silent, indefatigable, dying. He had one distraction, and only one; sometimes he tottered through a low door into his oratory beyond, and kneeling, looked out, through an inner window, as it were from a box of an opera, into the enormous spaces of a church. It was the centre of his great building, half palace and half monastery, and there operatic too in their vestment and their movements and their strange singings, the priests performed at the altar close below him, intent upon their holy work. Holy! But his work was that[2]; he too was labouring for the glory of God. Was he not God's chosen instrument?

LYTTON STRACHEY, Elizabeth and Essex.

1. con.   2. 129e.

60

You come to the top of a little hill, where the road dips, and suddenly see before you the caves of the Barrio de Santiago. It opens right out before you, as though you were looking down into a circus, and you have only to come down a few steps lower and you are in the middle of the biggest Gypsy cave town, and probably the largest troglodyte population in the world. I have no idea how many persons are living in the caves of the Barrio de Santiago, but it would be no surprise to be told that it has five or six thousand inhabitants. And the town is continually opening out into new directions. One has to decide at an early stage to keep to the path that leads straight ahead, for it branches off and one path goes to the left into another part of the Barrio, and works round and back again into what we would like to call the main amphitheatre of cave dwellings, which we have not yet even seen. A girl with an indescribably dirty face—I think the dirtiest face that I have ever known, with the dirt and grime of all her years since childhood superimposed upon her tawny skin—comes running down the rocky pathway. She has the snake-like locks of the true Gypsy and an insolent, terrible manner as though hustling prisoners to their execution, and I would have written "criminals", but that the instincts of such a creature would be surely upon the side of crime. Accompanying her are two young men, with faces like Red Indians, clothed in rags of shirts and trousers, but sadly, wearing caps. They come, leaping and running down, with the stride of wild animals, and in a moment they are gone.

SACHEVERELL SITWELL, *Spain.*

61

Knocking once, he opened the front door and walked through to the back kitchen. Here he paused, quite taken aback. The kitchen was very bare, almost empty, and in the grate there burned only a spark of fire. Seated before this on a broken-backed wooden chair, with his crooked arm bent out like a wing, was

Tom Evans. The droop of his shoulders was dispirited, hopeless. On his knee sat his little girl, four years of age. They were gazing, both of them in silent contemplation, at a branch of fir planted in an old bucket. Upon this diminutive Christmas tree which Evans had walked two miles over the mountains to procure, were three tiny tallow candles, as yet unlighted. And beneath it lay the family's Christmas treat—three small oranges.

Suddenly Evans turned and caught sight of Andrew. He started and a slow flush of shame and resentment spread over his face. Andrew sensed that it was agony for him to be found out of work, half his furniture pawned, crippled, by the doctor whose advice he had rejected. He had known, of course, that Evans was down on his luck but he had not suspected anything so pitiful as this. He felt upset and uncomfortable, he wanted to turn and go away. At that moment Mrs Evans came into the kitchen through the back door with a paper bag under her arm. She was so startled at the sight of Andrew that she dropped her paper bag which fell to the stone floor and burst open revealing two beef faggots[1], the cheapest meat that Aberalaw provided. The child, glancing at her mother's face, began suddenly to cry.

A. J. CRONIN, The Citadel.

1. albóndigas.

62

I read Dr Couturier's one-thousand-page book on brown bears before going to the Pyrenees and was therefore briefed in every detail on how to behave if and when I encountered[1] one of these animals in a sudden *tête-à-tête* round a bend. Such an occurrence is apparently most likely to take place on a mountain path in the twilight and in a mist. Bears often use human-made paths at nightfall when they think that their two-legged foes are out of the way. Normally a silent sort of creature, the bear is apt to emit a little grunt indicative of acute astonishment when it is unexpectedly confronted by a human being. It is also inclined to bare its teeth. "Have no fear," Dr Couturier calmly reassures his readers, "for the bear will not attack you. Stand your ground firmly and speak to it—scold it if you like, for it is very much afraid of the human voice. It will soon effect a dignified retreat." I read and re-read this passage until I felt convinced enough to put the doctor's experienced counsels into practice. Unfortunately however, I never had the opportunity to test my reflexes. I never met a bear. I went to the Pyrenees in the wrong season, it is true— the season during which bears wander like the chamois upon precipitous ledges at inaccessible heights. Then again I may have passed a bear without detecting its presence.

Adapted from NINA EPTON, *Navarre*.

1. si encontrara o cuando encontrase.

63

To have seen the Mosque of Cordova forms an era in one's life. It is so vast, so solemn, so beautiful. You seem to be wandering at sunset time in a large and dusky forest, intersected by regular alleys of tall, stately palms. No matter in what direction you turn your face, northward, southward, eastward, westward the same beautiful perspective meets your eyes, file after file of marble and jasper columns supporting the double horse shoe arch. Nothing can be more imposing, and at the same time graceful, than this arrangement of transverse aisles; and the interlaced arches, being delicately coloured in red and white, may not inaptly be compared to foliage in a palm-forest, flushed with the rays of the setting sun. If so impressive now, what must this place have been in the glorious days of Abderrahman, the Al-Raschid of Cordova, when the roofs blazed with arabesques of red and blue and "patinas of bright gold"; the floors were covered with gorgeous carpets, and the aisles swarmed with thousands of worshippers in their bright Eastern dresses. The richest imagination cannot ever paint the scene, the readiest fancy cannot embellish it, and only those who have imbibed the rich colours of the East can close their eyes and dream of it. When the dream is over, cast your eyes along the long lines of columns, and you will see where the shoulders of spectators and worshippers of ages have left an enduring mark—a touching sight!—and then go into the once exquisite Maksura or Caliph's seat, and weep to see what becomes of beautiful things in Spain.

MATILDA BETHAM EDWARDS, *Through Spain to the Sahara.*

64

Everyday life in Stuart times, though full of hardship, ignorance and cruelty as compared with our own, had great compensating advantages. It was neither ugly nor unnatural. It was lived in the country, and whatever man himself added to nature did not detract from the beauty of things. The crafts were conducted by men armed with tools to do their will, not as now by men doing the will of the machines they serve; and it is not man himself but the machine that is the enemy of grace and beauty of line. Before the mechanical age, common craftsmen were in a sense artists doing nobler and more individual work than the modern employee engaged on mass production. They were therefore more contented with their lot in life, though many of its conditions were such as would not be tolerated in our more humane generation.

These crafts were not carried on in immense urban areas from which nature had been elaborately expelled. London which numbered half a million inhabitants by the end of the century, was the only place in England that could answer to that description. And even there a man could take his pleasure on the Thames, then the most glorious of city highways, or, if he could not afford a boat, could convey himself on foot in half an hour out of roaring Cheapside to meadows where sportsmen set springes for snipe and partridge, close under hills haunted by nightingales. Nature could be found and wooed even by the Londoner without the intervention of mechanical transport.

G. M. TREVELYAN, *A Shortened History of England.*

65

"My dear," she began, "you've no idea how cross the Mamas of Seville are with you! They're simply *furious*."

"But why?"

Didn't I realize, she explained, the enormity of my misdemeanour—that I, a girl unknown, a foreigner, had walked off with one of the most eligible bachelors in the city? Moreover, I had seized this plum from under their very noses without even conforming in one single detail to the accepted pattern of Southern Spanish courtship.

I didn't know whether to be flattered or upset by this revelation but before I could get a word in edgeways my friend was off again.

Where had been my chaperons? Why had I never worn the customary Spanish engagement bracelet? she enquired. What of the formal meetings and official arrangements between parents of both sides? And, she finished, rapping me on the knees with her fan for emphasis, where were my sheets?

"My—my sheets?" I faltered, staring. "We don't need any sheets while we're living in an hotel."

Only years later did I realise how sadly I had fallen out of line in this respect. No Spanish girl ever gets married without first preparing through the months—and maybe years—a vast trousseau of linen of every kind, all lovingly and laboriously made at home.

Eventually I came to judge how soon a servant would be likely to be leaving to get married by the state of her trousseau. While she was still collecting her sheets I knew I could bank on a certain amount of leeway, but once she had acquired her bed-spread the ultimate and most important item of her trousseau—then I knew the time had come to start looking for her successor.

BARBARA BORBOLLA, *Mantillas and Me.*

66

This curious composition, familiar to every visitor to the
Escorial, represents the king, dressed and gloved like an under-
taker in inky black, kneeling on a well-stuffed cushion in the
centre foreground; beyond, on the left, a crowd of pious kneelers,
some lay, some clerical, but all manifestly saintly, are looking
upwards into a heaven full of waltzing angels, cardinal virtues
and biblical personages, grouped in a circle round the Cross and
the luminous monogram of the Saviour. On the right a very large
whale gigantically yawns, and a vast concourse, presumably of
the damned, is hurrying (in spite of all that we learned in childhood about the anatomy of whales) down its crimson throat. A
curious picture, I repeat and, as a work of art, not remarkably
good; there are many much better Grecos belonging even to the
same youthful period. Nevertheless, in spite of its mediocrity, it is
a picture for which I have a special weakness. I like it for the now
sadly unorthodox reason that the subject interests me. And the
subject interests me because I do not know what the subject is.

ALDOUS HUXLEY, *Meditation on El Greco, from Musical Nights.*

67

He pointed a huge shaking forefinger at Alan. "You must be
nearly fifty years younger than I am, my boy, and let me tell you,
quite plainly, I don't envy you. On the contrary, I'm sorry for
you—especially as you're a sensitive, quick-witted sort of fella,
not like this race of confounded mechanics and chauffeurs we're
breeding now. Yes I'm sorry for you. You'll get up, take your
bath, brush your teeth, shave, and put on your clothes—for what?
To go and drudge in some hell-hole of an office or factory so that
you can come back to some numbered cubby-hole at night, gobble
some mess out of tins, and either go to the moving pictures and
see how pins are made or sit listening to some government bully
on the wireless telling you to hurry up and fill in 'Form Nine-
Thousand-and-Thirty-Eight'. Once a year you and your wife,

who'll be as plain as a suet pudding, and all your brats, who'll all have been vaccinated against everything but stupidity and dreariness, will be given a ticket to a holiday camp, along with five thousand clerks and other mechanics and their women and kids, and there you'll have physical drill, stew, and rice pudding, round games, and evening talks on tropical diseases and aeroplane engines. And I'll be dead—and delighted."

Adapted from *The Priestley Companion*.

68

Cánovas was an unusually cultured and intelligent man, and he was under no illusions as to the moral and material condition of Spain at that time. He had spent the last four years studying in the archives of Simancas the causes of the rapid decline of Spain in the seventeenth century, and in particular during the catastrophic ministry of the Conde de Olivares, whose situation, he observed, had in many respects been similar to his own. A man of exceptional talent, Olivares had come into power at a critical moment with the mission of saving and rebuilding the country—and he had failed. His mistake as Cánovas saw it, had been the usual Spanish one—of attempting to carry out ambitious projects without sufficiently considering the economic and material means by which they were to be achieved. The Spanish national vice had always been overconfidence and optimism. Cánovas, who hated optimists, determined to take exactly the opposite path: to give the country a rest from civil wars and politics: to encourage it to build up its industries and enrich itself, and to hope that, as the ruling classes became by this process more European, they would lose some of their native sloth and egoism and acquire a greater sense of their responsibilities.

G. BRENAN, *The Spanish Labyrinth*.

69

That was the end of him. The next year he had the most contracts of any matador in the profession, signed because of his first splendid year, and his actions in the ring were a series of disasters. He could hardly look at a bull. His fright as he had to go in to kill was painful to see and he spent the whole season assassinating bulls in the way that offered him least danger, running across their line of charge[1] and shoving the sword at their necks, sticking them in the lungs, anywhere he could reach without bringing his body within range of the horns. It was the most shameful season any matador had ever had up until that year in bullfighting. What had happened was that the horn wound, the first real goring, had taken all his valour. He never got it back. He had too much imagination. Several times, in succeeding years, he nerved himself to give good performances in Madrid so that by the publicity they would give him in the press he would still obtain contracts. The Madrid papers are distributed and read all over Spain and a triumph by a bullfighter in the capital is read about all over the peninsula while a triumph in the provinces goes no farther than the immediate neighbourhood and is always discounted in Madrid because the fighters' managers always announce triumphs by telephone and telegram from wherever their fighters appear in the provinces even though the fighter may have nearly been lynched by the disgusted spectators. But these nerved-up performances[2] were the brave actions of a coward.

ERNEST HEMINGWAY, *Death in the Afternoon.*

1. *line of charge,* el viaje.   2. actuaciones de nervio.

70

When Mark came to the top of the long rise from Nancepean, he turned aside from the road and sat for a while on the sweet short grass of Pendhu cliffs, contemplating the peacock sea below and staring away westward beyond its earthly reflections to where in celestial glitter it mingled with the sky. To his right the scattered cottages of Nancepean might have been bleached shells cast inland upon the valley, so small did they appear against the expanse of shimmering space in front of him. To his left the line of cliffs three hundred and fifty feet high swept round[1] a desolate and sombre beach to the dark promontory of Pendhu, round the base of which the water even upon the calmest days was always troubled. The figure of a man was walking from that direction, his silhouette against the skyline giving to his movements such an air of loneliness and significance that his approach filled Mark with curiosity to know his business. He laughed at himself for adopting so soon the country point of view which ascribed importance to individual behaviour and discovered mystery in everything and everybody whose meaning and business was not immediately apparent. Presently Mark could see the figure was carrying a branch of furze, and what would have perplexed a stranger to Cornwall more than ever revealed to Mark the newcomer's occupation.

COMPTON MACKENZIE, *The Heavenly Ladder.*

1. rodeaba majestuosamente.

71

I remember one splendid morning, all blue and silver, in the summer holidays, when I reluctantly tore myself away from the task of doing nothing in particular, and put on a hat of some sort and picked up a walking-stick, and put six very bright-coloured chalks in my pocket. I then went into the kitchen (which, along with the rest of the house, belonged to a very square[1] and sensible old woman in a Sussex village), and asked the owner and occupant of the kitchen if she had any brown paper[2]. She had a great deal; in fact, she had too much; and she mistook the purpose and the rationale of the existence of brown paper. She seemed to have an idea that if a person wanted brown paper he must be wanting to tie up parcels, which was the last thing I wanted to do; indeed, it is a thing which I have found to be beyond my mental capacity. Hence she dwelt very much on the varying qualities of toughness and endurance in the material. I explained to her that I only wanted to draw pictures on it, and that I did not want them to endure in the least; and that from my point of view, therefore, it was a question not of tough consistency, but of responsive[3] surface, a thing comparatively irrelevant in a parcel. When she understood that I wanted to draw she offered to overwhelm me with note-paper, apparently supposing that I did my notes and correspondence on old brown paper wrappers from motives of economy.

G. K. CHESTERTON, *Selected Essays.*

1. asentada.   2. papel de estraza.   3. que realza.

72

The road wound between yellow infertile fields, untouched since last year's harvest. Ahead of us was the low sierra that lies between Alcubierre and Zaragoza. We were getting near the front line now, near the bombs, the machine-guns, and the mud. In secret I was frightened. I knew the line was quiet at present, but unlike most of the men about me I was old enough to remember the Great War, though not old enough to have fought in it. War, to me, meant roaring projectiles and skipping shards of steel[1]; above all it meant mud, lice, hunger and cold. It is curious but I dreaded the cold much more than I dreaded the enemy. The thought of it had been haunting me all the time I was in Barcelona; I had even lain awake at night thinking of the cold in the trenches, the stand-to's in the grisly dawns, the long hours on sentry-go with a frosted rifle, the icy mud that would slop over my boot-tops[2]. I admit, too, that I felt a kind of horror as I looked at the people I was marching among. You cannot possibly conceive what a rabble we looked. We straggled along[3] with far less cohesion than a flock of sheep; before we had gone two miles the rear of the column was out of sight. And quite half of the so-called men were children—but I mean literally children, of sixteen years old at the very most. Yet they were all happy and excited at the prospect of getting to the front at last.

GEORGE ORWELL, *Homage to Catalonia.*

1. el salpicar de la metralla.   2. que se metería al chapotear en la caña de las botas.   3. avanzamos rezagados.

73

I had been staying with a friend of mine, an artist and delightfully lazy fellow, at his cottage among the Yorkshire fells, some ten miles from a railway-station; and as we had been fortunate enough to encounter a sudden spell of really warm weather, day after day we had set off in the morning, taking the nearest moorland track, climbed leisurely until we had reached somewhere about two thousand feet above sea-level, and had then spent long golden afternoons lying flat on our backs—doing nothing. There is no better lounging place than a moor. It is a kind of clean bare antechamber to heaven. Beneath its apparent monotony that offers no immediate excitements, no absorbing drama of sound and colour, there is a subtle variety in its slowly changing patterns of cloud and shadow and tinted horizons, sufficient to keep up a flicker of interest in the mind all day. With its velvety patches, no bigger than a drawing-room carpet, of fine moorland grass, its surfaces invite repose. Its remoteness, its permanence, its old and sprawling indifference to man and his concerns, rest and cleanse the mind. All the noises of the world are drowned in the one monotonous cry of the curlew.

J. B. PRIESTLEY, *Open House*

74

Having no language in common, we both were prey to a curious and uneasy compulsion to talk, not to communicate but to try to let each other know that we were civilized and of good will. We chatted at random, keeping fixed smiles on our faces, furtively glancing at each other out of the corners of our eyes, and then laughing unnaturally loud and long at our inability to understand what the other was saying. I divined that he was asking me if I were an American Negro, if I liked Spain, and I also guessed that he was trying to tell me something about his family . . . Then suddenly he touched my arm and made motions with his right foot, pumping jerkily and vigorously downward. Thinking that he was signalling for speed, I pressed the accelerator and the car shot forward. He hugged his machine gun, looked at his wristwatch, doubled his fists and again motioned with his foot for me to press down. I jammed the accelerator to the floor, feeling that if I were hailed for speeding I had an officer of the law at my side as my alibi. Finally, he grew desperate and, walling his eyes, he shook his head. I got the point: he had been urging me to step on the brake. . .. I drew to a side of the road and offered to drive him back over the distance that I had over-shot his destination, but, thanking me profusely, he would have none of it. We parted, shaking hands, waving frantically and nervously at each other, laughing uproariously, trying to fill the void that gaped between us.

R. WRIGHT, Pagan Spain.

75

So much for[1] what civilized men cannot take from their primitive neighbours. What can they take? They can take, or at least they can try to take, the primitive's wholeness. A primitive is forced to be whole—a complete man, trained in all the skills of the community, able to fend for himself in all circumstances; if he is not whole he perishes. A civilized man on the contrary, is under no external necessity to be whole. He can go comfortably and, as we judge success, successfully through life, incapable of doing anything except, shall we say, writing detective novels; within the strong economic and legal framework of civilization he is perfectly safe. A highly organized society protects him from the worst effects of his own incompetence; allows him to be ignorant of all the useful arts and yet to live. So far as immediate physical disaster is concerned, he can be unwhole with impunity. But there are also psychological disasters—the gradual disasters of atrophy and decay. Our admirably efficient organization has no power to save a man from these. Indeed its very perfection is the cause of these individual disasters. All civilization, and especially industrial civilization, tends to turn human beings into the mere embodiments of particular social functions. The community gains in efficiency; but the individual is maimed.

A. HUXLEY, *Beyond the Mexique Bay.*

1. Hasta aquí.

PART IV

FREE COMPOSITION

Section I. Essay Subjects

PERSONAL

1. Cómo paso los fines de semana. *(An exercise in the Present Tense.)*
2. Mi autobiografía. *(An exercise in the Past Tenses.)*
3. Mis deseos y ambiciones. *(An exercise in the Future Tense.)*
4. Cómo gastaría mil libras. *(An exercise in the Conditional and Subjunctive.)*
5. Por qué soy optimista/pesimista.

   nuestra época lo quiere

   hay demasiadas cosas que no entendemos

   nace uno optimista o pesimista

   es cuestión de temperamento y de carácter

   no soy ni optimista ni pesimista

   ¿Cómo no ser pesimista al ver . . .?

   en cuanto miramos a las poblaciones subdesarrolladas . . .

   básicamente el pesimismo procede de . . .

   hay que reaccionar contra el pesimismo

   es muy difícil si no imposible . . .
6. El libro que prefiero.

   echar un ojo; dar un vistazo

el que más me gusta entre ellos
en realidad, el interés del libro es doble . . .
una obra rica en acontecimientos
el escritor ha llegado a ofrecernos . . .
al mismo tiempo, nos presenta un estudio contemporáneo
una crítica aguda, mordaz, irónica
su emocionante desenlace
hasta ahora insuperable.

7. (No) me gustaría ser profesor(-a) porque . . .
8. Por qué prefiero la música popular a la clásica (o el contrario).
9. El mejor consejo que jamás oí.
10. Yo hubiera preferido vivir en el siglo—, porque . . .

DESCRIPTIVE

1. Una visita al cine.

el cine de sesión continua	el avance
la pantalla de cinemascope	la banda sonora
la película en tecnicolor	los cortes
el noticiario (el nodo)	el rodaje
el guión y el guionista.	una noche de gala.

2. La Navidad.

el día de Reyes
los Reyes Magos
el padre Noel
el belén
el pavo estofado
las castañas asadas
los aguinaldos
el leño de Navidad
el "christmas" (la tarjeta de Navidad)
la misa del gallo
los festejos navideños

los villancicos tan conmovedores en la Noche Buena.

3. La comunicación telefónica.

dar un telefonazo
la señal de marcar
marcar el número
comunicando
¡oiga! ¡dígame! ¡al habla!
quedarse cortado
la conferencia telefónica
meter la ficha
la lista de abonados
el teléfono compartido.

4. Las ventajas de viajar por avión.

los aviones supersónicos
la navegación nocturna
los asientos reclinables en ángulo
la cabina altimática
el aire acondicionado
los "pozos de aire"
su velocidad de crucero
la reducción de horas de viaje
ganar tiempo al tiempo
su puntualidad cronométrica
cruzar en línea recta.

5. La democracia.

ejercer la soberanía
favorecer la intervención del pueblo
una cuestión de gabinete
por vía de buen gobierno
no es lo mismo predicar que dar trigo
el dominio absoluto
un golpe de estado
el voto decisivo
la importancia del sufragio universal
el sistema parlamentario

la monarquía representativa
la Cámara de los Lores
la Cámara de los Comunes.

6. Los viajes interplanetarios.

el programa espacial
invertirse millones de dólares
un satélite norteamericano
el proyecto lunar
completar 22 órbitas
un cohete de tres etapas
la rampa de lanzamiento
el hidrógeno líquido
los efectos de la radiación
la presión atmosférica
la aplicación de la aerodinámica
la propulsión de proyectiles
los mecanismos extraterrestres
la medicina aeroespacial.

7. Walt Disney y el arte de la caricatura.

la película en color
la película de dibujos animados
el escenario natural
un alarde de ingenio
en sentido equívoco
una persona arrancada de un tapiz
decir una cosa entre burlas y veras
lances de la vida real.

8. ¿Cómo ha transformado la ciencia a la vida moderna?

efectuar un cambio radical
resolver los problemas domésticos
la repercusión en la esfera económica
tener por objeto el conocimiento de . . .
relativo a una ciencia particular
apoyar el progreso científico
vincular los descubrimientos científicos y la sociología
    moderna

la producción en masa
los adelantos de la química, física, técnica, medicina . . .
las proezas de los rusos en materia de naves espaciales
los hallazgos de laboratorio
el mejoramiento biológico de la especie humana.
9. La arquitectura moderna.
construcciones de cemento y aluminio
arquitectónicamente hablando . . .
un edificio, en torre, de 25 pisos
una evolución progresista
la clásica línea arquitectónica
carente de gracia
las necesidades de la hora
una ciudad moderna y vertical
la expansión urbana.
10. Una semana en Blackpool.
11. La última comedia que vi.
12. Mi pasatiempo favorito.
13. El programa de televisión que prefiero.
14. La persona a quien más admiro.
15. Un suceso importante del año 196-.
16. Los juegos olímpicos.
17. Los grandes exploradores.
18. La ciencia-ficción.
19. Las ventajas de la lluvia.
20. La manía de formar colecciones.
21. Las idiosincrasias.
22. La más noble de las virtudes.
23. Espejos.
24. El arte del siglo XX.
25. Fotografía y pintura: una comparación.

SPAIN AND THINGS SPANISH
1. España; país de contrastes.
se nota sobre todo al viajar por las carreteras
la posición de España en el mapa universal nos indica . . .

con relación a los demás países europeos
desde el punto de vista psicológico
ésta es la característica evidente de . . .
un mosaico de regiones y relieves
consecuencias varias, satisfactorias o deplorables
los fuertes contrastes del clima.

2. La España artística.

España, gran potencia pictórica
el Museo del Prado
de Altamira a Picasso
el realismo español
la fuerza expresiva
sus épocas de esplendor
estilos gótico, barroco, churrigueresco, renacentista, plateresco
los vestigios de la colonización romana
el arte musulmán, mudéjar
Goya revoluciona la pintura.

3. Una industria de la España moderna: el turismo.

el fenómeno turístico
el gran auge del turismo
la principal industria exportadora actual
la balanza de pagos
el Ministerio de Información y Turismo
las oficinas informativas
el cambio de moneda
los precios oficiales vigentes
los ventajosos costes de vida
la bonanza del clima.

4. Las corridas de toros.

suelen lidiarse seis toros
el paseo de las cuadrillas
avanzan al son de la música
un clarinazo anuncia la salida del toro
el toro bravo embiste brioso
la lidia se divide en tres suertes

el duelo entre el hombre y la fiera
completamente solo en el redondel
con la muleta comienza la "faena"
citar con la izquierda
sacar a hombros
dar la vuelta al ruedo.

5. La música española.
una canción de moda
las zarzuelas tradicionales
las obras maestras de Manuel de Falla
la maestría $\begin{cases} \text{del guitarrista Andrés Segovia} \\ \text{del violoncelista Pablo Casals} \end{cases}$
el cante jondo
los orígenes morunos del cante flamenco
apreciar el buen zapateo de la bailarina gitana
¡Viva la zambomba!
las seguidillas gitanas
un "cantaor" de flamenco
fandangos, polos, cañas, soleares, malagueñas . . .

6. Las pinturas de Velázquez.
un atrevido mensaje pictórico
da un sesgo muy personal a
un cuadro maravilloso de ejecución
dechado de gusto
obras cumbres
su intención temática
su capacidad de representación
la suprema sencillez de su técnica
la realidad misma, trasladada al cuadro
su innegable acento velazqueño
La Rendición de Breda o Las Lanzas
Las Meninas
Las Hilanderas.

7. Los moros en España.
el despliegue de lujo
a orillas del Guadalete

la Reconquista
Al Andalus
un duelo de las armas
un clima de confraternización
el Califato de Córdoba
el reino mahometano de Granada
Quien no ha visto Granada, no ha visto nada
La Alhambra y el Generalife
se destaca una profunda y variada cultura
todas las ramas del saber y del arte
una síntesis rica y delicada
el desarrollo de su técnica urbanística.

8. Los refranes españoles.
las sentencias populares
recordar a Sancho Panza
los juicios del pensador anónimo
añejados en la solera popular
las esencias concentradas de la filosofía indocta
una cantera riquísima
el doble sentido, recto y figurado
su multiplicidad de aplicaciones
las diversas interpretaciones subjetivas
aforismos transparentes.

9. Una visita a España.
10. El idioma español.
11. El valor de los estudios hispánicos.
12. Las grandes mujeres españolas.
13. El imperio español en América.
14. El individualismo español.
15. La España de Felipe II.
16. ¿Qué ha contribuido España a la civilización **europea?**
17. Religiosidad en el arte español.

IMAGINATIVE

1. Un día de la vida de una araña.
   vivir en telarañas vecinas
   dar caza al macho
   arañas vagabundas
   vivir de la caza
   fabricar telas
   un escondrijo tubular
   una tela-red
   una tela-habitación
   vivir en lugares resguardados.
2. El profesor ideal.
   más bueno que el pan, un santo
   más dócil que un borrego
   más inocente que una paloma, un niño
   más manso que un cordero
   más paciente que Job
   más fiero que un león, un tigre
   más listo que Cardona
   más serio que un ajo
   saber más que Lepe.
3. Un día de la vida de un médico/policía/periodista/guía.
4. Las vacaciones ideales.
5. El libro que quisiera escribir.
6. La vida del hombre en el mundo del año 2000.
7. Diálogo entre un conductor y un atropellado ligeramente lesionado.
8. Conversación entre don Quijote y Hamlet.
9. El arte de no hacer nada.
10. La posibilidad de un gobierno mundial.
11. Historia del imperio británico, vista por un extranjero.
12. La Tierra de Promisión.

PROVERBS AND SAYINGS, ETC.

1. "La mujer, en la casa."
2. "Poderoso caballero
     es don Dinero." (Quevedo)
3. El fin justifica los medios.
4. No hay libro tan malo que no tenga algo bueno.
5. Más vale ser pobre que ignorante.
6. Más enseña la necesidad que la universidad.
7. Juventud, divino tesoro . . . (R. Darío)
8. Todo es según el color del cristal con que se mira.
9. Aquellos son ricos que tienen amigos.
10. Viajar es aprender.
11. "La letra con sangre entra."
12. "Ese te quiere bien, que te hace llorar."
13. "Cuando haya, guarda para cuando no haya."
14. "El que espera, desespera."
15. "Cada oveja tiene su pareja."
16. El hombre propone pero Dios dispone.
17. "Allá van leyes, do quieren reyes."
18. "No se ganó Zamora en una hora."
19. "A cada puerco le llega su San Martín."
20. "El hábito no hace al fraile."
21. "No por mucho madrugar amanece más temprano."
22. "Dentro de cien años, todos calvos."
23. Los nuevos imperios, son los imperios de la mente. (Churchill)
24. La vida es sueño.

ABSTRACT TOPICS CALLING FOR DISCUSSION OR THE EXPRESSION OF PERSONAL OPINION

Political

1. Los partidos políticos y las elecciones.
     el mitin popular

el orador electoral
el distribuidor de las hojas de propaganda
la proclama electoral
el funcionario del censo
la tarjeta de elector, con el número de registro
el elector con derecho a voto
la cabina electoral
someter a votación
los laboristas, conservadores, liberales.

2. La O.N.U.
La Liga de Naciones
el principio de solidaridad
los organismos especializados
convocar conferencias
preparar proyectos
concertar acuerdos
coordinar los esfuerzos
facilitar conocimientos técnicos
el Fondo para la Infancia
las campañas de protección y asistencia alimenticia
la lucha contra el paludismo, la tuberculosis y el tracoma
la Organización Mundial de la Salud
practicar investigaciones internacionales
el Banco Internacional de Reconstrucción y Fomento
el Fondo Monetario Internacional
la Organización de las Naciones Unidas para la Educación, la Ciencia, la Cultura.

3. La proliferación de las armas nucleares.
el Comité de Desarme
frenar la siembra de estos armamentos
las tres grandes potencias nucleares
los artefactos de reacción en cadena
las pruebas nucleares en la atmósfera
la fuerza atómica multilateral
firmar un acuerdo antinuclear.

4. El Mercado Común.
   la Comunidad Económica Europea
   el tratado de Roma
   el Consejo de Ministros
   los ministros de asuntos exteriores
   una conciencia supranacional
   la cooperación intergubernamental
   los países miembros
   los "seis":—
       Francia
       Bélgica
       Italia
       la República Federal Alemana
       Luxemburgo
       Holanda
   la Comunidad del Carbón y Acero
   la Comunidad Atómica Europea
   Bruselas
   la política agrícola
   la paulatina eliminación de barreras aduaneras
   la compenetración de las diversas industrias nacionales
   el posible intercambio libre de personal
   una futura unión sindical.
5. El problema de la paz en el mundo moderno.
   quedar escarmentado
   el anhelo de venganza
   armas de superioridad decisiva
   los pactos de no agresión
   el equilibrio de fuerzas
   los submarinos de largo alcance
   la Organización de las Naciones Unidas
   el telón de acero
   la Alianza para el Progreso
   la Organización Internacional de Energía Atómica
   unas ideologías demoledoras.

6. El porvenir de Europa.
7. La propaganda, arma potente en la conquista de los pueblos.
8. Las colonias en el mundo moderno.
9. El Africa moderna.
10. La democracia y el comunismo.
11. El comunismo y las naciones latino-americanas.
12. Democracia y cultura.

Moral

1. La delincuencia y el castigo corporal.
   "Juez que ha sido delincuente,
   ¡qué fácilmente perdona!" (Calderón.)
   una circunstancia atenuante
   un castigo ejemplar
   sufrir el culpable su condigno castigo
   dar de plano
   quedarse uno riendo
   responder a una injuria con otra.
2. La segregación de las razas.
   el Africa del Sur
   la "Commonwealth"—una Mancomunidad Multirracial
   cuestiones de casta
   el curso emigratorio ascendente de asiáticos y de negros
   la mano de obra sin instrucción
   cuestiones de educación, de viviendas
   el paro obrero
   las relaciones vecinales en comunidades
   los agitadores habituales y los fanáticos
   una convivencia multirracial
   el racismo.
3. La crisis mundial de la "explosión de población".
   un mínimo consumo alimenticio
   el nivel de productividad
   el índice de natalidad
   las altas tasas de crecimiento de población

los países en vía de desarrollo
los antibióticos
la "explosión demográfica"
la tasa de mortalidad
el aumento de las cifras de población.
4. La pena de muerte.
5. ¿Deberían las mujeres recibir igual salario que los hombres?
6. La libertad de la prensa.
7. La neutralidad.
8. La eutanasia.
9. El problema del pacifismo en la vida moderna.
10. El patriotismo en la época de la guerra nuclear.

Social

1. Los gamberros.
    una pandilla de granujas
    vivir desarraigados
    los compañeros pendencieros
    los relatos espeluznantes
    golpes de cachiporra y botellazos
    violar las prohibiciones
    los afiliados a bandas juveniles
    los "Mods"—su uniforme de campera, zapatillas y
        medias blancas
    los "Rockers"—las camperas de cuero negro—el atuendo
        obligatorio
    una calavera y dos tibias—su divisa propia
    las motocicletas negras de potente cilindrada
    las motonetas cromadas
    las pastillas estimulantes
    vivir al margen de las convenciones.
2. El problema del ruido.
    el número de vehículos a motor
    la proliferación de motos
    los claxones

el volumen de los aparatos de radio y de televisión
las perforadoras neumáticas
una campaña del silencio
las motos sin silenciador
los aviones de reacción
los vecinos mal educados
el trajín de la ciudad
el aislamiento acústico de las paredes.
3. Los problemas de la circulación.
la circulación rodada
las necesidades circulatorias
los planes de ensanche
las estadísticas de circulación
los espacios mínimos vitales
las previsiones de desarrollo
la propiedad del suelo municipalizada
las ciudades angostas, hacinadas, intransitables
acudir al transporte colectivo
la elevación del nivel de vida
la magnitud creciente del problema
el aparcamiento cronometrado
los embotellamientos
las ordenanzas sobre circulación
los cruces de peatones
la prohibición de estacionar coches.
4. En "drenaje de inteligencias".
los cerebros creadores de ciencia y tecnología
un grito de alarma
un movimiento emigratorio creciente
repercutir de un modo grave en . . .
un mundo de revolución técnica
el "parroquialismo" dañino de la Gran Bretaña
el sentido de ejecución
los "cerebros huidos"
la "segunda Revolución Industrial".
la automatización

    la supervivencia de la Gran Bretaña
    la educación a nivel elevado.

5. La utilización pacífica de la energía atómica.
    la explotación pacífica del átomo
    para fines industriales
    las reservas de combustibles
    la escasez de reservas
    una central atómica
    un reactor nuclear
    la fisión del átomo
    la impulsión de buques
    máquinas accionadas por energía atómica
    suministrar energía eléctrica
    la desalinización del agua de mar
    fuente propulsora de enormes maquinarias.

6. La lucha contra la indigencia.
7. Las compras a plazos.
8. Las encuestas sobre la opinión nacional.
9. El conflicto entre los viejos y los jóvenes.
10. Los clubs para los jóvenes.
11. La asistencia social del estado.
12. El problema del ocio.
13. ¿Son justificadas las huelgas?
14. La influencia norteamericana en la vida de hoy.
15. ¿Es decadente nuestra sociedad actual?

Educational

1. Méritos y defectos de la educación inglesa actual.
    tener más faltas que el caballo de Gonela
    adolecer de un grave defecto
    la capacitación profesional
    morirse de aburrimiento
    prolongar la escolaridad
    las actividades educativas exteriores al colegio

los deportes obligatorios
un sistema educativo atenido a la realidad humana
desarrollar la personalidad integral del educando
afianzar los valores espirituales.

2. El valor de los exámenes.
3. En pro y en contra de los uniformes escolares.
4. La coeducación escolar.
5. ¿Debiera enseñarse la religión en las escuelas o no?
6. ¿Debieran abolirse las "Public Schools"?
7. ¿Cómo se saca el mayor provecho de los dos años en "Sixth Form"?
8. ¿Qué piensa Vd. de la prolongación de la vida escolar hasta la edad de dieciséis años?
9. El problema de la especialización en la formación escolar.
10. La televisión como medio educativo.
11. El problema de la expansión universitaria.
12. En pro y en contra de las "Comprehensive Schools".

Literary

1. Leer novelas es una pérdida de tiempo.
2. El valor de los estudios literarios en el mundo actual.
3. El realismo en la novela.
4. ¿Es superflua la poesía en la vida moderna?
5. ¿Tiene la poesía una función en el teatro?
6. Para entender bien las obras literarias de un autor, hay que estudiar su vida también.

Controversial

1. En pro y en contra de los ferrocarriles británicos.
    acrecentar un mal
    echar la soga tras el caldero
    decaer por grados
    conseguir notables adelantos

el déficit anual ferroviario
un candente problema nacional
los servicios nacionalizados
el costo operativo
los remedios de fondo
esbozarse las soluciones
las vías férreas
la densidad de tráfico
la subvención del Estado
los presupuestos viales.

2. ¿Deberían enseñarse las lenguas para fines prácticos?
3. En pro y en contra de la vida urbana.
4. En pro y en contra de la comida inglesa.
5. El deportista como "embajador" de su país.
6. "Conservar lo antiguo es una pérdida de tiempo y dinero."
7. "El extranjero es solamente un señor que habla un idioma más o menos diferente del nuestro."
8. Científico o artista—¿cuál contribuye más a la sociedad en que vive?
9. En la vida, la caridad vale más que el arte.
10. "La nota más característica y despreciable de los ingleses de hoy día es su apático conformismo."
11. "Es la religiosidad lo que le hace al hombre ser belicoso."
12. Prejuicios y creencias.

Section II. Useful Phrases
(of particular value for abstract topics)

INTRODUCTORY REMARKS

beginning by **comenzando por . . .**
at first sight it appears that **a primera vista parece que . . .**
once the way is open **una vez abierto el camino**
it is not a question of—, still less of—, but of— **no se trata de—, ni menos de—, sino de—**

we are dealing here with   **se trata aquí de . . .**

it would be another matter if we were dealing with   **otra cosa sería si se tratara de . . .**

. . . can serve us as a guide on . . .   **. . . puede(n) servirnos de guía sobre . . .**

we have to investigate whether there exist   **hay que investigar si existe(n) . . .**

the question narrows down to this   **la cuestión se reduce a esto**

it is necessary to pose again the question concerning   **es necesario volver a plantear la cuestión sobre . . .**

unless it is a question of . . .   **a no ser que se trate de . . .**

the following examples will show clearly   **los siguientes ejemplos harán ver con claridad**

now the important thing for our purpose is to determine whether   **ahora bien, lo importante para nuestro objeto es determinar si . . .**

so that we know where we stand we shall say at once that   **para entendernos pronto, diremos que . . .**

let us examine separately   **vamos a examinar por separado**

let us now examine the question from the point of view of . . .   **examinemos ahora la cuestión desde el punto de vista de . . .**

I want to emphasize the fact that . . .   **quiero hacer hincapié en el hecho de que . . .**

I will set out briefly the aspects of this question which are relevant to the aims of the present essay   **expondré brevemente los aspectos de esta cuestión que sean aplicables a los fines del ensayo presente**

to try to see clearly in this matter it is necessary to observe that   **para tratar de ver claro en esta materia es menester fijarse en que . . .**

in order to clarify the problem we must observe that   **para aclarar el problema debemos fijarnos en que . . .**

we have to consider here two aspects of this phenomenon
hay que considerar aquí dos aspectos de este fenómeno

PERSONAL COMMENTS

so far as I know   **que yo sepa**

if I remember rightly   **si no me acuerdo mal**

if I am not mistaken   **si no me equivoco**

by this I do not mean . . .   **con esto no quiero decir que . . .**

I think, for my part, that . . .   **creo, por mi parte, que . . .**

the way I see it   **a mi modo de ver**

in my view, opinion, etc.   **a mi ver, parecer, juicio, entender**

I utterly fail to understand how   **no acierto a explicarme cómo . . .**

I am referring exclusively to   **me refiero exclusivamente a . . .**

I feel it in my bones that   **me da el corazón que . . .**

I am confining myself to a few brief remarks   **me limito a hacer unas breves observaciones**

as far as I am concerned   **por lo que a mí toca; en lo que a mí respecta**

I shall mention only—, as an example   **me limitaré a mencionar . . . por vía de ejemplo**

I think it important   **lo considero de importancia**

I am in favour of   **soy partidario (-a) de . . .**

this problem has me stumped   **este problema me tiene en un brete**

I have to limit the scope of my study   **tengo que limitar el campo de mi estudio**

it lies for the moment outside the scope of my study   **queda por ahora fuera de mi estudio**

it is obvious that by—I mean every time   **es evidente que con—significo constantemente**

I could equally well say that . . . **igualmente podría decir que . . .**

I have said previously **ya he dicho anteriormente**

as I have already said **como (según) ya he dicho**

regarding—I have said enough **con respecto a—he dicho lo bastante**

the same reasons have prompted me to **las mismas razones me han movido a . . .**

I have referred repeatedly to **repetidamente me he referido a . . .**

I repeat **repito**

let us be content, then, to say **contentémonos, pues, con decir que . . .**

logically speaking **hablando en términos lógicos**

let us assume; for example **pongo por caso**

we have just seen that **acabamos de ver que . . .**

we know very well that **bien sabemos que . . .**

let us not forget that **no olvidemos que . . .**

let us observe moreover **notemos además . . .**

we have had occasion to observe more than once how **hemos tenido ocasión de notar más de una vez cómo . . .**

we can also affirm that **podemos afirmar también que . . .**

as we shall see at once **como veremos en seguida**

confining ourselves to our purpose, we shall observe **ciñéndonos a nuestro propósito, observaremos . . .**

from here on we are going to examine how **de aquí en adelante vamos a examinar cómo . . .**

as we shall see further on **como (según) veremos más adelante**

here is one factor **he aquí un factor**

here are a couple of examples **he aquí un par de ejemplos**

after what I have said, it is not necessary to insist **después de lo que llevo dicho, no hace falta insistir en que . . .**

for the reasons which I shall explain in the appropriate place, I think it is useless to maintain that **por las razones que expondré en lugar oportuno, creo que es inútil mantener que . . .**

and here we have yet another proof of **y en esto tenemos una prueba más de . . .**

with what I have said already it seems almost superfluous to insist that **con lo que llevo dicho, huelga casi insistir en que . . .**

for these reasons I think it necessary to **por estas causas creo necesario** + Infin.

as can be seen from any of the examples I have cited so far **como puede observarse en cualquiera de los ejemplos que hasta ahora he aducido**

as a summary of what I have said on this matter . . . I shall proceed now to deal with **como resumen de cuanto llevo dicho sobre esta materia . . . pasaré a ocuparme ahora de . . .**

when dealing with . . . we saw that if . . . **al tratar de . . . hemos visto que si . . .**

we shall make use of explanations of this nature as and when necessary **nos serviremos de explicaciones de este carácter en la medida en que sean indispensables**

when discussing—I shall add some fresh observations on this matter **al tratar de** + noun **añadiré nuevas observaciones sobre este asunto**

this distinction may appear worthless **esta distinción puede parecer baladí**

this distinction is, in many cases, difficult to perceive **esta distinción es, en muchos casos, difícil de percibir**

it is a question merely of the nuance **se trata sólo del matiz**

even without having recourse to history . . . we can quote modern cases **aun sin apelar a la historia . . . podemos citar casos modernos** and classical examples of it are not lacking   **y no faltan ejemplos clásicos de ello**

these are the bare facts   **éstos son escuetamente los hechos**

this argument does not hold water   **este argumento se cae por su base**

this is, in outline, the present situation   **ésta es, a grandes rasgos, la situación presente**

this argument rests on insufficient evidence   **este razonamiento se apoya en pruebas insuficientes**

this is a big step forward   **éste es un gran paso hacia adelante**

CAUSE AND EFFECT RELATIONSHIPS

the relationship between cause and effect   **la relación de causa a efecto**

consequently   **por consiguiente; en consecuencia; de consiguiente**

therefore   **por esto; por eso; por tanto; por lo tanto**

for this reason   **por esta causa; por esta razón**

hence it happens that   **de aquí. resulta que . . .**

so it happens that   **de este modo resulta que . . .; así resulta que . . .; así ocurre que . . .**

it is of the utmost importance, therefore, to try to   **es de suma importancia, por lo tanto, tratar de . . .**

consequently it is possible to ask why   **por consiguiente cabe preguntar por qué . . .**

for this reason it has been rightly said that   **por esto se ha dicho con razón que . . .**

from this it can be deduced that   **de aquí se deduce que . . .**

from that it can be inferred that   **de eso se infiere que . . .**

so it can be understood that   **así se comprende que . . .**

for this reason it seems logical to   **por esta razón parece lógico + Infin.**

for this reason it is extremely doubtful whether it can be . . .
**por esta causa es extremadamente dudoso que pueda
ser . . .**

therefore it is advisable to study at greater length   **por esto
conviene estudiar con más espacio . . .**

they have, consequently, a double role   **tienen, por consiguiente, un doble papel**

hence there is no   **de aquí que no haya . . .**

but not for this reason will it cease to be   **pero no por ello
dejará de ser . . .**

it must not be thought on account of this that   **no debe
creerse por ello que . . .**

it is impossible because of this to mark out fixed limits   **por
ello es imposible señalar límites fijos**

that is why it has been said that   **por ello se ha dicho
que . . .**

with all the more reason could it be said that   **con mayor
motivo podría decirse que . . .**

from the preceding argument we can draw the following general
conclusion   **según el razonamiento que antecede,
podemos establecer la siguiente conclusión general**

similarly it would be absurd to say   **por análoga razón
sería disparatado decir . . .**

observation of many and various cases reveals that   **la ob-
servación de múltiples casos revela que . . .**

which does not mean that they are to be despised   **lo cual
no quiere decir que sean desdeñables . . .**

although in . . . we can see . . . this gives us no right to think
that . . .   **aunque en . . . podamos ver . . . esto no
nos autoriza para pensar que . . .**

there is no reason to be surprised that . . .   **no hay motivo
para sorprenderse de que + Subj.**

it will appear obvious that there is no reason to go on main-
taining   **parecerá evidente que no hay motivo para
seguir manteniendo . . .**

these examples prove that... **estos ejemplos prueban que...**

for the sole purpose of **con el fin exclusivo de...**

there exist, then, limitations as regards the interpretation of **existen, pues, limitaciones, en cuanto a la interpretación de...**

whether through... or through **bien por... bien por...**

we can conclude that **podemos concluir que...**

we have to distinguish, therefore, between **hay que distinguir, por consiguiente, entre...**

IMPERSONAL EXPRESSIONS

(N.B. See in addition Part V, Grammar, 50b, 50c and 110)

it is necessary to bear in mind that... **es necesario (es preciso, es menester, hay que) tener en cuenta que...**

it is evident that **es patente que...; es visible que...**

rumour has it that **corre la voz que...**

it can happen that **puede ocurrir que...**

it is not to be wondered at that **no es de extrañar que +** Subj.

it is not at all strange that **nada tiene de extraño que +** Subj.

what is strange about...? **¿Qué tiene de extraño que +** Subj.?

it is seldom that... **es poco frecuente que +** Subj.

the usual thing is for... **lo corriente es que +** Subj.

this is as good as saying that **esto equivale a decir que...**

one must just point out **únicamente conviene hacer notar**

we must not lose sight of the fact that **conviene, pues, no perder de vista que...**

it would be more accurate to say that **más exacto sería decir que...**

it is indeed absurd to say that **es efectivamente disparatado decir que...**

in a general way it is said that   **de un modo general se dice que ...**

it will not seem paradoxical to say that   **no parecerá paradójico decir que ...**

it must be added, however, that   **hay que añadir, sin embargo, que ...**

it must be remembered that   **hay que recordar que ...**

it must be noted that   **hay que notar que ...**

there is nothing wrong with (+ noun)   **nada hay que objetar respecto a** (+ noun)

there is no objection to (+ verb)   **no hay inconveniente en ...** (+ verb)

notice that   **nótese que ...**

note the difference that exists between   **nótese la diferencia que existe entre ...**

note that it is in these cases possible   **obsérvese que es en estos casos posible ...**

something similar is to be observed in   **algo parecido puede observarse en ...**

here it is interesting to observe   **aquí es interesante observar ...**

today there is a tendency to   **hoy se tiende a ...**

there exists a clear tendency to   **existe una clara tendencia a ...**

it seems sure, moreoever, that   **parece seguro, además, que ...**

it is also important to point out that   **también importa señalar que ...**

it must not be thought that   **no debe creerse que ...**

there are grounds for thinking that   **cabe pensar que ...**

the possibilities are increasing that   **aumentan las posibilidades de que** + Subj.

it is worthy of note   **es digno de notarse**

it is sufficient that   **basta con que** + Subj.

it would be difficult now to   **sería difícil ya** + Infin.

nor is it necessary to suppose that   **ni es necesario suponer que . . .**

the case is constantly arising of   **constantemente se da el caso de que** + Subj.

it seems clear that   **parece claro que . . .**

to convince oneself of this it is sufficient to   **para convencerse de ello basta . . .**

suffice it to say for now that   **baste decir por ahora que . . .**

perhaps it would be enough to say simply   **acaso bastaría decir sencillamente . . .**

is it that?   **¿es que . . .?**

it is opportune to ask oneself whether   **es oportuno preguntarse si . . .**

it leaves no room for doubt   **no ofrece lugar a dudas**

if it were not for the fact that   **si no fuera porque . . .**

it is entirely out of the question   **es del todo imposible**

it is possible to distinguish   **cabe distinguir**

LINKAGES

it is one thing to . . . and another to   **una cosa es . . . y otra . . .**

although the more usual is for . . . it is not rare for . . .   **aunque lo más frecuente es que . . . no es raro que** + Subj.

on the contrary   **por el contrario; al contrario**

in general   **por regla general; por lo general; en general; generalmente**

on the other hand   **por otra parte; por otro lado; en cambio**

namely   **a saber**

that is; to wit   **conviene a saber**

that is to say   **es decir**

that is to say; or rather   **o sea**

or to put it another way   **o dicho de otro modo**

truth to tell   **a decir verdad**

likewise **de igual manera; de análoga manera; asimismo**

commonly; usually **por lo común**

ordinarily **de ordinario**

apparently **al parecer; según parece**

although . . . nevertheless **aunque . . . sin embargo**

as usual **como de costumbre**

and so **así pues . . .**

now; now then **ahora bien**

strictly **en rigor**

but however that might be **pero de cualquier modo que fuese**

in this respect; regarding this **a este respecto**

it's the same with **lo mismo ocurre hablando de . . .; lo mismo hemos de decir con respecto a . . .**

whether they are or not **sean o no sean**

either . . . or **bien . . . bien**

as things now stand **en vista de cómo están las cosas**

in fact **en efecto**

well then; all right then **pues bien**

quite simply; neither more nor less than **ni más ni menos que . . .**

it is at bottom no more than **no es en el fondo más que . . .**

if it were no more than a question of **si no se tratase más que de una cuestión de . . .**

as is well known **como es sabido**

properly so called **propiamente dicho**

the same thing has happened with **no otra cosa ha ocurrido con . . .**

this being so **siendo esto así**

all the same; for all that **con todo**

for the time being; under present circumstances **hoy por hoy**

as a matter of fact **en realidad**

for that matter **en cuanto a eso**

what with . . . and . . .   **entre . . . y . . .**
which serves as a starting-point for   **que sirve de punto de partida para . . .**
for some time now   **de un tiempo a esta parte**

REMARKS IN CONCLUSION

as was stated in   **según quedó dicho en**
as was explained in   **según quedó explicado en**
as was pointed out in   **según quedó indicado en**
as was stated previously   **como quedó dicho antes**
after all   **al fin y al cabo**
we have still not dealt with   **queda(n) todavía sin tratar**
to sum up   **en resumen; en resumidas cuentas; como resumen de lo expuesto**
in short, finally   **en suma**
in a word   **en una palabra**
finally   **finalmente**
the definite conclusion is reached that   **se llega a la conclusión definitiva de que . . .**
these examples, which could be multiplied without difficulty, demonstrate to what point   **estos ejemplos, que podrían multiplicarse fácilmente, demuestran hasta qué punto . . .**
these examples, to which it would be easy to add many more   **estos ejemplos, a los que sería fácil añadir otros muchos**
the need to—is clearly demonstrated   **queda demostrada claramente la necesidad de . . .**
in the last analysis   **en último término**
let us observe, finally, that   **observemos, finalmente, que . . .**
there we came to the conclusion that   **llegamos allí a la conclusión de que . . .**
after the examination I have just carried out I have come to the conclusion that there do not exist, in my opinion . . .

después del examen que acabo de hacer, llego a la conclusión de que no existen, en mi opinión . . .

to sum up all I have said   **como resumen de cuanto llevo expuesto**

GENERAL

current events   **los sucesos de actualidad**
the latest news   **noticias de última hora**
a complete flop   **un fracaso total**
the main feature   **lo más sobresaliente**
a resounding success   **un éxito ruidoso**
a safe guess   **una suposición bien fundada**
a rough idea   **una idea aproximada**
the Achilles' heel   **el talón de Aquiles**
a bone of contention   **una manzana de discordia**
a red-letter day   **un día señalado**
a world of good   **un sinfín de provecho**
a nine days' wonder   **una gloria pasajera**
the talk of the town   **la comidilla del pueblo**
the law of compensation   **la ley de la compensación**
a vicious circle   **un círculo vicioso**
the chain of thought   **el hilo del pensamiento**
a happy medium between   **la justa medida entre**
a commonplace   **un lugar común**

to keep abreast of the news   **estar al corriente de las noticias**
to take the bull by the horns   **coger al toro por los cuernos**
to take a middle course   **tomar un curso medio**
to add fuel to the fire   **añadirle leña al fuego**
to make a fuss   **armar barullo**
to get out of a hole   **salirse de un aprieto**
to flog a dead horse   **machacar en hierro frío**
to have a bright idea   **tener una idea luminosa**

to make the best of a bad job	**sacar el mejor partido a un mal asunto**
to rest on one's laurels	**dormirse sobre los laureles**
to break the ice	**romper el hielo**
to burn one's boats	**quemar las naves**
to lay down the law	**dictar su opinión**
to turn over a new leaf	**cambiar de modo de ser; doblar la hoja**
to read between the lines	**leer entre líneas**
to leave no stone unturned	**no dejar piedra sin remover**
to wash dirty linen in public	**sacar los trapitos al sol**
to eat humble pie	**hincar el pico**
to reach an agreement	**llegar a un acuerdo**
to call a spade, a spade	**llamar al pan, pan, y al vino, vino**
to arouse suspicion	**despertar sospechas**
to take for granted	**tomar por cierto; dar por hecho**
to make headlines	**dar gran resonancia**
to lay oneself open to criticism	**exponerse a las críticas**
to play a role	**desempeñar un papel**
to take on importance	**revestir importancia**
to take with a pinch of salt	**tomarlo con reserva**
to cover a subject	**abarcar un tema**
to go into details	**explicar detalladamente**
to devise a plan	**idear un plan**
to entertain an idea	**abrigar una idea**
to settle a question	**solucionar una cuestión**
to go into a matter thoroughly	**ventilar un asunto a fondo**
to bring up a subject	**plantear una cuestión**
to jump to conclusions	**hacer conclusiones precipitadas**
to suffer the consequences	**cargar con las consecuencias**
to misinterpret something	**interpretar algo mal**
to have a hair-breadth escape	**escaparse por un pelo**
to have a finger in every pie	**estar al plato y a las tajadas**

to split hairs   **pararse en pelillos; ser demasiado pun-tilloso**

to be hand in glove with someone   **ser uña y carne con alguien**

to wash one's hands of something   **lavarse las manos en algún asunto**

to enter one's head   **pasarle a uno por la mente**

to take the law into one's own hands   **tomarse la justicia por su mano**

to beard the lion in his den   **meterse en la boca del lobo**

to get one's teeth into something   **meterse de firme en algo**

to rack one's brain   **devanarse los sesos**

to turn a blind eye   **hacer la vista gorda**

to face a situation   **hacer frente a una situación**

to take one's breath away   **quitarle a uno el hipo**

to see eye to eye   **tener el mismo punto de vista**

to take to heart   **tomárselo a pecho**

PART V

GRAMMAR

ARTICLES

Articles are more widely used in Spanish than in English.

1. Uses of the Definite Article

(a) Before any noun used in a general sense:
   e.g. Me gustan las flores.
   El trabajo dignifica al hombre.

(b) Before abstract nouns:
   e.g. la vida es sueño.
   el misticismo español.
   Except when used partitively:
   e.g. mientras haya vida . . . .
   darse importancia.

(c) Before titles and proper nouns when qualified:
   e.g. la reina Isabel, el señor González,
   el viejo Adán, la pobre Juana.
   Except (i) In direct address: Buenos días, señor González.
   (ii) When the title is in apposition: el director, Sr. Ruiz.
   (iii) With foreign titles: Míster Smith.
   (iv) With: San, Santo (-a), don, doña, fray, sor.

(d) With all geographical names when qualified:
   e.g. la Unión Soviética, los Estados Unidos

and with certain geographical names always, thus:

la Argentina	el Ecuador	La Haya	el Paraguay
el Brasil	El Ferrol	la India	el Perú
El Cairo	la Florida	el Japón	la Rioja
el Canadá	La Habana	la Mancha	el Uruguay
La Coruña	El Havre	La Meca	

With names of countries it is commonly omitted in journalese and colloquial Spanish.

(e) With languages thus:

Aprendemos el español.

But Hablamos español.

Hablamos bien el español.

Hablamos el castellano.

However, the present tendency is towards omission.

(f) With the infinitive to form verbal nouns (largely optional):

e.g. Del no estudiar nace el no saber. *(Larra.)*

But Me gusta nadar.

Es difícil ver . . . etc.

(g) Before a noun in apposition to *Vds., nosotros,* or *vosotros*:

e.g. Vds. los españoles son muy simpáticos. *You Spaniards . . . .*

Los ingleses bebemos mucho té. *We English . . . .*

(h) With days of the week and months and in certain expressions of time:

e.g. Llegamos el viernes.   Salimos el 6 de agosto.

Vamos allí los domingos.   Se marcharon a las dos.

Murió la semana pasada.   Vendrá el martes próximo.   Te veré el día dos.

(i) Before those nouns where through usage it has disappeared in English, viz:

el mercado, el colegio, la escuela, la cárcel, el instituto, la ciudad, la iglesia, el pueblo, la cama, and meals:

e.g. Voy a la iglesia.

Estamos en la escuela.

Tomamos el desayuno.

But Ir a casa, a misa, a palacio, a clase.

and estar en casa, en misa, en palacio, en clase.

(j) With parts of the body, articles of clothing, personal attributes:

e.g. Tengo los ojos cansados.

Me pongo el sombrero.

Me llama la atención.

Cerré los ojos.

Agitó la mano, etc.

Note: (i) Se quitaron el sombrero y se lavaron la cara:

i.e. singular noun where the possessors have but one each.

(ii) The possessive adjective is commonly used when such nouns stand as subject of a sentence, also when they are qualified:

e.g. Su cara parecía pálida.

Contemplé sus grandes ojos azules.

(k) In expressions of space, time, weight, measure, etc. (where English uses the Indefinite article) and in percentages:

e.g. tres veces a la semana (*or* por semana).

veinte pesetas el kilo, la botella, etc.

el 45 por ciento.

2. Contrary to English Usage the Definite Article is NOT required

(a) Before a noun in apposition:

e.g. Fuimos a Madrid, capital de España.

Unless the noun in apposition is qualified by a superlative:

e.g. Vi a Federico, el alumno más inteligente de la clase.

(b) Between the name of a ruler and the numeral:

e.g. Carlos quinto, Alfonso trece.

Similarly en primer lugar   *in the first place.*

          por primera vez   *for the first time.*

          en tercera persona   *in the third person.*

(c) In phrases of an adverbial or prepositional character, such as:

con motivo de, con objeto de   *with the aim of.*
en nombre de Dios   *in the name of God.*
a orillas del Támesis   *on the banks of the Thames.*
a voz en grito   *at the top of one's voice.*

3. The Neuter Article lo is used

(a) With adjectives to form abstract nouns:
      e.g. lo mío   *what is mine.*
         lo dicho, dicho   *what's said is said.*
         lo raro es que . . .   *the strange thing is that . . .*
         todos dijeron lo mismo   *they all said the same thing.*
         en lo más recio de la disputa   *when the quarrel was at its height.*
         en lo mejor de su edad   *in the prime of life.*
         mejorando lo presente   *present company excepted.*
         casado por lo civil   *married at a registry office.*

(b) To translate *how* in indirect exclamations:
      e.g. Vd. no sabe lo bonita que es *(N.B. adjective agrees)*
         You do not know how pretty she is.

(c) In adverbial phrases such as:
      a lo más   *at the utmost.*
      por lo menos   *at least.*
      por lo visto   *evidently.*
      por lo tanto   *therefore.*
      disertar de lo lindo   *to hold forth at great length.*
      en lo más mínimo   *in the slightest.*

(d) lo + de = *the question of, the business of* . . . . :
      e.g. es lo de siempre   *it's the old story.*
         eso es lo de menos   *that's the least important part.*
         lo de Juan   *this business about John.*

4. Use of the Indefinite Article

It is regularly used with an abstract noun qualified by an adjective:

e.g. Manifestó una crueldad increíble.

Se comportó con una grosería insoportable.

Except when the adjective limits and indicates rather than describes:

e.g. Lo escribió con gran cuidado.

Es un asunto de suma importancia.

5. Contrary to English Usage, the Indefinite Article is NOT used

(a) In the predicate to indicate nationality, rank, occupation, religion, politics:

e.g. Su padre es alemán; es coronel.

Su esposa es modista; es católica; es fascista.

Similarly after verbs like:

creerse, hacerse, declararse, mostrarse, sentirse, parecer, nacer, morir, eligir, crear, permanecer, nombrar, etc.

e.g. Se hizo médico.

Permaneció soldado raso, etc.

But the Article is used where the noun is qualified:

e.g. Es un arquitecto de fama universal.

Except in such stereotyped expressions as:

Es hombre honrado.

Es hombre de pro.

Es hombre de bien.

Es buen católico.

It is also used in cases like the following:

es un héroe, un ladrón, un mentiroso, un empollón, etc.

where the noun does not denote regular occupation but refers to specific actions or conduct.

(b) Before a noun in apposition:

e g. Veraneamos en Cercedilla, pueblecito pintoresco, . . .

Vimos a don Jacinto, figura imponente, . . .

(c) With the object of a verb used negatively:

e.g. No tengo coche.

Salió sin decir palabra.

(d) Before **otro, cierto, ciento, mil**:

e.g. Mañana será otro día.

Hasta cierto punto lo creo.

Vale cien pesetas.

But the Indefinite Article before *cierto* is becoming increasingly common.

(e) After **tal, semejante,** and exclamatory **qué**:

e.g. ¡Qué hombre!

Semejante historia es inolvidable.

De tal palo, tal astilla.

But **un tal** to mean *a certain* . . . :

e.g. Un tal Jaime Ortega.

(f) After **sin**:

e.g. He salido sin dinero.

But He salido sin un céntimo *(without a single one).*

(g) After **de**

en calidad de

a guisa de

en cuanto

como

por

when meaning *as*:

e.g. Un niño vestido de ángel.

En calidad de intérprete, viaja mucho.

A guisa de caballero . . .

En cuanto vasco, es patriota.

Como profesor de inglés vale mucho.

Le tuvieron por anarquista.

(h) With **medio (-a)**:

e.g. Media hora después.

Un chelín y medio.

(i) In titles of books, articles, etc. (cf. the Definite Article):

e.g. Síntesis de historia de España.

(j) In adverbial or prepositional phrases:

e.g. a tiro de piedra de su casa   *at a stone's throw from his house.*

a precio fijo   *at a fixed price.*

ir a paso de buey   *to go very slowly.*

panorama a vista de pájaro   *a bird's eye view.*

pagar a escote   *to 'go Dutch'.*

no me molesta gran cosa   *it doesn't bother me a great deal.*

6. **Some Examples of Differences of Idiom involving the Indefinite Article**

(a) Its omission after a preposition:

fumar en pipa   *to smoke a pipe* (habitual).

no tener pelo de tonto   *to be smart, clever.*

salir de viaje   *to set off on a journey.*

estar de buen humor   *to be in a good mood.*

estar a régimen   *to be on a diet.*

(b) Its omission after some verbs, especially *tener* and *dar* in certain set expressions:

tener derecho a hacer algo   *to have a right to do something.*

tener novio   *to have a sweetheart, boy-friend.*

tener clase   *to have a lesson.*

tener buena letra   *to have a good hand (writing).*

tener fiebre   *to have a temperature.*

darse buena vida   *to live comfortably.*

dar parte   *to give a message, to report.*

dar clase   *to take a class.*

llevar dote   *to have a dowry.*

abrirse paso   *to make a way.*

buscar camorra   *to pick a quarrel.*

sacar punta a un lápiz   *to sharpen a pencil.*

(c) Miscellaneous:

dormir la siesta   *to take a nap.*

probar la coartada   *to prove an alibi.*

coger una pulmonía   *to catch pneumonia.*

coger una insolación   *to get sunstroke.*

poner a uno como hoja de perejil   *to 'wipe the floor' with someone.*

pasar a mejor vida   *to pass away.*
es lástima   *it is a pity.*
es mentira   *it is a lie.*
es error   *it is a mistake.*
son las tres y pico   *it is a little after three.*

NOUNS

7. Gender

Examination of I, *the meaning,* and II, *the ending,* of a noun will often be helpful in determining its gender.

(Care with *el* ala, *un* águila, *un* ave, *el* hacha, etc.)

   (a) *Masculine*
   I. Nouns denoting male beings, days of the week, months, years, mountains, rivers, seas, winds, points of the compass, musical notes, trees (except *la higuera, la palmera, el haya*), countries (except those ending in unstressed *a*), and any indeclinable parts of speech used as nouns, and most compound nouns, thus:

en un abrir y cerrar de ojos   *in a trice.*
en un dos por tres   *in a twinkling.*
un no sé qué   *something or other.*
un si es no es . . .   *somewhat, a trifle.*
el qué dirán   *gossip.*
el pararrayos   *lightning rod.*
el limpiabotas   *bootblack.*

   II. Nouns with the following endings:
      o *except* mano, dínamo, radio, nao, seo, *and* foto(-grafía), polio(-mielitis), moto(-cicleta), modelo *(artist's model),* soprano *and* contralto *(female).*
      i *except* diócesi, hurí, metrópoli.
      l *except* cal, cárcel, col, credencial, hiel, miel, piel, sal, señal.
      r *except* coliflor, flor, labor, mujer, segur, zoster.
      u *except* tribu. (La O.N.U. *of course*).
      y *except* grey, ley.
   (b) *Feminine*

I. Nouns denoting letters of the alphabet and names of islands (with *letra* and *isla(s)* understood).

II. Nouns with the following endings:

a *except*   (i) día, tranvía, mapa, sofá, planeta.

       (ii) *nouns such as* poeta, profeta, espía, artista, defensa, comunista, *etc., when referring to males.*

      (iii) *words of Greek origin ending in* -ma:
e.g. clima, diagrama, dilema, dogma, drama, enigma, idioma, panorama, poema, programa, problema, síntoma, sistema, telegrama.

d *except* ardid, abad, alud, césped, sud, huésped, *and some words of Arabic origin such as* adalid, almud, alamud, ataúd, laúd, Cid.

z *except* alcatraz, arrurruz, avestruz, barniz, cáliz, cariz, caz, capataz, desliz, lápiz, matiz, regaliz, tamiz, tapiz, testuz, antifaz, *and a number of nouns of Arabic origin such as* albornoz, alférez, arcaduz, arráez, arriaz, almírez, alquez, altramuz, ajedrez, jaraíz.

ión, *except* avión, alción, aluvión, camión, centurión, gorrión, guión, sarampión, septentrión, turbión, antuvión, anfitrión.

umbre, *except* alumbre.

is, *except* Apocalipsis, brindis, cutis, éxtasis, iris, paréntesis, énfasis, anís, mentís, mutis, piscolabis.

ie, *except* pie.

(c) Some Nouns change their meaning according to gender:

Noun	*Masculine meaning*	*Feminine meaning*
calavera	*madcap*	*skull*
canal	*canal, channel*	*gutter*
capital	*capital* (money)	*capital* (city)
cólera	*cholera*	*anger*
cometa	*comet*	*kite*
clave	*clavichord*	*key* (figurative)
coma	*coma*	*comma*
corriente	*current month*	*current, stream*
corte	*cut*	*court*
cura	*priest*	*cure*

H

delta	*delta* (estuary)	*delta* (Greek letter)
espada	*bullfighter*	*sword*
fantasma	*ghost*	*scarecrow*
frente	*front*	*forehead*
guardia	*guardsman*	*guard*
guía	*guide* (man)	*guide* (book)
justicia	*magistrate*	*justice*
moral	*mulberry tree*	*ethics*
orden	*order, arrangement*	*command, holy orders*
ordenanza	*orderly*	*ordinance*
parte	*message*	*part*
pendiente	*ear-ring*	*slope*
pez	*fish*	*pitch*
policía	*policeman*	*police*
radio	*radius, radium*	*radio*
tema	*theme*	*fixed idea*
vocal	*voting member*	*vowel*

(d) Several nouns have two endings, in **-o** and **-a**, with corresponding change of gender and meaning:

e.g.

fruto	*fruit* (on tree or figurative)	fruta	*fruit* (after it is picked)
leño	*log*	leña	*firewood*
madero	*beam*	madera	*wood*
ramo	*branch* (broken off or figurative)	rama	*branch* (on tree)
grito	*shout, cry*	grita	*shouting*
cesto	*basket* (large)	cesta	*basket* (small)
jarro	*pitcher*	jarra	*jar*
gorro	*cap*	gorra	*cap* (with peak)
bolso	*hand-bag*	bolsa	*bag* (e.g. *shopping bag*)
huerto	*orchard*	huerta	*kitchen garden*
punto	*point, dot*	punta	*point, tip*

Mar is now usually masculine, but feminine in *hacerse a la mar,*
and *en alta mar.*

Arte is masculine, except in *las bellas artes.*

The following nouns are always feminine even when they refer
to a male person:

    la persona   la estrella
    la víctima   la visita

Conversely, *ángel* and *dueño* (when meaning *love*) are always
masculine.

8. Notes on the Plural

(a) Add **-es** and not **-s** to nouns ending in a vowel if the latter
is stressed:

    e.g. jabalí, jabalíes;   bajá, bajaes.

    But té, pie, café, canapé, mamá, papá, sofá, add only **-s.**

(b) Words ending in unstressed **-is,** or **-es** remain the same in
the plural:

    e.g. las crisis, los lunes, etc.

(c) Family names do not alter:

    e.g. los (señores) de Suárez   *the Suárez family* (or *Mr and*
         Mrs Suárez).

In this respect remember:

    los abuelos   *grandparents (grandfather and grandmother).*
    los hijos   *children (sons and daughters).*
    los tíos   *uncle and aunt.*
    los Reyes Católicos   *the Catholic Monarchs, etc.*

(d) Take care to make the necessary changes in spelling and in
written accentuation when forming plurals:

    e.g. la vez   las veces
       el joven   los jóvenes
       la dirección   las direcciones

Notice:

    el carácter   los caracteres
    el régimen   los regímenes

(e) Some nouns are used mainly or only in the plural or where the singular would be used in English:

en vísperas de	*on the eve of.*
los comestibles	*foodstuffs.*
los víveres	*provisions.*
los ultramarinos	*groceries.*
los fideos	*vermicelli.*
las andas	*stretcher, litter.*
las angarillas	*handcart.*
las enaguas	*underskirt, petticoat.*
las tinieblas	*darkness.*
las trébedes	*trivet.*
hacer progresos	*to make progress.*
hacer gárgaras	*to gargle.*
hacer las paces	*to become reconciled.*
dar cosquillas	*to tickle.*
tener ganas de	*to have a desire to.*
tener conocimientos de	*to have some knowledge of.*
a principios de (cf. al principio de)	*at the beginning of.*
a mediados de	*in the middle of.*
a últimos de	*in the latter part of.*
a fines de (*cf.* al fin de)	*at the end of.*
los macarrones	*macaroni.*
hacer las veces de	*to take the place of.*

Conversely:

el local	*premises.*
la gente	*people.*
la avena	*oats.*
la mecánica	*mechanics.*
la política	*politics.*
el atletismo	*athletics.*
la táctica	*tactics.*
la moral, la ética	*ethics.*
la física	*physics.*
jugar al dominó	*to play dominoes.*
jugar al billar	*to play billiards.*
por medio de	*by means of.*

La Edad Media   *The Middle Ages.*

el estrecho   *straits.*

el pijama   *pyjamas.*

la estética   *aesthetics.*

pedir limosna   *to ask for alms.*

Remember:

los muebles   *furniture.*

el mueble   *piece of furniture.*

las noticias   *news* (plural)

la noticia   *item of news.*

los informes   *information.*

el informe   *piece of information* (or *report*).

los negocios   *business.*

el negocio   *piece of business.*

(f) Some nouns have a second meaning in the plural:

Noun	*Singular meaning*	*Plural meaning*
anteojo	*telescope*	*spectacles*
celo	*zeal*	*jealousy*
corte	*court*	*(Spanish) parliament*
día	*day*	*saint's day, birthday*
esposa	*wife*	*handcuffs*
fondo	*bottom*	*funds*
gacha	*very thin watery mass*	*porridge*
gracia	*grace, wit*	*thanks*
resto	*rest*	*remains*
seña	*sign*	*address*

9. Compound Nouns

There are three categories:

(a) Verb + noun (the majority). Their gender is masculine:

e.g. el pasatiempo   *pastime.*

el espantapájaros   *scarecrow.*

el limpiachimeneas   *chimney sweep.*

el guardabosque   *gamekeeper.*

el quitasol   *sunshade.*

   el sacacorchos *corkscrew.*

(b) Adjective + noun:

 e.g. el aguardiente *brandy.*
   el altavoz *loud-speaker.*
   la enhorabuena *congratulations.*

(c) Compounds of other parts of speech:

 e.g. la sinrazón *injustice.*
   el hazmerreír *laughing stock.*
   la madreselva *honeysuckle.*

 Note:

 (i) Plurals are formed normally:

   la bocacalle las bocacalles.
   el paraguas los paraguas.
   el sordomudo los sordomudos, etc.

 But los arcos iris *rainbows.*
   los hombres-ranas *frogmen.*

 (ii) Noun combinations of the sort that commonly exist in English (e.g. Lancashire League Challenge Cup Semi-Final Replay) seldom occur in Spanish. Instead the nouns are linked by the appropriate prepositions:

  e.g. la salsa de tomate *the tomato sauce.*
    el canal para buques *the ship canal.*
    la máquina de escribir *the typewriter.*
    la compañía de seguros contra incendios *the fire insurance company.*

10. Adjectives are Commonly Used as Nouns

 e.g. los ricos *rich people.*
   el ciego *the blind man.*
   la viejecita *the little old woman, etc.*

11. Personal a is used before a noun in the object referring to:

(a) Definite persons:

 e.g. Espero a mi hermano.
 But Buscamos un intérprete *(indefinite)*.

Sometimes it is a question of degree, thus:

    Vi a algunos niños

or Vi algunos niños

depending on the extent to which *algunos niños* are regarded as definite ones.

(b) Personified objects:

e.g. Teme a la Muerte.

In this respect we may consider:

    obedecer a la ley

    resistir a la tentación

    contestar a la carta

    renunciar a las armas

    sobrevivir al desastre

(c) Animals regarded individually, revealing affection or intelligence:

e.g. Amo a mi perrito.

(d) To avoid ambiguity:

e.g. Al día sigue la noche.

(e) Before towns or countries which do not take the definite article:

e.g. Visitamos a Zaragoza.

(Tending to disappear in colloquial usage.)

(f) After **tener** when meaning *to hold,* or *to keep,* or *to be* as in:

    Tengo a mi madre en la cama   *My mother is (ill) in bed.*

But **tener** meaning *to have, to possess,* is never followed by personal **a**:

e.g. Tenemos una criada hacendosa.

Nor are impersonal forms from **haber**—hay, había, etc.

(g) It is also used before Pronouns in the object denoting persons, viz:

alguien	uno	éste	cado uno
alguno	ambos	ése	cada cual
nadie	entrambos	aquél	quien
ninguno	todos	los demás	el que
cualquiera	cuantos	otro	el cual

ADJECTIVES

12. Feminine Forms to be Noted

(a) Adjectives of nationality and regional origin ending in a consonant:

español	española
andaluz	andaluza
cordobés	cordobesa

(b) Adjectives ending in **-án, -ón, -ín**:

e.g. holgazán	holgazana
burlón	burlona
parlanchín	parlanchina

(c) Adjectives ending in **-or**:

e.g. hablador	habladora

Except the irregular comparatives:

anterior	posterior	ulterior
exterior	interior	
inferior	superior	
mejor	peor	
mayor	menor	

13. Points concerning Agreement

(a) When an adjective qualifies nouns of mixed gender it is put in the masculine plural and customarily stands with the masculine noun:

e.g. una actriz y un príncipe famosos.

(b) Nouns used for colours, with (**de**) **color** (**de**) understood, are invariable:

e.g. rosa	grana	carmín
escarlata	guinda	violeta

(c) Compound adjectives of colour are invariable:

e.g. ojos azul claro	*light blue eyes*
una gorra verde oscuro	*a dark green cap*
una falda azul marino	*a navy blue skirt*
sábanas rosa pálido	*pale pink sheets*

14. Apocopation

The following adjectives are apocopated:

(a) When immediately preceding a masculine singular noun:

    bueno   buen

    malo   mal

    Santo   San (except Saints beginning *Do* . . or *To* . .)

(b) Before a masculine singular noun even when an adjective intervenes:

primero	primer	alguno	algún
tercero	tercer	ninguno	ningún
postrero	postrer	uno	un
		veintiuno	veintiún

(c) Before a noun of either gender:

grande	gran *(usually)*.	*(Singular only.)*
ciento	cien.	
cualquiera	cualquier *(usually)*.	
cualesquiera	cualesquier *(usually)*.	

15. Position of Adjectives

Adjectives tend in Spanish to follow the nouns they qualify but at this stage the student must realize that such considerations as style, emphasis, and rhythm are all determining factors.

A close study of Spanish texts will be the student's best guide. However, certain basic tendencies may be observed.

(a) *An adjective commonly precedes the noun as follows:*

  (i) Such common adjectives as **bueno, malo, pequeño, grande, hermoso, joven** and **viejo.**

  (ii) Adjectives used figuratively:

    e.g. la negra honra

        honda tristeza

        este triste camino

        la estruendosa caída del privado

  (iii) When the noun and the adjective are closely related in meaning:

e.g. las Sagradas Escrituras
mezquinas casuchas
un breve rato
¡Felices Pascuas!

(iv) When the noun is further qualified:
e.g. las altas horas de la noche
aquella fría mañana de invierno
los graves secretos de la eternidad

(v) Adjectives accompanying names:
e.g. el fornido Palomo
la benemérita Guardia Civil
But Juana la Loca
Felipe el Hermoso

(vi) The adjectives: **mucho, poco, demasiado, otro, todo, cada, demás, mero, tal, ninguno, alguno** (except as a negative—sin duda alguna), **cuánto, tanto, dicho, sendos;** also numerals, possessives and demonstratives.

(b) *An adjective commonly follows the noun thus:*
Any adjective which distinguishes or describes follows the noun. Also:

(i) An adjective modified by an adverb:
e.g. un hombre rematadamente malo.
un museo bastante pequeño.

(ii) Participles used as adjectives:
e.g. zapatos relucientes.
una casa abandonada.

(iii) Cardinals used as ordinals:
e.g. el siglo diecinueve.

(iv) The noun or the adjective is placed last, according to which is being stressed, the thing itself or its nature. Contrast:

| *The Holy Bible* | La Santa **Biblia** |
| and *The Holy Land* | La Tierra **Santa** |

Note. When a noun is qualified by two adjectives of equal importance the latter are usually placed after the noun and linked to one another by **y**:

e.g. un cuarto bajo y estrecho

el carril pedregoso y pendiente

But if one adjective is less closely allied to the noun it precedes:

e.g. un estrecho balcón saledizo

su severo clima invernal

Unless the one adjective and noun are so closely allied as to form, as it were, one concept:

e.g. un perito mercantil industrioso

una nave espacial soviética.

16. Some Adjectives Vary in Meaning according to Their Position

Adjective	Before	After
antiguo	former	old, ancient
cierto	a certain (unspecified)	definite, reliable, sure
diferente	various, sundry	dissimilar, differing
grande	great, grand	big
medio	half	average
mismo	same, very	-self
nuevo	new, fresh, another	brand new
obscuro	obscure, little known	obscure, dark
pobre	poor, pitiable	poor, impecunious
propio	same, own, very	-self, characteristic
puro	sheer, mere	pure, undefiled
varios	several	various, different

17. Comparative and Superlative

(a) *Typical examples*

Sus días más felices   *His happier days* or *His happiest days.*

La ciudad más bella **de** la región   *The most beautiful city in the region.*

Un problema de los más difíciles   *A most difficult problem.*

Se hacía cada vez más popular   *He was becoming more and more popular.*

Se puso la mar de contenta   *She was ever so pleased.*

Se puso alegre como unas Pascuas   *She was ever so pleased.*

Es tan patriota como el que más   *He is as patriotic as (anyone) can be.*

Es estúpido hasta no más   *He is as stupid as (anyone) can be.*

Son a cual más perezosos   *They are one as lazy as the other.*

(b) *The Absolute Superlative in* **-ísimo** translating *most* i.e. *very*:

e.g. corto   cortísimo
     feliz   felicísimo
     rico   riquísimo

With some changes:

e.g. terrible   terribilísimo
     benévolo   benevolentísimo
     célebre   celebérrimo
     fiel   fidelísimo

(c) **malo, bueno, pequeño, grande,** all have two comparatives:

peor, más malo *(rare)* *worse*

mejor, más bueno *(rare)* *better*

más pequeño, *smaller* (size), menor, *younger, smaller* (importance)

más grande, *bigger* (size), mayor, *older, bigger* (importance)

Note:

Eres más malo que el sebo   *You are very bad* (lit. *worse than tallow*).

el altar mayor   *the high altar.*

la Plaza Mayor   *the Main Square.*

la Calle Mayor   *the High Street.*

la mayor parte   *the majority, greater part.*
(la mayor parte de los niños **son** traviesos: see 116a)
no apto para menores   *not suitable for children.*
mejores no hay   *none better.*
peor es meneallo   *let well alone.*
en el peor de los casos   *if the worst comes to the worst.*

18. Adjectives are Frequently Used in Place of Adverbs

e.g. corre rumoroso un arroyo
resonaba recia la voz de don Juan
te costará caro, barato
¿No lo ves claro?
desayunamos fuerte
vivían felices

19. Typical Descriptive Expressions to Note for Composition

(a) Su panza de Faruk   *his Farouk-like paunch.*
el tren de las doce   *the twelve o'clock train.*
nuestros vecinos de enfrente   *our neighbours opposite.*
las ventanas de arriba   *the upstairs windows.*
un sombrero de ala ancha   *a broad-brimmed hat.*
zapatos de tacones altos   *high-heeled shoes.*
un autorzuelo de mala muerte   *a worthless author.*
un trébol de cuatro hojitas   *a four-leaf clover.*
un pico coronado de nieve   *a snow-capped peak.*
(tener) cara de pocos amigos   *(to have) a crestfallen appearance.*

(b) *Composite Adjectives*
barbiespeso   *heavy-bearded*
boquiabierto   *open-mouthed*
cariacontecido   *crestfallen*
ojinegro   *black-eyed*
pelirrubio   *fair-haired*

perniabierto	*bow-legged*
puntiagudo	*sharp-pointed*
patizambo	*bandy-legged*

NUMERALS, DATES, TIME, ETC.

20. Numerals

(a) *Cardinals* (invariable, except uno, ciento, and multiples of ciento)

0	cero	900	novecientos
16	dieciséis	1000	mil
22	veintidós	1100	mil ciento
23	veintitrés	2000	dos mil
26	veintiséis	100,000	cien mil
101	ciento uno	1,000,000	un millón
500	quinientos	2,000,000	dos millones
700	setecientos		

Notes:

    I. "hundreds" are not used above 900:

      e.g. 1965—mil novecientos sesenta y cinco.

    II. **y** is only used between tens and units:

      e.g.　43　cuarenta y tres.

         103　ciento tres

    III. Veinte y uno *or* veintiuno. *Compare* treinta y uno, etc.

    IV. Veintiún niños.

(b) *Ordinals*

1st	primero	5th	quinto	9th	noveno, nono
2nd	segundo	6th	sexto	10th	décimo
3rd	tercero	7th	séptimo	100th	centésimo
4th	cuarto	8th	octavo	last	último, postrero

Other forms exist but are rarely used, thus:

Felipe segundo, Alfonso décimo *but* Alfonso trece.

(c) *Collective numerals* (all followed by **de** before a noun):

2	un par	12	una docena
10	una decena	15	una quincena

20	una veintena, etc.	1,000	un millar
100	un centenar	1,000,000	un millón
144	una gruesa		

Note: centenares (*or* cientos) de libros.

millares (*or* miles) de hombres.

(d) *Arithmetical signs*

+	más	$1 + 6 = 7$	uno más seis igual a siete.
−	menos	$11 - 3 = 8$	once menos **tres** igual a ocho.
×	por	$4 × 5 = 20$	cuatro por cinco son veinte.
÷	dividido por	$10 ÷ 5 = 2$	diez dividido por cinco son dos.
%	por ciento	9%	nueve por ciento.

(e) *Fractions*

$\frac{1}{2}$ un medio $\frac{1}{4}$ un cuarto, etc. *(same as ordinal)*.

$\frac{1}{3}$ un tercio $\frac{3}{5}$ las tres quintas **partes**, etc.

la mitad—*a half* (noun), e.g. la otra mitad de la naranja.

medio—*half* (adjective), e.g. una hora y media.

medio—*half* (adverb), e.g. Quedamos medio dormidos (invariable).

media hora—*half an hour*.

un cuarto de hora—*a quarter of an hour*.

(f) *Useful expressions*

los tres primeros tomos	*the first three volumes.*
los tomos primero y segundo	*the first and second volumes.*
los dos últimos días	*the last two days.*
ser plato de segunda mesa	*to play second fiddle.*
de primera	*first rate.*
como último recurso	*as a last resort.*
de segunda mano	*second hand.*
de dos en dos	*in twos, two by two.*
tres mil y pico de pesetas	*3000-odd pesetas.*
como tres y dos son cinco	*as sure as eggs are eggs.*
nunca dos sin tres	*it never rains but it pours* (fig.).

estar a las mil maravillas   *to be in the seventh heaven.*

a/por millares   *in thousands.*

un sinnúmero de veces   *no end of times.*

equis veces   *umpteen times.*

decirle a alguien cuatro cosas   *to tell someone a thing or two.*

gritarlo a los cuatro vientos   *to shout it from the roof-tops.*

(g) *'About' with numerals*

seis días aproximadamente   *approximately six days.*

unos seis días   *some six days.*

La escuela está situada como a dos millas de aquí   *The school is about two miles from here.*

Gana quince libras semanales, poco más o menos   *He earns 15 pounds a week, more or less.*

Esperamos cerca de dos horas   *We waited about two hours.*

Llegó hacia las cinco   *He arrived at about five o'clock.*

Llegó a eso de las cinco *(of time)*   *He arrived at about five o'clock.*

A cosa de dos millas de aquí   *At about two miles from here.*

Dos kilómetros o cosa así   *2 kilometres or thereabouts.*

Sería la una cuando ...   *It was about one o'clock when ...*

Cuarenta y tantos   *40 odd.*

Nos veremos sobre las siete   *We'll see one another about seven.*

21. Price

Diez pesetas el kilo (la docena, la botella, el metro, *etc.*).

El precio de este libro es **de** cincuenta pesetas.

Un sello de **a** cinco pesetas.

Vender un objeto **en** quince libras.

22. Distance

¿Qué distancia hay de aquí a Irún?
De aquí a Irún hay más de 400 kilómetros.
Or: Irún dista más de 400 kilómetros de aquí.
Mi pueblo está a 20 kilómetros de Logroño.
El coche va a 60 kilómetros por hora.

23. Dimensions

Esta sala tiene diez pies de alto *(adjective invariable)*.
Esta sala tiene diez pies de altura *(also possible)*.
Una sala, alta de diez pies . . . *(adjective agrees)*.

Similarly:

largo	*long*	longitud	*length*
ancho	*wide*	anchura	*width*
profundo	*deep*	profundidad	*depth*
espeso	*thick*	espesor	*thickness*

Note: pies cuadrados   *square feet.*
        pies en cuadro   *feet square*

24. Age

¿Cuántos años tiene Vd?   *How old are you?*
¿Qué edad tiene Vd?   *How old are you?*
Un señor entrado en años   *An elderly gentleman.*
Un señor que frisa en los sesenta   *A man in his late fifties.*
No representa su edad·   *He doesn't look his age.*
Mi hermano me lleva tres años   *My brother is three years
    older than I am.*

25. Dates, etc.

el sábado   *on Saturday.*
los domingos   *on Sundays.*
el día seis   *on the sixth.*

los años sesenta   *the "sixties".*
el año bisiesto   *leap year.*
el primero de enero   *(on) the 1st of January.*
en (el mes de) febrero   *in February.*
el lunes, diez de agosto   *on Monday, the 10th of August.*
cierto día del mes de mayo   *one day in May.*
¿A cuántos estamos?   *What is the date?*
Estamos a treinta de julio   *It is July 30th.*
el dos de junio de mil novecientos sesenta y cuatro
     June 2nd, 1964.
2 de junio de 1964 *(in letter headings)*   *June 2nd, 1964.*

26. Time

(a) The word **time** has at least six distinct translations in
Spanish:
  (i) **Tiempo**—time in general:
        e.g. No tenemos tiempo ahora.
  (ii) **Hora**—time meaning the hour:
        e.g. ¿Qué hora es? Es hora de comer.
  (iii) **Plazo**—an agreed period of time:
        e.g. Compramos una nevera a plazos.
  (iv) **Rato**—a short time:
        e.g. Al poco rato salió.
  (v) **Epoca**—time, period in history:
        e.g. Floreció el despotismo en aquella época (*or*
        en aquel entonces).
  (vi) **Vez**—time, occasion:
        e.g. muchas veces; una vez por semana; dos
        veces al día.

(b) *Useful expressions concerning time*
    A las nueve en punto (de la mañana, etc.)   *at 9 o'clock
    exactly (a.m., etc.).*
    A las doce y pico   *a little after twelve.*
    A las tres de la madrugada   *at 3 o'clock in the morning.*
    Dan las cinco   *it is striking five.*

Tengo las seis y cuarto   *I make it quarter past six.*
Mi reloj va adelantado   *My watch is fast.*
Mi reloj va atrasado   *My watch is slow.*
Partiremos **dentro de** dos horas *(future)*   *We shall leave in 2 hours' time.*
Lo hicimos **en** diez minutos *(time taken)*   *We did it in 10 minutes.*
Better: Tardamos diez minutos en hacerlo   *We did it in 10 minutes.*

Note **for** in expressions of time:

Estudió (durante) tres cuartos de hora *(past)*   *He studied for three-quarters of an hour.*
Charlaron largo rato *(past)*   *They chatted for a long while.*
He venido para dos meses *(future)*   *I have come for two months.*
Hace dos días que estoy aquí *(present)*   *I have been here for two days.*
Estoy aquí desde hace dos días *(present)*   *I have been here for two days.*
Ya llevo dos días aquí *(present)*   *I have been here for two days.*

27. **Further Expressions**

pasado mañana   *the day after tomorrow.*
mañana y pasado   *tomorrow and the next day.*
anteayer   *the day before yesterday.*
mañana por la mañana (tarde, noche)   *tomorrow morning (afternoon, night).*
de día   *by day.*
de noche   *by night.*
a la madrugada   *before sunrise, at an early hour.*
hoy (en) día   *nowadays.*
en el día   *at the present day.*
por la tarde temprano   *early in the afternoon.*

a una hora avanzada de la noche   *late at night.*
al cerrar la noche   *at nightfall.*
a la caída de la noche   *at nightfall.*
al día siguiente   *on the following day.*
un día laborable   *a weekday.*
al amanecer   *at daybreak.*
al rayar el día   *at daybreak.*
no bien fue de día claro   *as soon as it was light.*
de hoy en quince (días)   *a fortnight from today.*
el lunes en ocho días   *a week on Monday.*
hace ocho días   *a week ago.*
un día sí y otro no   *every other day.*
cada dos días   *every other day.*
a los pocos días   *a few days later.*
la víspera   *the eve, the day before.*
poco después   *soon afterwards.*
entre dos luces   *in the twilight.*
el día menos pensado   *when one least expects it.*
en tiempo del rey que rabió   *many years ago.*
en tiempo de Maricastaña   *many years ago.*
la noche de San Juan   *Midsummer's Night.*
el día de Difuntos   *All Souls' Day.*
el día de Todos los Santos   *All Saints' Day.*
la Nochebuena   *Christmas Eve.*
la Nochevieja   *New Year's Eve.*
el Domingo de Ramos   *Palm Sunday.*
el Viernes Santo   *Good Friday.*
el miércoles de ceniza   *Ash Wednesday.*
de Pascuas a Ramos; de higos a brevas   *very rarely.*

PRONOUNS

28 Personal Pronouns (Subject)

These are best omitted altogether as being superfluous, except:
(a) For emphasis:
    e.g. Nosotros no somos gente—somos tú y yo.

(b) To avoid ambiguity:

e.g. El venía de prisa pero ella ya no esperaba.

(c) **Vd., Vds.** for the sake of politeness:

e.g. Tráigamelo Vd. y póngalo aquí.

(The pronoun is not repeated.)

Remember:

(i) soy yo—*it is I.*   somos nosotros—*it is we.*

(ii) (ello) es que—*the fact is that.*

(iii) nosotros dos—*the two of us.*

29. Personal Pronouns (Object, Direct and Indirect)

(a) *Position*

Though Object Pronouns precede the verb they are added to the end of the verb in the:

Infinitive, e.g. después de hacerlo.

Gerund, e.g. estamos buscándolo.

Positive Imperative, e.g. dígamelo Vd.

But they may precede, and in conversation frequently do, a verb governing an Infinitive or Gerund:

e.g. ¿Cómo lo piensas hacer?

Algo se está tramando.

Some Spanish writers append an Object Pronoun (especially the Reflexive Pronoun) to a verb in any tense:

e.g. Dijérase que . . .

Sentóse al lado de Lucas.

Esforzábase por responder.

Tómase generalmente en mala parte.

Vile marchar.

Lucas se apresuró a coger la cerilla, encendióla y la acercó a la mecha, etc.

A written accent, if one exists, is retained.

The student should exercise great caution in imitating this stylistic device. In conversation it must be avoided entirely as extreme affectation, except perhaps in the expression:

¿Habráse visto cosa igual?   *Did you ever see anything like it?*

(b) *Notes on the Third Person*

Considerable confusion exists in the use of Third Person Object Pronouns.

(i) *Him* (Direct Object) is rendered by:

lo in South America and the south of Spain.

le in Spain, particularly in Castile.

(ii) *it* (Direct Object, Masculine) should be **lo.**

(iii) **les** for the more strictly correct **los** is fairly common as Direct Object for Masculine persons.

(iv) A usage *not* to be imitated by the student is **la** for **le** as Indirect Object Pronoun (Feminine), a usage commonly encountered in Madrid, and also in the plural **las** for **les,** when referring to persons.

(v) Various other regional differences are met with, and **le** for **la** as Direct Object (Feminine) may be found occasionally even in the best writers, and even **le** for **les** as Indirect Object plural, but the student is advised strongly against this and is urged to be consistent.

(vi) The Indirect Object pronouns **le** and **les** become **se** before a Direct Object also in the Third Person:

e.g. Se lo presto—*I lend it to him.*

(vii) An Indirect Object *always* precedes a Direct Object.

(c) *Redundant Use of Object Pronoun*

When a Noun Object (Direct or Indirect) precedes a verb, the corresponding Object Pronoun is also inserted:

e.g. A mis padres los quiero mucho. (Direct, with personal **a**).

A mis padres les dije la verdad. (Indirect with preposition **a**).

The Object Pronoun is commonly inserted with an Indirect Object Noun when the latter does not precede, especially in conversation:

e.g. Se lo presté a mi amigo.

(d) *Constructions involving the Indirect Object*

(i) To show the person concerned (commonly with parts of the body and articles of clothing—but the article alone may be used in indicating movement of a part of one's person if the possessor is clearly indicated—see 1j).

e.g. Te rompo la crisma *(vulgar)*.

Los ojos se le llenaron de lágrimas.

Me cose los botones.

Me pongo los guantes.

(ii) Similarly in such constructions as:

Me compraron un reloj   *They bought me a watch, they bought a watch for me.*

(iii) The above example could also mean   *They bought a watch* from *me* (see 65).

(iv) With impersonal verb constructions:

e.g. No le es posible + infinitive   *It is not possible for him to . . .*

(v) **les** for **los** with a Reflexive substitute for the Passive:

e.g. Se les condenó a muerte   *They were condemned to death.*

But se **las** condenó *(they* feminine).

(vi) Examples of the comparatively rare Neuter Indirect Object:

¿Qué le vamos a hacer?   *What are we going to do about it?*

No hay que darle vueltas   *There's no use talking about it.*

(e) *Constructions involving the Direct Object*

(i) Idiomatic uses of **lo.**

¿Es ella maestra?—Lo es   *Is she a teacher? She is.*

Se cree listo pero no lo es   *He thinks he's clever, but he isn't.*

Ya lo sé   *I know.*

¡Ya lo creo!   *I should think so!*

Por así decirlo   *so to say.*

Se lo dije   *I told him so.*

Lo pasamos en grande   *We had a grand time.*

Lo ve todo   *She sees everything.*

Lo siento   *I am sorry (I regret it).*

Lo tiene Vd. muy merecido   *It serves you right.*

Consultarlo con la almohada   *to sleep on it.*

But

Creo conveniente (prudente, oportuno, etc.) + infinitive   *I think it advisable (sensible, opportune, etc.).*

Encuentro difícil (fácil, ventajoso, etc.) + infinitive *I find it difficult (easy, advantageous, etc.) to . . .*

and:

Miramos llover, nevar, relampaguear, etc.   *we watched it raining, snowing, lightning, etc.*

(ii) With **haber:**

e.g. ¿No hay hombres buenos, madre?

Claro que los hay   *Of course there are (some).*

(iii) Feminine Object Pronouns with some noun understood:

e.g. ¡La han hecho Vds. buena!   *Now you've done it!*

No las tengo todas conmigo   *I am not easy in mind.*

Las pasamos negras   *We had an awful time.*

Habérselas con alguien   *To have it out with someone.*

El autor se las promete felices   *The author is full of confidence.*

Me la tiene jurada   *He's got it in for me.*

¡Ella me las pagará!   *She'll pay for this!*

Se las echaba de gracioso   *He thought he was so funny.*

¡Ahí me las den todas!   *I should worry!*

diñarla   *to "kick the bucket".*

30. **Disjunctive Pronouns**

(a) Disjunctive Pronouns have the same *form* as the Subject Pronouns, except **mí, ti** and the reflexive **sí:**

e.g. con permiso de Vd.

con razón o sin ella.

Estrechó al niño contra sí.

¿A mí me buscas?—No es a ti, no, etc.

But **Entre** requires Subject Pronouns,

e.g. entre tú y yo.

cf.   excepto, salvo, menos   *except,* e.g. todos menos yo.

incluso   *including,* e.g. incluso tú.

Con has the special forms **conmigo, contigo** and (Reflexive only) **consigo.** Distinguish carefully between *consigo* and *con él (con ella, con Vd., con ellos, con ellas, con Vds.),*

e.g. Trae consigo a sus hermanas   *He brings his sisters with him.*

    Sus hermanas vienen con él   *His sisters come with him.*

(b) *Uses of Disjunctive Pronouns*

(i) To emphasise, clarify, or avoid ambiguity (cf. Subject Pronouns):

    e.g. A mí, ¿qué se me da?   *What do I care,* or *What does it matter to me?*

        Les gusta a él y a ella   *They* (both he and she) *like it.*

        Les gusta a Vds.   *You like it.*

The merely redundant use of the Disjunctive Pronoun is becoming increasingly common, especially in the spoken language (cf. 29c and 30b, v).

(ii) With verbs of motion:

    e.g. Vino a mí   *He came to me.*

    (But figuratively: No me vengas con cuentos chinos *Don't come to me with your cock and bull stories.)*

        Nos acercamos a ellos   *We approached them.*

    But se me acercó   *He approached me* (see iv below).

(iii) With the Reflexive:

    e.g. Se dedican a ello   *They devote themselves to it.*

    Also with Reflexive verbs followed by **de:**

    e.g. No me fío de ti   *I don't trust you.*

(iv) To replace an Indirect Object Pronoun when there is a Direct Object Pronoun in the First or Second Person:

    e.g. Nos presentó a ellos   *He introduced us to them.*

    Os prefiero a ellos   *I prefer you to them.*

(v) Answering a question with the verb understood:

    e.g. ¿A quién le toca? A mí   *Whose turn is it? Mine.*

(vi) Where two object pronouns are brought into direct contrast:

    e.g. No (te) ama a ti sino a mí   *He does not love you but me.*

31. **Relative Pronouns and Adjectives**

The Relative Pronoun can never be omitted in Spanish as it often is in English; nor can it be separated from a preposition:
e.g. La plaza en que juegan   *The square they play in.*
A relative may be followed by an infinitive in cases such as the following:

> No hay de quien fiarse   *There is no-one who can be trusted.*
> Esto nos da en que pensar   *This gives us something to think about.*
>
> Tengo que hacer en casa   *I've got things to do at home.*

- (a) **Que** is the relative pronoun most commonly used, referring as it does to persons or things, singular or plural, subject or object. After a preposition **que** refers to things only.
  Note in conversational style:
  - (i) Venga hombre, (por) que tengo prisa   *Come on, man, I'm in a hurry.*
  - (ii) (Apuesto) a que no viene   *I bet he's not coming.*
- (b) **Quien** (plural **quienes**) must be used in place of **que**:
  - (i) After prepositions or personal **a** to distinguish persons:
    e.g. No con quien naces sino con quien paces.
  - (ii) Other uses of **quien (quienes)**:
    Quién gritaba, quién lloraba   *There were some who . . .* *(Note accent)*
    Quien así lo crea, se engaña   *Whoever . . .*
    Pronto encontrará Vd. quien le lleve la tienda
    . . . someone . . .
    Yo le miré horrorizado, como quien ve un fantasma
    like someone who . . .
    Soy yo quien lo dijo *or* soy yo quien lo dije   *it is I who said so* or *I am the one who said so.*
    No seré yo quien te compadezca   *I won't be the one to feel sorry for you.*
  - (iii) Notice its use in many sayings and proverbs, such as:
    Quien calla otorga
    Quien mucho abarca, poco aprieta

Quien lengua ha, a Roma va

Quien canta, su mal espanta

Quien mal anda, mal acaba

Quien a los suyos sale, honra merece

Quien bien tiene y mal escoge, del mal que le venga no se enoje

Quien no ha visto Sevilla, no ha visto maravilla

Quien no te conozca, que te compre

Quien hace la ley hace la trampa

Quien se pica, ajos come

(c) **el cual (la cual, lo cual, los cuales, las cuales)**
(and, more rarely in this connection, **el que, la que, lo que, los que, las que**) are used in place of **que:**

(i) After **por, sin, tras, con** (sometimes), and all prepositions of more than one syllable:

e.g. la comisaría detrás de la cual . . .

Otherwise **que;** though **en que** is often best rendered by **donde:**

e.g. la plaza donde juegan.

and **cómo,** e.g. la manera cómo lo dice.

En que is to be preferred to **cuando,** e.g. el día en que . . .—*the day when* . . .

But notice: un día que . . .   *one day when* . . .

en el momento que . . .   *at the moment when* . . .

(ii) The neuter **lo cual** referring to a whole clause or idea:

e.g. No tiene ganas de ir a España, lo cual me extraña

He doesn't want to go to Spain, which surprises me.

(iii) In literary style **el cual,** etc., may replace **que** in a non-restrictive clause, thus:

Los niños, que estaban en la escuela, no vieron nada

or Los niños, los cuales estaban en la escuela, no vieron nada   *The children, who were at school, saw nothing.*

But not if the clause is restrictive:

Los niños que estaban en la escuela no vieron nada

The children who were at school saw nothing.

(d) **el que (la que, lo que, los que, las que):**

Used   (i) As meaning *he who, the one who, those who,* etc.:

e.g. Los que no fuimos a la guerra   *We who didn't go to the war.*

Era de los que creían en la libertad   *He was one of those who believed in liberty.*

(ii) In neuter **lo que**—*what*:

e.g. Lo que dice es verdad   *What he says is true.*

It is used, in the neuter form, in the idioms:

lo que es tú   *as for you, as far as you are concerned.*

a lo que parece   *it looks as if . . ., apparently.*

(iii) **todo + lo que**—*all that*:

e.g. Todo lo que dice es verdad.

Also: **Cuanto:** Cuanto dice es verdad.

(iv) **todos los que, todas las que**—*all (those) who*:

e.g. todos los que oyeron   *all who heard.*

Also: **cuantos** oyeron . . .

(e) **cuyo (cuya, cuyos, cuyas)**—*whose, of which, of whom,* is an adjective agreeing with the noun it qualifies:

e.g. En un lugar de la Mancha, de cuyo nombre no quiero acordarme . . .   *whose name . . .*

Ese es el dramaturgo cuya comedia se estrenó anoche *whose play . . .*

32. Interrogative Pronouns and Adjectives

These have generally the same form as the Relatives but are distinguished, in direct or indirect questions, by the written accent.

Examples

¿De quién es este lápiz?/¿A quién pertenece este lápiz? *Whose pencil is this?*

¿Qué tal?   *How are you? How do you do?*

¿Qué tal la comida?   *What was (is) the meal like?*

¿Qué tal has comido?   *How did you eat?*

¿Qué te pasa?   *What's the matter with you?*

¿Qué pasa?   *What's going on?*

¿Qué más da?   *What does it matter?*

¿Qué te parece?   *What do you think?*

¿Qué te parece la película?   *What do you think of the film?*

¿Qué se le ofrece?   *What can I do for you? Can I help you?*

¿De qué se trata?   *What is it about?*

¿Para qué darle vueltas?   *Why go on about it?*

¿Qué hay? *(greeting)*   *How are things?*

¿Qué hay de nuevo?   *What's new?*

¿A qué viene eso?   *What's the point of bringing that up? Why do you say that?*

¿Quién vive?   *Who goes there?*

Dime con quién anda y te diré quién es   *A man is known by the company he keeps.*

No hay por qué reírse   *There's no need to laugh.*

Le explico (cuál es) la situación   *I explain the position to him* or *I explain to him what the position is.*

¿Qué longitud tiene el río?   *How long is the river?*

¿Cuál es la anchura del río?   *How wide is the river?*

Note:

(i) An Interrogative Pronoun, Adjective or Adverb may be followed by an Infinitive, e.g.

No sé qué decirte   *I don't know what to say to you.*

No sé qué vestido ponerme   *I don't know which dress to put on.*

No sé cómo describirlo   *I don't know how to describe it.*

(ii) **qué** is both pronoun and adjective but **cuál(es)** is a pronoun only.

e.g. ¿Qué novela es ésa?   *Which novel is that?*

But ¿Cuál de las novelas leyó Vd?   *Which novel did you read?* (of a selected number).

Cuál(es) translates *what, which* before the verb *to be*.

Qué asks for a definition.

e.g. ¿Cuál es el número de tu casa?   *What is the number of your house?*

¿Qué es eso?   *What is that?*

33. Exclamatives

¡Qué amable!   *How kind!*

¡Qué asco!   *How revolting!*

¡Qué lástima!   *What a pity!*

¡Qué cara dura!   *What cheek!*

¡Qué chica tan guapa!/¡Qué chica más guapa!   *What a pretty girl!*

¡Qué de gente!   *What a lot of people!*

¡Quién supiera leer!   *If only I could read!*

¡Cuán grato pareció a G el sitio!   *How pleasant the spot appeared to G!*

¡Cuán elegantemente va vestida!   *How elegantly she dresses/is dressed.*

He dicho que no voy. ¡Cómo!   *I said I'm not going. What!*

34. Demonstrative Adjectives and Pronouns

Some Idiomatic Uses

esto de   *this question of, this business of.*

a eso de + numeral indicating time   *about.*

en esto/con esto   *hereupon.*

¡De eso se trata!   *That's the point!*

... y eso que   *even though; in spite of the fact that.*

¡Eso es!   *That's it!*

¡Nada de eso!   *None of that! Nothing of the sort!*

¡Chúpate ésa!   *Put that in your pipe and smoke it!*

ni por ésas   *by no means.*

35. Possessive Adjectives and Pronouns

(a) The short form of the Possessive Adjective (**mi, tu, su**) is replaced by the long form (**mío, tuyo, suyo**) after the noun:

   (i) for emphasis:
      e.g. Estas son las horas mías.
  (ii) in direct address:
      e.g. Muy señor mío *(in letters)*.
 (iii) to translate *of mine, of yours,* etc.:
      e.g. un amigo suyo.
 (iv) after **ser**:
      e.g. Es mía la culpa.

(b) The Possessive Pronoun requires the Definite Article:
    e.g. Aquí están tus padres; ¿dónde estarán los míos?
    Contrast: Esta pluma es mía *(indicating possession as in* iv *above)*.

          Esta pluma es la mía; la otra será la tuya *(pronoun serving to distinguish)*.

(c) The Third Person adjectives **su, sus, suyo,** are replaced by **de él, de ella,** etc., when necessary to avoid ambiguity, especially **de Vd.** to be polite:
    e.g. *el hermano de Vd* rather than *su hermano* and even *su hermano de Vd*.

    Similarly with the Possessive Pronouns, hence **el de él, el de ella, la de Vd.,** etc.

(d) Further uses of the Possessive:

girar sobre sus talones	*to turn on one's heel.*
un médico amigo mío	*a doctor friend of mine.*
en busca suya *or* en su busca	*in search of him (of her, etc.).*
venir a nuestro encuentro	*to come to meet us.*
una foto tuya	*a photo of you.*
no tenemos noticias suyas	*we have no news of him (her, etc.).*
miró en torno suyo	*he looked around him.*
muy a pesar suyo	*much to his regret.*
con gran sorpresa mía	*much to my surprise.*
salirse con la suya	*to have one's own way.*
hacer de las suyas	*to be up to one's usual tricks.*
he recibido la suya	*I have received your letter.*

mi capitán, mi coronel, etc. *(in direct address)*   *captain, colonel, etc.*

los nuestros   *our men, our people.*

36. Indefinite Adjectives and Pronouns

(a) Algo:

¿Buscas algo?   *Are you looking for something?*

¿Tiene Vd algo que declarar?   *Have you anything to declare?*

Por algo lo dice   *He's got some reason for saying it.*

¿Hay algo de nuevo?   *Is there any news?*

Dijo algo estúpido   *He said something stupid.*

Estamos algo inquietos   *We are rather anxious.*

Voy a trabajar algo   *I am going to work a bit.*

Tiene algo de dinero   *He has some (a little) money.*

(b) Alguien:

¿Has visto a alguien?   *Did you see anyone?*

Alguien llama   *Someone is knocking.*

(c) Alguno, -a, -os, -as:

¿Necesita Vd alguna cosa más?   *Anything else?*

algún día   *some day.*

algunas veces   *sometimes.*

Algún otro lo habrá hecho   *Someone else must have done it.*

Esto le apaciguó algún tanto   *This pacified him somewhat.*

Vimos algún que otro museo   *We saw an occasional museum.*

Alguno de Vds. tendrá que venir   *Someone of you will have to come.*

(d) Cualquiera, cualesquiera:

cualquier día de éstos   *any day now.*

cualesquiera que sean las objeciones   *whatever the objections.*

cualquiera haría lo mismo   *anyone would do the same.*

es un cualquiera   *he's a nobody.*

(e) **Uno, una:**

Se muere uno por saberlo   *One is* (i.e. *I am*) *dying to know*.

La boca se le hace agua a uno   *It makes one's mouth water.*

¿Quieres un pitillo?   *Would you like a cigarette?*

—Sí, uno americano   *Yes, an American one.*

Hay uno (que es) verde   *There is a green one.*

But

Esta versión de la historia es la verdadera   *This version of the story is the true one.*

(f) **unos, unas** (less precise or definite than *algunos,* which is used of small numbers only):

unos días antes   *some days before.*

unos pocos amigos   *a few friends.*

unos cuantos ingleses   *some English people.*

unos cinco mil dólares   *some 5000 dollars.*

unos estudian la historia, otros la geografía   *some study history, some geography.*

(g) **ambos, -as** (written style):

entrambos, -as (literary)

los dos, las dos (colloquial)

uno y otro, una y otra

Vi a ambas mujeres/Vi a entrambas mujeres/Vi a las dos mujeres   *I saw both women.*

Una y otra están casadas (las dos, ambas)   *They are both married.*

(h) **otro, -a, -os, -as:**

¿Quieres otro?   *Would you like another one?*

el otro señor   *the other gentleman.*

al otro día   *the following day.*

por otra parte   *on the other hand.*

de otro modo   *otherwise.*

de un modo u otro   *somehow or other.*

una y otra vez   *time and time again.*

se hablaban unos a otros   *they were talking to one another.*

ı

estaban enamorados uno de otra   *they were in love with each other.*

otros diez   *ten others.*

otras muchas personas   *many other persons.*

¡otra!   (i) *Encore!* (ii) *Not again!* (fed-upness).

Notice also:

no sé quién . . .   *somebody or other . . .*

no sé qué . . .   *something or other . . .*

no sé cómo . . . (*or* no se sabe cómo)   *somehow or other . . .*

no sé dónde . . . (*or* no se sabe dónde) etc.   *somewhere or other . . . etc.*

(i) **cada:**

cada vez que ocurre   *each time that it happens.*

a cada momento   *at every moment.*

Regalé a cada alumno un libro   *I gave each pupil a book.*

Regalé un libro a cada uno de mis alumnos (*or* les regalé sendos libros)   *I gave a book to each of my pupils.*

Cada cual cumplió con su deber   *Each one did his duty.*

Oye uno cada historia   *One hears all sorts of stories.*

La veo cada dos días   *I see her every other day.*

(j) **todo, -a, -os, -as:**

Todo saldrá bien   *Everything will be all right.*

Somos todo oídos   *We are all ears.*

Me lo contaron todo   *They told me everything.*

toda la mañana   *all the morning.*

todo el día   *all day.*

todos los libros   *all the books.*

todos los días   *every day.*

de todos modos   *in any case, anyhow.*

a todo trance   *at all costs.*

en todo caso   *at all events, anyway.*

a todas horas   *at all hours.*

nosotros todos   *all of us.*

nos llama a todos   *he is calling all of us.*

todos los tres   *all three.*

todo hombre inteligente   *every intelligent man.*

nada menos que todo un hombre   *nothing less than a whole man (every inch a man).*

todos le conocen/todo el mundo le conoce   *everybody knows him.*

But:

el mundo entero   *the whole world.*

un número entero   *a whole number.*

(k) **único, -a, -os, -as:**

soy hijo único   *I am an only child.*

la única cosa que necesita   *the only thing he needs.*

una oportunidad única   *a unique opportunity.*

(l) **solo, -a, -os, -as:**

una casa de un solo piso   *a bungalow.*

quedaban solos   *they remained alone.*

sólo quedaban dos/solamente quedaban dos   *only two remained.*

estaban a solas   *they were (all) alone.*

(m) **mucho, -a, -os, -as:**

Lo haré con mucho gusto   *I will do so with pleasure.*

Hace mucho sol   *It is very sunny.*

Es mucha verdad   *It is very true.*

Tengo mucha hambre   *I am very hungry.*

No es guapo, ni con mucho   *He is far from handsome.*

(n) **poco, -a, -os, -as:**

Tiene pocos amigos   *He has few friends.*

Tiene unos pocos amigos   *He has a few friends.*

Tiene poco dinero   *He has little money.*

Tiene un poco de dinero   *He has a little money.*

a poco   *shortly afterwards.*

Estamos poco dispuestos a creerlo   *We are little inclined to believe it.*

Estamos un poco preocupados   *We are a little worried.*

Trabaja un poco   *He works a little.*

Trabaja poco   *He doesn't work a lot.*

(o) **el, la, lo, los, las, demás:**

　　los demás pasajeros　　*the other, remaining passengers.*
　　la demás gente　　*the other people.*
　　Juan, Pablo y demás mozos　　*John, Paul and other youths.*
　　por lo demás　　*besides.*
　　todo lo demás　　*everything else.*

(p) **mismo, -a, -os, -as:**

　　Corremos todos la misma suerte　　*We are all in the same boat.*
　　jugar el mismo palo　　*to play the same suit.*
　　¿Es el mismo coche?—Sí, es el mismo　　*Is it the same car? Yes, it's the same one.*
　　El mismo lo cree　　*He thinks so himself.*
　　Se paga mucho de sí misma　　*She is very pleased with herself.*
　　la misma Juana/Juana misma　　*Jane herself.*
　　Este niño es el mismísimo diablo　　*This child is the very devil himself.*
　　ayer mismo　　*only yesterday.*
　　aquí mismo　　*here, on this very spot.*
　　ahora mismo　　*this very minute.*
　　el día mismo　　*the very day.*
　　Son sus mismas palabras　　*They are his very words.*

(q) **propio, -a, -os, -as:**

　　Son sus propias palabras　　*They are his very words.*
　　Se ocupa de sus propios asuntos　　*He minds his own business.*
　　el amor propio　　*self-esteem.*

(r) **ajeno, -a, -os, -as:**

　　meter la hoz en mies ajena　　*to poke one's nose into someone else's business.*
　　estar uno ajeno de una cosa　　*to be unaware of something.*
　　ser como gallina en corral ajeno　　*to be like a fish out of water.*
　　Es ajeno a su carácter　　*It is foreign to his nature.*

(s) **cierto, -a, -os, -as:**

    hasta cierto punto   *up to a point.*

    lo sabemos a ciencia cierta   *we know for certain.*

    pruebas ciertas   *sure proof.*

    por cierto   *certainly.*

(t) **tal, tales:**

    Lo dijo de tal modo   *He said it in such a way.*

    Tales hombres no tienen vergüenza   *Such men are shame-less.*

    un tal Pérez.   *one Perez.*

    el tal tendero   *the said shopkeeper.*

    como si tal cosa   *as if nothing had happened.*

    Fulano de Tal   *Mr So and So.*

(u) **semejante, semejantes:**

    No he visto a semejante hombre   *I have not seen such a man, a man like him.*

VERBS

37(a). Endings of Regular Verbs

(i) Added to the stem:

	Present Indicative	1. Gerund 2. Past Participle	Imperfect Indicative	Preterite
-AR	o as a amos áis an	1. ando 2. ado	aba abas aba ábamos abais aban	é aste ó amos asteis aron
-ER	o es e emos éis en	1. iendo 2. ido	ía ías ía íamos íais ían	í iste ió imos isteis ieron
-IR	o es e imos ís en			

	Present Subjunctive	Imperfect Subjunctive	Imperative 1. tú 2. vosotros
-AR	e es e emos éis en	ase ases ase ásemos aseis asen ara aras ara áramos arais aron	1. a 2. ad
-ER	a as a amos áis an	iese ieses iese iésemos ieseis iesen iera ieras iera iéramos ierais ieran	1. e 2. ed
-IR			1. e 2. id

(ii) Added to the Infinitive (all Conjugations):

Future	Conditional
é ás á emos éis án	ía ías ía íamos íais ían

(b) Spelling Changes

(i)

Sound	K	zeta	Hard g	jota	gw
Before a, o	c	z	g	j	gu
Before e, i	qu	c	gu	g	gü

Examples:

sacar: saqué *(1st Pers. Sing. Preterite)*, saque *(Pres. Subj.)*

delinquir: delinco *(1st Pers. Pres. Indic.)*, delinca *(Pres. Subj.)*

amenazar: amenacé *(1st Pers. Preterite)*, amenace *(Pres. Subj.)*

vencer: venzo *(1st Pers. Pres. Ind.)*, venza *(Pres. Subj.)*

llegar: llegué *(1st Pers. Preterite)*, llegue *(Pres. Subj.)*

distinguir: distingo *(1st Pers. Pres. Ind.)*, distinga *(Pres. Subj.)*

coger: cojo *(1st Pers. Pres. Ind.)*, coja *(Pres. Subj.)*

averiguar: averigüé *(1st Pers. Preterite)*, averigüe *(Pres. Subj.)*

(ii) Verbs ending in **vowel-cir** or **vowel-cer** change **c** to **zc** before **a** or **o**:

e.g. conocer: conozco *(1st Pers. Pres. Ind.)*, conozca, etc. *(Pres. Subj.)*

Except: mecer: mezo, meza, *etc.,* remecer, cocer, recocer, escocer.

(iii) **-er** and **-ir** verbs whose root ends in **ll** or **ñ** omit **i** in the Present Participle, 3rd Persons Preterite, and Imperfect Subjunctive:

e.g. bullir: bullendo; bulló, bulleron; bullese, bullera, etc.

(iv) Some verbs ending in **-uar** or **-iar** stress the **u** or **i** in the Singular and 3rd Person Plural of the Present Indicative and Present Subjunctive and Imperative Singular:

e.g. enviar: envío, envías, envía, envían
envíe, envíes, envíe, envíen
envía tú.

(v) Verbs ending in **-aer, -eer, -oer, -oir** change the unstressed **i** of the diphthongs **ie, ió** to **y,** i.e. in the Gerund, 3rd Persons Preterite and all Imperfect Subjunctive:

e.g. caer: cayendo; cayó, cayeron; cayese *or* cayera, etc.

Similarly verbs ending in **-uir, -üir,** which in addition form the present indicative thus:

huir: huyo huyes huye huimos huís huyen.

(c) **Radical Changes**

(i) In certain **-ar** and **-er** verbs the root vowels **e** and **o** when stressed become respectively **ie** and **ue**:

i.e. in the Present Indicative and Present Subjunctive (Singular and 3rd Person Plural) and in the Imperative with **tú, Vd.** and **Vds.**:

e.g. cerrar: cierro, cierras, cierra, cierran.
cierre, cierres, cierre, cierren.
cierra tú, cierre Vd., cierren Vds.

(ii) Certain **-ir** verbs, in addition to the above changes, also change **e** to **i** or **o** to **u** in the Gerund, Present Subjunctive

(1st and 2nd Persons Plural), Preterite (3rd Persons Singular and Plural) and Imperfect Subjunctive:

e.g. sentir: sintiendo;

> sintamos, sintáis.
> sintió, sintieron.
> sintiese, *etc. or* sintiera, *etc.*

(iii) Some **-ir** verbs change the radical **e** not to **ie** but to **i** in the Present Indicative and Present Subjunctive (Singular and 3rd Person Plural) and in the Imperative with *tú, Vd., Vds.:*

e.g. pedir: pido, pides, pide, piden.

> pida, pidas, pida, pidamos, pidáis, pidan.
> pide tú, pida Vd., pidan Vds.

Note:

> **errar** Where the radical change takes place initial **i** is replaced **y**: yerro, yerras, etc.
>
> **oler** **h** is written before the radical change: huelo, hueles, etc.
>
> **erguir** has two forms: **irgo** or **yergo,** etc.
>
> **jugar, adquirir, inquirir** are radical changing.

The student must exercise particular care where a spelling change and a radical change happen to occur in the same verb:

e.g. *agorar, colgar, empezar, forzar, plegar, regir, reñir, seguir, torcer, trocar.*

38. Reference List of Common Irregular Verbs

Irregular forms only are given. (R) = Radical-changing.

Abrir	*Past P.* abierto.
Andar	*Pret.* anduve, anduviste, anduvo, anduvimos, anduvisteis, anduvieron.
	Imp. Subj. anduviese *or* anduviera *etc.*
Asir	*Pres. Ind.* asgo. *Pres. Subj.* asga *etc.*

Bendecir	*See* **Decir,** *but Past P.* bendecido. *Fut.* bendeciré, *etc. Condit.* bendeciría, *etc. Imperative Sing.* bendice.
Caber	*Pres. Ind.* quepo *Pres. Subj.* quepa, *etc. Pret.* cupe, cupiste, cupo, cupimos, cupisteis, cupieron. *Imp. Subj.* cupiese *or* cupiera, *etc. Fut.* cabré, *etc. Condit.* cabría, *etc.*
Caer	*Pres. Ind.* caigo. *Pres. Subj.* caiga, *etc. Past p.* caído. *Gerund* cayendo. *Pret.* caí, caíste, cayó, caímos, caísteis, cayeron. *Imp. Subj.* cayese *or* cayera, *etc.*
Conducir	*Pres. Ind.* conduzco. *Pres. Subj.* conduzca, *etc. Pret.* conduje, condujiste, condujo, condujimos, condujisteis, condujeron. *Imp. Subj.* condujese *or* condujera, *etc.*
Cubrir	*Past p.* cubierto.
Dar	*Pres. Ind.* doy *Pret.* di, diste, dio, dimos, disteis, dieron. *Pres. Subj.* dé, des, dé, demos, deis, den. *Imp. Subj.* diese *or* diera, *etc.*
Decir	*Gerund* diciendo. *Past p.* dicho. *Pres. Ind.* digo (R). *Pres. Subj.* diga, *etc. Pret.* dije, dijiste, dijo, dijimos, dijisteis, dijeron. *Imp. Subj.* dijese *or* dijera, *etc. Fut.* diré, *etc. Condit.* diría, *etc. Imperative Sing.* di.
Discernir (R)	*Gerund* discerniendo. *Pret.* discernió, discernieron. *Imp. Subj.* discerniese *or* discerniera, *etc.*
-ducir	*See* **Conducir.**
-eer	*See* **Leer.**
Erguir	*Pres. Ind.* yergo *or* irgo, *etc Pres. Subj.* yerga *or* irga, *etc.*
Escribir	*Past p.* escrito.
Estar	*Pres. Ind.* estoy, estás, está, estamos, estáis, están. *Pres. Subj.* esté, estés, esté, estemos, estéis, estén. *Pret.* estuve, estuviste, estuvo, estuvimos, estuvisteis, estuvieron. *Imp. Subj.* estuviese *or* estuviera, *etc. Imperative Sing.* está.

Freír (R)   *Past P.* frito.

Haber   *Pres. Ind.* he, has, ha, hemos, habéis, han. *Pres. Subj.* haya, *etc. Pret.* hube, hubiste, hubo, hubimos, hubisteis, hubieron. *Imp. Subj.* hubiese *or* hubiera, *etc. Fut.* habré, *etc. Condit.* habría, *etc. Imperative Sing.* he.

Hacer   *Pres. Ind.* hago. *Pres. Subj.* haga, *etc. Pret.* hice, hiciste, hizo, hicimos, hicisteis, hicieron. *Imp. Subj.* hiciese *or* hiciera, *etc. Past P.* hecho. *Imperative Sing.* haz. *Fut.* haré, *etc. Condit.* haría, *etc.*

Huir   *Gerund* huyendo. *Past P.* huido. *Pret.* huí, huiste, huyó, huimos, huisteis, huyeron. *Imp. Subj.* huyese *or* huyera, *etc. Imperative Sing.* huye. *Pres. Indic.* huyo, huyes, huye, huimos, huís, huyen.

Imprimir   *Past P.* impreso.

Ir   *Gerund* yendo. *Pres. Ind.* voy, vas, va, vamos, vais, van. *Pres. Subj.* vaya, *etc. Imperative Sing.* ve. *Imp. Ind.* iba, ibas, iba, íbamos, ibais, iban. *Pret.* fui, fuiste, fue, fuimos, fuisteis, fueron. *Imp. Subj.* fuese *or* fuera, *etc.*

Leer   *Gerund* leyendo. *Past P.* leído. *Pret.* leí, leíste, leyó, leímos, leísteis, leyeron. *Imp. Subj.* leyese *or* leyera, *etc.*

Maldecir   *cf.* **Bendecir.**

Morir (R)   *Past P.* muerto.

Oír   *Pres. Ind.* oigo, oyes, oye, oímos, oís, oyen. *Pres. Subj.* oiga, *etc. Imperative Sing.* oye. *Gerund* oyendo. *Past P.* oído. *Pret.* oí, oíste, oyó, oímos, oísteis, oyeron.

Poder (R)   *Gerund* pudiendo. *Pret.* pude, pudiste, pudo, pudimos, pudisteis, pudieron. *Imp. Subj.* pudiese *or* pudiera *etc. Fut.* podré, *etc. Condit.* podría, *etc.*

Poner   *Pres. Ind.* pongo. *Pres. Subj.* ponga, *etc. Imperative Sing.* pon. *Pret.* puse, pusiste, puso, pusimos, pusisteis, pusieron. *Imp. Subj.* pusiese *or* pusiera, *etc. Fut.* pondré, *etc. Condit.* pondría, *etc. Past P.* puesto.

Querer (R) *Pret.* quise, quisiste, quiso, quisimos, quisisteis, quisieron. *Imp. Subj.* quisiese *or* quisiera, *etc. Fut.* querré, *etc. Condit.* querría, *etc.*

Raer *Pres. Ind.* rayo *or* raigo. *Pres. Subj.* raya, *etc. or* raiga, *etc.*

Reír *Gerund* riendo. *Past P.* reído. *Pres. Ind.* río, ríes, ríe, reímos, reís, ríen. *Pret.* reí, reíste, rió, reímos, reísteis, rieron. *Pres. Subj.* ría, *etc. Imp. Subj.* riese *or* riera, *etc. Imperative* ríe, reíd.

Reunir *Pres. Ind.* reúno, reúnes, reúne, reunimos, reunís, reúnen. *Pres. Subj.* reúna, *etc.*

Roer *Pres. Ind.* roo *or* roigo *or* royo *(otherwise like* leer*)*. *Pres. Subj.* roa *or* roiga *or* roya, *etc.*

Romper *Past P.* roto.

Saber *Pres. Ind.* sé. *Pres. Subj.* sepa, *etc. Pret.* supe, supiste, supo, supimos, supisteis, supieron. *Imp. Subj.* supiese *or* supiera, *etc. Fut.* sabré, *etc. Condit.* sabría, *etc.*

Salir *Pres. Ind.* salgo. *Pres. Subj.* salga, *etc. Fut.* saldré, *etc. Condit.* saldría, *etc. Imperative Sing.* sal.

Satisfacer *See* **Hacer.**

Ser *Pres. Ind.* soy, eres, es, somos, sois, son. *Pres. Subj.* sea, *etc. Pret.* fui, fuiste, fue, fuimos, fuisteis, fueron. *Imp. Subj.* fuese *or* fuera, *etc. Imp. Ind.* era, eras, era, éramos, erais, eran. *Imperative Sing.* sé.

Solver *Past P.* suelto.

Tener *Pres. Ind.* tengo (R). *Pres. Subj.* tenga, *etc. Pret.* tuve, tuviste, tuvo, tuvimos, tuvisteis, tuvieron. *Imp. Subj.* tuviese *or* tuviera, *etc. Fut.* tendré, *etc. Condit.* tendría, *etc. Imperative Sing.* ten.

Traer *Pres. Ind.* traigo. *Pres. Subj.* traiga, *etc. Pret.* traje, trajiste, trajo, trajimos, trajisteis, trajeron. *Imp.*

	Subj. trajese *or* trajera, *etc. Gerund* trayendo. *Past P.* traído.
-Uir (*except* **-quir, -guir**)	*See* **Huir.**
Valer	*Pres. Ind.* valgo. *Pres. Subj.* valga, *etc. Fut.* valdré, *etc. Condit.* valdría, *etc. Imperative Sing.* val *or* vale.
Venir	*Gerund* viniendo *Pres. Ind.* vengo (R). *Pres. Subj.* venga, *etc. Pret.* vine, viniste, vino, vinimos, vinisteis, vinieron. *Imp. Subj.* viniese *or* viniera, *etc. Fut.* vendré, *etc. Condit.* vendría, *etc. Imperative Sing.* ven.
Ver	*Past P.* visto. *Pres. Ind.* veo. *Pres. Subj.* vea, *etc. Imp. Ind.* veía, *etc.*
Volver (R)	*Past P.* vuelto.
Yacer	*Pres. Ind.* yazco *or* yazgo *or* yago. *Pres. Subj.* yazca *or* yazga *or* yaga, *etc. Imperative Sing.* yace *or* yaz.

NOTES ON TENSES

39. The Present

(a) The "Historic Present" is often used in Spanish to add vividness to a narrative:

"Se detiene un momento el viejo; da una voz de pronto; le enardece la cólera; acude un criado; el viejo impropera al criado, se acerca a él, le grita en su propia cara" (*Azorín*).

(b) The Present is used to express an action which began in the past but which is still continuing:

e.g. Hace cinco años que estudiamos el español

or Estudiamos el español desde hace cinco años   *We have been studying Spanish for five years* (and we are still studying it).

When it does not continue (as with a negative for example) the simple Perfect may be used:

e.g. Hace muchos días que no la he visto   *I have not seen her for many days.*

(An alternative construction here would be: No la he visto en muchos días.)

A similar construction is used with the Imperfect:

Hacía cinco años que estudiábamos el español

or Estudiábamos el español desde hacía cinco años
We had been studying Spanish for five years (and we were still studying it).

But Habíamos estudiado el español durante cinco años
We had been studying Spanish for five years (before we stopped).

We may note here too such expressions as:

Vengo a despedirme   *I have come to say goodbye.*

Llega ahora de Madrid *He has (just) arrived from Madrid.*

(c) Spanish uses a "continuous" present as does English (see 45b(i)):

e.g. Estoy preparando la cena   *I am (in the course of) preparing the supper.*

(d) Present Tense of **acabar de** + Infinitive—*to have just done something:*

e.g. Acabamos de llegar   *We have just arrived.*

Similarly in the Imperfect:

Acabábamos de llegar   *We had just arrived.*

(e) **por poco (no)** + Present Tense—*nearly* + Past Tense:

e.g. Por poco me caigo   *I nearly fell down.*

(f) The Present Tense may be used as a mild form of Imperative:

e.g. Mañana te vas al banco y le dices al director ...
Tomorrow you go to the bank and you say to the manager ...

or Present Tense of **haber de** + Infinitive:

Mañana has de ir al banco y has de decirle al director
...   *Tomorrow you are to go to the bank and you are to say to the manager ...*

40. Future Tenses

(a) The Future and the Conditional are used to express probability, conjecture, or assumption in main clauses:

e.g. ¿Será posible?   *Is it possible? (Can it be possible?)*
¿Me habré equivocado?   *Can I have been mistaken?*
Estaría trabajando en el gabinete   *He was probably working in his study.*

Me acordé de repente de quién podría ser   *I suddenly remembered who he might be.*

(b) When *will, would* express wish or determination, one must use **querer:**

e.g. No quiere volver   *He will not* (is not willing to) *return.*

i.e. No está dispuesto a volver.

Similarly: No quería volver   *He would not* (was not willing to) *return.*

(c) Note the translation of *shall* in this type of sentence:

¿Quiere Vd. que cierre la ventana?   *Shall I close the window?*

or (in requests for instructions) the simple Present Tense:

e.g. ¿Se lo envuelvo?   *Shall I wrap it for you?*

¿Qué hacemos pues?   *What shall we do then?*

But *shall* emphasizing an action that is to take place is usually translated by **haber de** + Infinitive:

e.g. Te advierto que he de negarlo   *I warn you I shall deny it.*

(d) In every-day conversation Spanish people make frequent use of **ir** to express the future:

e.g. Voy a preguntárselo   *I'll go and ask him.*

(e) *To be about to* is expressed by **estar para** or **estar a punto de:**

e.g. Están para salir / Están a punto de salir   *They are about to go out.*

(f) The Future may be used as a form of Imperative:
e.g. No pasarán   *They shall not pass.*

(g) The immediate Future may be rendered by the Present:
e.g. En seguida vuelvo   *I'll be back at once.*

(h) Care is required in translating *should*. It may be:
   (i) Simple conditional:

e.g. *If I had money I should spend it* Si tuviera dinero,
lo gastaría.

(ii) **deber** for moral obligation:
Children should obey their parents Los niños debieran
obedecer a sus padres.

(iii) *if* + present tense:
e.g. *Should he come — if he comes* Si viene.

41. The Perfect Tense

It is sometimes used instead of a simple past to express an action which took place in the immediate past when no definite time is specified.

e.g. ¡Ay, qué susto me has dado! *Oh, what a fright you gave me!*

Te he visto guiñar *I saw you wink.*

42. The Past Anterior

Used to translate *had* + past participle a) in a subordinate clause introduced by a conjunction of time (**luego que, en cuanto, así que, tan pronto como, al momento que, cuando, después que,** etc.) when the main verb is in the preterite, and b) after **apenas, no bien, aun no** when the accompanying clause contains a preterite:

e.g. Cuando hubo terminado, pasamos al patio *When he had finished, we went into the yard.*

Apenas hubo salido el sol (cuando) partieron *The sun had scarcely risen when they set off.*

Note the literary variant:

Concluido que hubo la tarea, desplegó su periódico *When he had finished the task, he unfolded his newspaper.*

It can be avoided (and generally is, especially in conversation) by the use of the simple Preterite tense.

Cuando terminó, pasamos al patio;

Apenas salió el sol (cuando) partieron.

43. The Pluperfect

Note the special use of the Pluperfect in this example:

Ya te lo había dicho   *I told you so.*

(The implication is that something has since happened to justify what was originally said).

44. The Imperfect and the Preterite

(a) When translating an English narrative into Spanish, one must be very careful in rendering the English simple past. When this tense is used in description (e.g. "The house stood in its own grounds"), or when it has the underlying idea of "used to" (e.g. "He frequently stayed late at the office") it is translated by the Imperfect in Spanish. Except that in the former case if it is not so much a general description but one more confined to a particular occasion the Preterite will again be used:

e.g. *The solution was easy*   El remedio fue fácil.

and in the latter case although the Imperfect is used to indicate repeated action, for example, in building up a picture of a person's behaviour, *Durante las vacaciones se levantaba todas las mañanas a las seis,* if the writer is more concerned to dismiss the period in its entirety the Preterite will be used:

e.g. Durante aquellas vacaciones en que se levantó todas las mañanas a las seis . . .

Or again if the repetition itself is restricted, the Preterite will be used:

e.g. Intentó tres veces divorciarse   *He tried three times to get a divorce.*

Fue varias veces a España antes de casarse   *He went several times to Spain before he married.*

(b) The Preterite is the tense used to record the successive events of a story (though one observes a modern tendency to the Imperfect even in narrative e.g. me decía ayer . . .):

e.g. *He looked at his watch, gave the signal and the troops advanced*
Miró su reloj, dio la señal, y las tropas avanzaron.

But by this is meant not only physical actions but also, for instance, the feeling of a fresh emotion:

e.g. *When she saw his face she was panic-stricken* (i.e. *on seeing his face)*   Cuando le vio la cara se atemorizó.

or the indicating that a fresh state has come into being:

e.g. *There was yet another silence*   Aún hubo otro silencio.

In consequence the Preterite of some verbs takes on a special force:

e.g. Entonces fue cuando supe la verdad   *Then it was that I learned the truth.*

   La conoció en Zaragoza   *He met her (made her acquaintance) in Saragossa.*

   Quise escaparme   *I tried to escape.*

   No quise hacerlo   *I refused to do it.*

   Entonces comprendimos que . . .   *Then we realized that . . .*

   Sintió pasos   *He heard footsteps.*

   Tuvo un movimiento de cólera   *He felt a rush of anger.*

(c) The Preterite records events, or repetitions of events, of any length of time, if their ending or duration is clearly delineated in time, i.e. if they are regarded as completed facts:

e.g. Pasó toda la vida ayudando a los pobres   *He spent his whole life helping the poor* (he is now dead).

   La guerra duró seis años   *The war lasted six years.*

   El desfallecimiento duró sólo un segundo   *The feeling of faintness lasted for only a second.*

   Estuve enfermo seis meses   *I was ill for six months.*

In a narrative all the new incidents or ideas are introduced by the Preterite; the Imperfect serves only to set the scene, to describe or otherwise amplify what is already there:

e.g. Su carcajada de borracho *se oía* todavía en el puente cuando *cerré* violentamente la puerta de mi camarote y *me tendí* en el lecho para ordenar un poco las ideas que *giraban* en mi cabeza, etc. *(Benjamín Subercaseaux).*

   (d) Further notes on the Imperfect:

      (i) The full force of the Imperfect of a verb used reflexively to avoid the passive (see 48b(i)) needs to be brought out:

e.g. La puerta se abría lentamente   *The door was slowly being opened.*

(ii) The Imperfect is occasionally used in literary language for the sake of vividness where one would expect the Preterite:

e.g. El 8 de mayo de 1945 se acababa la guerra; una nueva página en la historia de Europa se abría . . .

(iii) Occasionally for the same reason the Imperfect is used to replace the Conditional:

e.g. Si tuviésemos hoy un hombre parecido, era seguro el triunfo   *If we had such a man today, our triumph would be assured.*

(iv) The Imperfect is used when one is reporting the contents of a letter, document or speech:

e.g. En su carta decía que . . .   *In his letter he said that . . .*

45. The Gerund

(a) Gerunds are invariable (apart from the possible addition of object pronouns):

e.g. Más vale un pájaro en la mano que ciento volando *A bird in the hand is worth two in the bush* (lit. *a hundred flying*).

Pensándolo bien   *On thinking it over.*

Their function is always verbal, never adjectival. Some verbs provide an adjectival form:

e.g. el agua corriente   *running water.*

el sol poniente   *the setting sun.*

el caballero andante   *knight errant.*

el judío errante   *the Wandering Jew.*

el platillo volante   *flying saucer.*

el ser viviente   *living being.*

el papel secante   *blotting paper.*

el dinero contante y sonante   *ready money.*

Otherwise a relative clause is generally used:

e.g. Una caja que contiene libros   *A box containing books.*

(b) *Uses*

(i) With **estar** (and **ir, andar, venir**) to form continuous tenses:

e.g. El rumor parece estar circulando   *The rumour seems to be going round.*

Vd. irá aprendiendo   *You'll learn.*

Riendo mucho, fueron emparejándose   *Amidst much laughter, they paired off.*

(ii) To express an action going on simultaneously with the action of the main verb:

e.g. ¿Qué hay?—exclamó, reteniéndome por el brazo   *"How are things?" he exclaimed, holding me by the arm.*

Se pasea con nerviosidad, reflexionando   *He is walking nervously, pondering.*

It is therefore used after verbs of "continuing to do something":

e.g. siguieron cantando   *they went on singing.*

(iii) The simple Gerund renders *by doing something:*

Trabajando mucho y gastando poco llegó a ser rico
By working hard and spending little he became a rich man.

A Dios rogando y con el mazo dando (proverb)
The Lord helps those who help themselves (lit. *by praying to God and by striking with the mallet*).

(iv) A Gerund indicating manner occurs where English has a preposition, in cases like the following:

Salió volando de la sala *(figurative)*   *He flew out of the room.*

Volvió a casa corriendo   *He ran back home.*

Siguió andando   *He walked on.*

Subió corriendo la escalera   *He ran up the stairs.*

Entró tambaleándose en el cuarto   *He staggered into the room.*

But Se precipitó a la calle   *He rushed into the street.*

Or an adverb or adverbial phrase is used:

> e.g. Regresó apresuradamente   *He hurried back.*
>
> Bajó de un salto   *He jumped down.*
>
> Apagó la lámpara de un soplo   *He blew out the lamp.*

Consider too: levantar la vista—*to look up;* apartar la vista—*to look away;* volver la cabeza—*to turn (look) round.*

(v) En + Gerund = *on doing something:*

> e.g. En acabando esto saldré contigo   *On finishing this I'll come out with you.*

> N.B. **en** is the only preposition after which a Gerund may be used. It indicates immediacy, as distinct from:
> **al** + Infinitive.

> e.g. Al volver a casa encontró a su amigo   *On returning home* (i.e. on reaching the house), *he met his friend.*

>> *Contrast:* volviendo a casa . . .   *on returning home . . .* (i.e. whilst returning, action simultaneous with main verb).

>> *Similarly:* siendo niños   *when we (they, etc.) were children.*

>> viviendo su padre   *whilst his (her, etc.) father was alive.*

>> (Also: *since* or *as we were children,*
>> *since* or *as his father was alive.*)

(vi) The Gerund is used after verbs of perception, comprehension, and representation, such as:

oír, ver, sentir, observar, representar, pintar, grabar, hallar, etc.

> e.g. Encontramos al niño robando pan   *We found the child stealing bread.*

> El cuadro representa un monje acariciando un cráneo   *The picture depicts a monk caressing a skull.*

But the Infinitive is more usual after verbs of 'seeing' and 'hearing':

e.g. La vi llegar   *I saw her arrive.*

No oí salir a los niños   *I did not hear the children go out.*

Or a relative clause is used:

e.g. Miramos a los niños que jugaban   *We watched the children playing.*

Or **cómo**:

e.g. Miramos cómo jugaban los niños   *We watched the children playing.*

The Gerund is *not* used as in English as a verbal noun:

e.g. El ver no siempre es creer   *Seeing is not always believing.*

El comer y el rascar todo es empezar (**proverb**)
Eating and scratching, it is all a matter of beginning.

46. The Past Participle

(a) Rules for agreement.

   (i) The Past Participle is invariable when used with **haber** to form compound Tenses:

   e.g. Se ha declarado la guerra   *War has been declared.*

Habrán salido temprano   *They will have left early.*
No las había visto   *He had not seen them.*

   (ii) It agrees with the subject when used with **ser** or **estar**:

e.g. Ha sido declarada la guerra

(past participle *sido* invariable with *haber*, *declarada* agreeing with the subject *guerra* after *ser*.)

Está concluida la clase   *The class is over.*

Fueron recogidas las monedas   *The coins were picked up.*

   (iii) It agrees with the noun when used adjectivally or in an "absolute" construction:

e.g. en resumidas cuentas   *in short, in a word.*
es cosa conocida que   *it is a well-known thing that . . .*

comprar trajes hechos   *to buy ready-made suits.*
pedí prestada la llave   *I borrowed the key.*
and hecho esto . . .   *When this was done . . .*
iniciada la persecución   *Once the chase was on . . .*
acostados los niños   *The children being in bed . . .*
dadas las circunstancias *(N.B. Word order)*
under the circumstances . . . etc.

(iv) It agrees with the object after **tener, llevar, traer, dejar:**

e.g. Tengo escritas las cartas   *I have got the letters written.*

Lleva puestos los guantes nuevos   *He has got his new gloves on.*

Traía erguida la cabeza   *He held his head erect.*

Los dejó plantados   *He left them in the lurch.*

(b) Spanish Past Participles render English Present Participles when referring to position or state:

abrazado—*embracing, clinging*
acostado—*lying in bed*
acurrucado—*crouching*
adormitado—*dozing*
agachado—*stooping*
agarrado—*clinging, clutching*
agazapado—*crouching*
apoyado—*leaning*
arrellanado—*sitting at ease*
arrimado—*leaning*
arrodillado—*kneeling*
cogido—*holding, clinging*

colgado—*hanging*
desmayado—*fainting*
dormido—*sleeping*
echado—*lying down*
reclinado—*reclining*
repantigado—*leaning back in a chair with the feet outstretched*
sentado—*sitting*
suspendido—*hanging*
tendido—*lying down*
tumbado *(colloquial)*—*lying down*

and sometimes when descriptive:

aburrido—*boring*
atrevido—*daring*
confiado—*trusting*
descreído—*unbelieving*
divertido—*amusing*
entretenido—*entertaining*

osado—*daring*
bien parecido—*good-looking*
pesado *(figurative)*—*boring*
sabido—*knowing*
sufrido—*long suffering*

and: un mal entendido—*a mis-understanding*
visto que . . .—*seeing that . . .*

47. Uses of SER and ESTAR

(a) **Ser** is used with adjectives to denote **inherent** or **permanent characteristics:**

e.g. el azúcar es dulce   *sugar is sweet.*
el hielo es frío   *ice is cold.*
esta chaqueta es grande   *this jacket is a big one.*

Estar is used with adjectives to denote **transitory** or **accidental states** or **conditions.**

e.g. el café está dulce   *the coffee is (too) sweet.*
la sopa está fría   *the soup is cold.*
esta chaqueta me está grande   *this jacket is (too) big on me.*

Similarly in speaking of a person we would use **ser** with:
cabezota, gruñón, obtuso, testarudo, torpe, ilustrado, hacendoso, inteligente, perezoso, etc.

Estar with:
emocionado, preocupado, malhumorado, borracho, ensimismado, dispuesto, disgustado, decepcionado, desilusionado, absorto, harto, conforme, etc.

Theoretically any adjective can be used with either **ser** or **estar** according to the circumstances.

e.g. La niña es muy guapa   *The girl is very pretty*
(permanent).

Está muy guapa hoy   *She is (= looks) very pretty*
today (temporary).

A few adjectives have **different meanings** with **ser** and **estar:**

SER	ESTAR
bueno—*to be good* (by nature)	bueno *(or* bien)—*to be well in health*
malo—*to be bad* (by nature)	malo—*to be ill*
listo—*to be clever*	listo—*to be ready*

muerto—*to be killed*	muerto—*to be dead*
despierto—*to be alert, wide awake*	despierto—*to be awake*
vivo—*to be lively, keen, quick-witted*	vivo—*to be alive*
aburrido—*to be boring*	aburrido—*to be bored*
callado—*to be taciturn*	callado—*to be silent*
cansado—*to be tiresome*	cansado—*to be tired*
divertido—*to be amusing*	divertido—*to be amused*
interesado—*to be self-interested*	interesado—*to be interested*
nuevo—*to be newly-made*	nuevo—*to be unused*

(b) **Ser** is used when denoting **origin, ownership,** or the **material** from which a thing is made:

e.g. El honor es patrimonio del alma, y el alma sólo es de Dios *(Calderón)*   *Honour is the soul's patrimony, and the soul is God's alone.*

Mi padre es de Ronda   *My father is from Ronda.*

Estos palillos son de madera   *These toothpicks are of wood.*

(c) **Ser** is used with adjectives to indicate **nationality, religion, rank** and **profession:**

e.g. Es marroquí, musulmán, alférez, pescadero   *He is Moroccan, Moslem, a second lieutenant, a fishmonger.*

Estar de indicates a profession when one is temporarily acting in a particular capacity:

e.g. En tiempo de Navidad muchos estudiantes ingleses están de cartero   *At Christmas time many English students act as postmen.*

(d) **Ser** is used when the **predicate** is a **noun, pronoun** or **infinitive:**

e.g. Mañana será otro día   *Tomorrow will be another day.*

algo es algo   *something is better than nothing.*

obrar bien es lo que importa   *doing good works is what matters.*

(e) **Ser** is used with Past Participles to form **the Passive:**

e.g. ser quemado vivo   *to be burned alive.*

ser declarado vencedor   *to be declared the winner.*

el reo es condenado a muerte   *the criminal is condemned to death.*

estar is used with Past Participles describing **a state resulting from an action:**

e.g. Estamos reñidos   *We are at odds with each other.*

El árbol está cargado de frutas   *The tree is laden with fruit.*

Está vestido de paisano   *He is dressed as a civilian.*

Los hechos están nublados en mi memoria   *The facts are dim in my memory.*

La suerte está echada   *(Our) luck is out.*

Está cosido a las faldas de su madre   *He is tied to his mother's apron strings* (lit. *sewn to his mother's skirts*).

But Llegada es la hora   *The time has come, etc.*

(f) **Ser** is used in **impersonal expressions** (see 50(c)):

e.g. Es lógico que...   *It stands to reason that...*

and in **expressions of time:**

e.g. Ya son las diez   *It is ten o'clock.*

Es hora de cenar   *It is time for supper.*

Except ¿A cuántos estamos? Estamos a cinco de abril. Hoy estamos a lunes, etc.

(g) **Estar** is used to indicate **position,** whether temporary or permanent, literal or figurative:

e.g. El profesor está en la sala de clase   *The teacher is in the classroom.*

Madrid está en el centro de España   *Madrid is in the centre of Spain.*

estar sobre ascuas   *to be on tenterhooks* (lit. *hot coals*).

estar sobre aviso, estar alerta   *to be on the alert*

no estar en sus cabales   *not to be in one's right mind*

estar metido en un lío, estar en un apuro, un aprieto   *to be in a fix* estar con un pie en la sepultura   *to be with one foot in the grave*

estar entre vida y muerte/estar en las últimas/estar en la agonía   *to be at death's door*

estar en pie de guerra   *to be on a war footing*

estar de pie   *to be standing*

estar de rodillas   *to be kneeling*

estar en cuclillas   *to be in a squatting position*

estar en la flor de edad   *to be at the prime of life*

estar de vacaciones   *to be on holiday*

estar de vuelta   *to be back*

estar en cierne *(colloquial)*   *to be in its infancy*

estar en acecho   *to be in ambush*

estar de guardia/estar de centinela   *to be on guard*

estar de viaje   *to be on a journey*

estar fuera de sí   *to be beside oneself*

estar de permiso   *to be on leave*

But **ser** is used when it means *to take place:*

e.g. la escena es en Tánger   *the scene is in Tangier*

¿Dónde es el baile?   *Where is the dance?*

and in impersonal expressions:

lejos de mí sea . . .   *far be it from me . . .*

Es aquí que . . .   *It is here that . . .*

(h) **Estar** is used with Gerunds to form **continuous tenses:**

e.g. El cielo se está despejando   *The sky is becoming clear.*

(i) *Note also:*

estar de acuerdo   *to be in agreement.*

está para llover   *it looks like rain.*

No estoy para bromas   *I am in no mood for jokes.*

¡Está bien!   *(It's) alright!*

¿A cuánto están los tomates?   *How much are the tomatoes?*

estar de más/estar de sobra   *to be superfluous.*

estar escaso de tiempo *(colloquial)*   *to be pressed for time.*

El tren está por salir   *The train has not left yet.*

Estoy por cogerlo   *I am in favour of catching it.*

¿Qué ha sido de él?   *What has become of him?*

Pienso, luego soy   *I think, therefore I am.*

¿Cómo fue eso?   *How did it happen?*

Erase (see 29(a))/Erase que se era/Erase una vez
Once upon a time.

¿A cómo son los tomates?   *How much are the tomatoes?*

Soy muy de Vd.   *I agree with you.*

Soy con Vd. al momento   *I'll be with you in a moment.*

and llegar tarde   *to be late.*

(j) A little variety may be introduced into one's composition by using where appropriate such verbs as: **hallarse, ir, quedarse, verse, encontrarse:**

e.g. Se vio obligado a dimitir   *He was obliged to give notice.*

Me quedé pegado al suelo   *I was rooted to the spot.*

Iba vestido de luto   *He was dressed in mourning.*

Me hallaba sin dinero   *I was without money.*

Se encontraba como pez en el agua   *He was in his element.*

48. The Passive Voice

(a) The true Passive is formed with **ser** and the **Past Participle.** An agent is introduced by **por** (but **de** is still occasionally met with where the agent is in a more subordinate role and after verbs of feeling):

e.g. El puente fue construido por los romanos   *The bridge was built by the Romans.*

Él es conocido de todos nosotros   *He is known by all of us.*

La madrastra era aborrecida de los chiquillos   *The stepmother was hated by the little children.*

Estar and the **Past Participle** is used to form an apparent passive where no action is implied:

Contrast:

La ciudad estaba rodeada de murallas   *The town was surrounded by walls.*

and:

La ciudad fue rodeada por los sitiadores   *The town was surrounded by the besiegers.*

(b) The true Passive is little used in Spanish and it should be avoided whenever possible by using:

(i) The **reflexive** form of the verb:

e.g. Aquí se habla español   *Spanish is spoken here.*

Se cultivan fresas en Aranjuez   *Strawberries are grown in Aranjuez.*

se dice que . . .   *it is said that . . .*

But if the subject is personal this construction is avoided in favour of the 3rd person singular impersonal use of the reflexive.

Thus *se vieron las chicas* would be ambiguous meaning either *the girls saw one another* or *the girls saw themselves,* and is therefore replaced by

se vio a las chicas   *the girls were seen.*

Similarly:

se ruega a los señores pasajeros . . .   *passengers are requested . . .*

se persiguió al ladrón   *the thief was pursued.*

etc.

If an agent is expressed however the true Passive must be used:

e.g. Las chicas fueron vistas por su abuela   *The girls were seen by their grandmother.*

A very common alternative however is to throw the whole sentence into the active voice, thus:

A las chicas las vio su abuela. *(N.B. word order, subject after verb.)*

But:

El puente se construyó por los romanos

is permissible (non-personal subject).

The Impersonal Reflexive may have several interpretations besides the simple Passive:

e.g. Aquí se come bien   *One eats well here.*

En esta casa se cena temprano   *In this house we have supper early.*

Se baila hasta las doce   *There is dancing till twelve.*

Se cree que . . .   *People think that . . .*

En España se bebe mucho vino   *In Spain they drink a lot of wine.*

The Impersonal construction has of necessity to be used with a verb that requires a preposition to complete its meaning:

e.g. Se abusa de la caridad   *Charity is abused.*

Se insiste en la puntualidad   *Punctuality is insisted upon.*

Se juega al ajedrez   *Chess is played.*

N.B. The Impersonal Reflexive in such expressions as:

Se nos permite fumar   *We are permitted to smoke.*

Se me ha dicho que . . .   *I have been told that . . .*

Se le darán informes sobre . . .   *You* (or *he* or *she) will be given information about . . .*

(ii) A less common method of avoiding the Passive is to use the **Third Person Plural of the Active Voice of the Verb.**

Thus:

Dicen que . . .   *It is said that . . .*

Persiguieron al ladrón   *The thief was pursued.*

Nos permiten fumar   *We are permitted to smoke.*

Le darán informes sobre   *You* (or *he* or *she) will be given information about.*

It may be desirable to use this alternative—for example to avoid repeating a reflexive or to avoid ambiguity:

e.g. Dicen que se hablaba mucho de nosotros   *It is said that we were much spoken about.*

—¿Se ha tirado Vd., o la han tirado a Vd. desde la ventana?—preguntó el juez   *Did you throw yourself or were you thrown from the window?, asked the judge.*

49. Reflexive Verbs

(a) Any Transitive Verb can be used reflexively if the meaning warrants it:

e.g. abanicar—*to fan*   abanicarse—*to fan oneself*
     calentar—*to warm*   calentarse—*to warm oneself*
     cortar—*to cut*   cortarse—*to cut oneself*

But usually the reflexive is not made explicit in English:

e.g. levantarse—*to get up*
     acostarse—*to go to bed*
     sentarse—*to sit down*
     afeitarse—*to shave*
     bañarse—*to take a bath*
     ducharse—*to take a shower*
     resfriarse—*to catch a cold*
     suicidarse—*to commit suicide*

(b) Regardless of meaning some verbs in Spanish exist only in the reflexive form:

e.g. abstenerse—*to abstain*   condolerse—*to sympathise*
     acurrucarse—*to huddle up*   desvergonzarse—*to act in a shameless manner*
     adormitarse—*to doze*   dignarse—*to deign*
     apiadarse—*to have pity*   ensimismarse—*to be absorbed in thought*
     arrepentirse—*to repent*
     atenerse a—*to stick to, abide by*   escabullirse—*to sneak off*
     atreverse—*to dare*   expansionarse—*to express one's feelings*
     ausentarse—*to stay away*   fugarse—*to run away*
                               gloriarse—*to boast*

jactarse—*to boast* quejarse—*to complain*
obstinarse—*to be obstinate* sobreverterse—*to overflow*
propasarse—*to overstep the bounds* vanagloriarse—*to boast*

With such verbs the impersonal construction becomes impossible; a subject, usually **uno,** has to be supplied:

e.g. No se atreve a criticar *He* (or *she* or *you) *do(es) not dare to criticize.*

No se atreve uno a criticar *One does not dare to criticize.*

(c) The use of the Reflexive would appear to be optional with a few verbs:

e.g. acabar(se)—*to end* embarcar(se)—*to embark*
bajar(se)—*to get off* (a vehicle) parar(se)—*to come to a stop*
  pasear(se)—*to take a walk*
callar(se)—*to become silent* quedar(se)—*to remain*
concluir(se)—*to end* reír(se)—*to laugh*
desayunar(se)—*to breakfast* sonreír(se)—*to smile*
desembarcar(se)—*to disembark* subir(se)—*to get on* (a vehicle)
despertar(se)—*to wake up* terminar(se)—*to end*

(d) Some verbs have a **different meaning** when used **in the Reflexive form:**

e.g. caer—*to fall* caerse—*to fall down*
celebrar—*to celebrate, be glad about* celebrarse—*to take place, be held*
dormir—*to sleep* dormirse—*to fall asleep*
escapar—*to escape* escaparse—*to run away*
estar—*to be* estarse—*to stay, remain*
hacer—*to do, make* hacerse—*to become*
ir—*to go* irse—*to go away*
llegar—*to arrive* llegarse—*to approach*
marchar—*to march* marcharse—*to depart*
morir—*to die* morirse—*to be dying*
poner—*to put* ponerse—*to become*

salir—*to go out*   salirse—*to slip out, leak*
volver—*to return* volverse—*to turn round*

(e) A Reflexive Pronoun is occasionally added to a verb, especially in conversation, giving it an affective value often difficult to render in English:

Tú te lo sabes todo *You think you know everything.*
Yo sé lo que me digo *I know what I'm saying.*
¡Cómetelo! *Eat it up!*
Me bebí la botella *I drank the bottle full.*
¡Vente conmigo! *You come along with me!*
No me lo explico *I can't understand it for the life of me.*
¡Eso te lo crees tú! *That's what you think!*
"Lo que el viento se llevó" *"Gone with the Wind"* *(film title)*.

(f) *To become* plus adjective is often better rendered in Spanish by a single Reflexive verb than by *hacerse, ponerse, volverse, llegar a ser*, plus adjective:

e.g. aburrirse—*to become bored*
  arrecirse, aterirse—*to become frozen, stiff*
  cansarse—*to become tired*
  emborracharse—*to become drunk*
  enfadarse, enojarse—*to become angry*
  enfurecerse, enfurruñarse *(colloquial)*—*to become furious*
  enorgullecerse—*to become proud*
  enriquecerse—*to become rich*
  entristecerse—*to become sad*
  impacientarse—*to become impatient*
  inquietarse—*to become anxious*

(g) Notice the use of the Reflexive in instructions:

e.g. No se fijen carteles *Stick no bills.*
  Tradúzcanse las frases siguientes *Translate the following sentences.*

(h) An important use of the Reflexive is in the expressing of **reciprocal action:**

e.g. Los vencedores se felicitan (a) *The winners congratulate one another* (reciprocal)

or (b) *The winners congratulate themselves* (reflexive)
but *not* (c) *The winners are congratulated* (see passive 48b(i)).
The reciprocal meaning of (a) is made clear by adding
(el) uno a(l) otro, plural **(los) unos a (los) otros,** or
an adverb **mutuamente** or **recíprocamente.**
The reflexive meaning of (b) by adding **a sí mismo(-a),**
plural **a sí mismos(-as).**
The appropriate preposition is used:
e.g. Se burlan los unos de los otros   *They make fun of one*
                                                   another.
     Se burlan de sí mismos   *They make fun of themselves.*

(i) A very important use of the Reflexive is in the **avoidance
of the Passive** (see 48b(i)).
Notes:

  (i) Reflexive Pronouns are Object Pronouns and have all
the characteristics of Object Pronouns as regards
position, etc., **se** always precedes all other Object
Pronouns.

 (ii) **Se** may be direct or indirect object.

(iii) Not to be confused with the Reflexive Pronoun **se** is
the word of identical form which replaces *le* or *les*
before a Direct Object in the Third Person.

(iv) Two elisions take place in the Imperative:
senta(d)os > sentaos   sentémo(s)nos > sentémonos
diverti(d)os > divertíos divirtámo(s)nos > divirtámonos
(except irse: idos)

50. **Impersonal Verbs and Expressions** (3rd person singular
of the verb)

(a) *The Weather and Related Terminology*
        alborear *(literary).* *amanecer—to dawn*
      anochecer—to get dark
        deshelar—*to thaw*
        escampar—*to clear* (of the sky)
        granizar—*to hail*

helar—*to freeze*
llover—*to rain*
lloviznar—*to drizzle*
nevar—*to snow*
relampaguear—*to lighten*
tronar—*to thunder*
estar nublado—*to be cloudy*
estar oscuro—*to be dark*
hace buen tiempo   *it is nice weather.*
hace calor   *it is hot, warm.*
hace fresco   *it is cool.*
hace frío   *it is cold.*
hace mal tiempo   *it is bad weather.*
hace sol   *it is sunny.*
hace viento   *it is windy.*
hay lodo   *it is muddy.*
hay luna   *the moon is out.*
hay neblina   *it is misty.*
hay niebla   *it is foggy.*
hay polvo   *it is dusty.*
hay tempestad   *it is stormy.*
*Also used figuratively:

e.g. Amanecí con un tremendo dolor de cabeza   *I woke up with a splitting headache.*

Anochecimos en Teruel   *We reached Teruel at nightfall.*

Amanecimos en Toledo   *Dawn found us in Toledo.*

(b) *(Impersonal) Reflexive expressions governing the Indicative.* For (Impersonal) Reflexive expressions governing the Subjunctive, see 110.

se advierte que   *it is pointed out that.*
se cree que   *it is believed that.*
se cuenta que   *it is related that.*
se dice que   *it is said that.*
se echa de ver que   *it is noticeable that.*
se me figura que   *it seems to me that.*

se nota que   *it is noticed that.*
se sabe (bien) que   *it is (well) known that.*
se siente que   *it is felt that.*
se ve que   *it can be seen that.*

(c) *(Impersonal) Non-Reflexive expressions governing the Indicative.*
For (Impersonal) Non-Reflexive expressions governing
the Subjunctive, see 110.

es de notar que   *it is noteworthy that.*
es de suponer que   *it is to be supposed that.*
es evidente que   *it is evident that.*
es cierto que   *it is certain that.*
es seguro que   *it is sure that.*
es verdad que   *it is true that.*
es bien sabido que   *it is well known that.*
es de cajón que   *it is a matter of course that.*
está claro que   *it is clear that.*
(ello) es que   *the fact is that.*
consta que   *it is evident that.*
parece que   *it seems that.*
resulta que   *it turns out that.*
acaece que/acontece que   *it happens that.*
. . . con lo cual queda dicho que   *which is tantamount to saying that.*
ni que decir tiene que/huelga decir que   *it goes without saying that.*
da la casualidad que   *it just so happens that.*
salta a la mente que   *it leaps to mind that.*
salta a la vista que   *it hits one in the eye that.*
no cabe duda (de) que   *there is no doubt that.*
cae de su peso que   *it is self-evident that.*

51. The Infinitive

(a) Note these examples:
He perdido mi billete. ¿Qué hacer?   *What am I to do, what is to be done?*

Ya no tenemos tiempo. ¿Qué hacer?   *What are we to do?*
¿Por qué negarlo?   *Why deny it?*
¿Yo? ¿Imitar a otro?   *What me? Imitate someone else?*
    (implying that the suggestion is absurd).

(b) The infinitive may express an instruction:
Dirigirse dentro   *Apply within.*

(c) The Infinitive may have a passive value:
no dejó nada que desear   *it left nothing to be desired.*
es de temer que . . .   *it is to be feared that . . .*
un libro por terminar   *an unfinished book.*
mandé hacerlo   *I ordered it to be done.*

(d) An infinitive may be used as a noun:
e.g. a mi parecer   *in my opinion.*
      a mi ver   *in my view.*
      los deberes   *homework.*

52. The Perfect Infinitive

(a) In simple Perfect Tense:
e.g. Después de haberlo visto   *After having seen it.*
      Quisiera haberlo hecho   *I should like to have done it.*

(b) Used in conversation as a reproof:
e.g. Pues, ¡haberlo dicho antes!   *You should have said so before!*

53. Use of hacer with the Infinitive

(a) Note the following:

        hacer entrar—*to show in.*
        hacer esperar—*to keep waiting*
        hacer notar—*to remark*
        hacer saber—*to acquaint, make known*
        hacer subir—*to show up*
        hacer venir—*to fetch*
        hacer ver—*to show.*

e.g. Hágale entrar   *Show him in.*

Nos hizo esperar   *He kept us waiting.*

(b) Hizo levantar la cabeza a los otros   *He made the others look up.*

Vd. me hace reír   *You make me laugh.*

Hizo estallar otro globo   *He burst* (i.e. made to burst) *another balloon.*

When the Infinitive has a direct object or is followed by *que* + noun clause, the person is made dative:

e.g. Le hizo planchar la camisa   *He made her iron the shirt.*

Les hizo ver que no podría venir antes   *He made them see that he could not come sooner.*

(c) When a verb normally reflexive is used with *hacer* the reflexive pronoun is omitted:

e.g. Me hizo sentar   *He made me sit down.*

(d) Note particularly *hacer* + infinitive translating the English "to have (a thing) done":

e.g. Hacen pintar el garaje   *They are having the garage painted.*

Han hecho construir una casa   *They have had a house built.*

But: Se hizo un traje   *He had himself a suit made.*

Me corté el pelo   *I had my hair cut.*

Similarly:

Se hace temer   *He makes himself feared.*

Se hace respetar   *He makes himself respected, etc.*

and Se hace de rogar   *He likes to be coaxed.*

(e) *To make* + adjective (*e.g.* to make happy, sad, etc.) is best rendered by the appropriate verb:

e.g. Esta noticia la entristeció   *This news made her sad.*

Estas caminatas me cansan   *These long walks make me tired.*

54. **Aconsejar, dejar, impedir, mandar, permitir, prohibir** are used with the Infinitive in much the same way as *hacer* (see 107 note i).

MODAL AUXILIARIES WITH THE INFINITIVE

55. Querer

Conditional querría — quisiera.

Quisiera saber . . .   *I should like to know . . ./I wish I knew . . .*

(less peremptory than "quiero saber"—*I want to know . . .*)

Quisiera haberla visto   *I should like to have seen her./I should have liked to see her.*

Hubiera querido verla   *I should have liked* (then not now) *to have seen her.*

¿Quiere Vd. abrir la ventana?   *Will you open the window?*

¿Qué quiere decir esta frase?   *What does this sentence mean?*

56. Deber

Deber + Infinitive = *must, should, ought* (moral obligation).
Deber de *(usually)* + Infinitive = *must* (assumption):

e.g. Debo visitar a mi abuela   *I must visit my grandmother* (moral obligation).

Debe de estar enferma   *She must be ill* (assumption).

Conditional debería — debiera.

The difficulty involved in using *deber* may be gauged from the fact that there are at least *eleven* ways of translating *he should have done it*, cf. *poder* in translating *could have, might have, done it*.

(a) *Moral obligation*

Debe hacerlo   *He must (should, ought to) do it.*

Debía hacerlo   *He had to do it* (=circumstance).

Debió hacerlo   *He had to do it* (a fact).

Ha debido hacerlo   1. *He has had to do it.* 2. *He should have done it.*

Debía (Debió) haberlo hecho   *He should have done it. He ought to have done it* (the obligation existed in the past).

Debiera haberlo hecho (Habría debido hacerlo, *also possible*).   *He should have done it, He ought to have done it* (the obligation exists in the present).

Había debido hacerlo *(rare)*   *He had had to do it.*

Debiera hacerlo   *He should do it.*

Debería hacerlo   *He ought to do it.*

Deberá hacerlo   *He will have to do it.*

(b) *Assumption*

Debe de hacerlo   *He must do it.*

Debía (Debió) de hacerlo   *He must have done it.*

Debía (Debió) (de) haberlo hecho (Había debido de hacerlo, *also possible*)   *He must have done it.*

Debe de haberlo hecho (ha debido (de) hacerlo)   *He must have done it.*

Habrá debido hacerlo   *He must have had to do it.*

Deberá haberlo hecho   *He will probably have done it.*

(Future of Probability—40a).

N.B. 1. Discrimination will be required in determining the correct Past Tense: Debía, debió, ha debido.

2. Spanish commonly accepts the simple Infinitive, instead of the more strictly correct Perfect Infinitive:

cf. *After having arrived*   Después de haber llegado *or* Después de llegar.

3. Conversational style favours debe haberlo hecho *not* ha debido hacerlo, debía haberlo hecho *not* había debido hacerlo, etc.

57. Poder

Puede hacerlo   *He can do it.*

Puede que lo haga   *He may do it* (it is possible).

Podrá hacerlo mañana   *He can do it tomorrow.* (He will be able to.)

Podía hacerlo cuando quería   *He could do it when he liked* (was able).

Pudo hacerlo   *He could do it* (was able on a particular occasion).

Podría hacerlo más tarde   *He could do it later* (would be able to).

Puede haberlo hecho   *He may have done it.*

Podía haberlo hecho/Pudo haberlo hecho   *He might have done it/He could have done it* (but he didn't).

Podrá haberlo hecho/Podría haberlo hecho   *He might have done it* (expressing the existence of the possibility).

Future of Probability (see 40a).

(N.B. use relevant tense).

Ha podido hacerlo	*He has been able to do it.*
Había podido hacerlo	*He had been able to do it.*
Habrá podido hacerlo	*He will have been able to do it.*
Habría podido hacerlo	*He would have been able to do it.*

N.B. *Can, Could,* need not always be translated.

e.g. Yo no le veo   *I can't see him.*

No encuentro la llave   *I can't find the key.*

Le oía subir la escalera   *I could hear him climbing the stairs.*

No comprendía cómo . . .   *I could not understand how . . .*

and Juraría que le vi   *I could swear I saw him.*

58. The Dependent Infinitive without Preposition (see also general list 62)

(a) Used after a verb of the senses (see 45b(vi)):

e.g. Vi marcharse a los soldados   *I saw the soldiers going away.*

He oído decir a su padre que . . .   *I have heard his father say that . . .*

(b) Replacing a Noun Clause:

e.g. Solís creyó notar que se pintaba los labios   *Solis thought he noticed that she used lipstick.*

Esperamos volver a veros pronto   *We hope we shall see you again soon.*

59. **The Infinitive with A** (see also general list 62)

(a) After certain adjectives:

e.g. acostumbrado a   *accustomed to.*
aficionado a   *fond of.*
decidido a   *determined to.*
dispuesto a   *prepared to.*
inclinado a   *inclined to.*
obligado a   *obliged to.*
osado a   *so bold as to.*
presto a/pronto a   *ready to.*
resuelto a   *resolved to.*

(b) After verbs of motion, "go and tell", "come and see" etc.:

e.g. Vaya Vd. a decirle a su amo que . . .   *Go and tell your master that . . .*
Ven a ver lo que he hecho   *Come and see what I have done.*

60. **The Infinitive with DE** (see also general list 62)

(a) After most adjectives:

e.g. avaro de   *greedy for.*
breve de   *short to.*
bueno de   *good to.*
capaz de   *capable of.*
contento de   *content with.*
descontento de   *discontent with.*
deseoso de   *desirous of.*
difícil de   *difficult to.*
digno de   *worthy of.*
fácil de   *easy to.*
falto de   *lacking in.*
imposible de   *impossible to.*
impropio de   *inappropriate to.*
libre de   *free from.*
posible de   *possible to.*

propio de *appropriate to.*

responsable de *responsible for.*

N.B. Provided that the Infinitive cannot be considered as the subject of the finite verb:

e.g. Eso es difícil de creer *That is difficult to believe.*

But Es difícil creer eso *It is difficult to believe that.*

(b) After most nouns:

e.g. la costumbre de . . .

     el deber de . . .

     el deseo de . . .

     el favor de . . .

     las ganas de . . .

     la hora de . . .

     el miedo de . . .

     la obligación de . . . etc.

61. Other Prepositions used with the Infinitive (see also general list 62)

(a) **En:** with **el primero, el único, el último:**

     Also: tener inconveniente en . . .   *to mind . . .*

            tener gusto en . . .   *to be pleased to . . .*

(b) **Para:** (i) meaning *in order to:*

     e.g. Trabaja para comer   *He works in order to eat.*

        (ii) After: **bastante, demasiado, muy,** + adjective:

            e.g. Es muy viejo para trabajar   *He is too old to work.*

(c) **Por:** (i) After nouns expressing haste and striving:

     e.g. la lucha por expresarse   *the struggle to express oneself.*

            tener prisa por llegar   *to be in a hurry to arrive.*

        (ii) After verbs of beginning and ending to translate *by.*

            e.g. Empezó por decir . . .   *He began by saying . . .*

(N.B. *by doing* is normally expressed by the simple Gerund (see 46b).)

62. Reference list of important verbs showing which preposition, *if any,* is normally required before the infinitive or other complement.

abalanzarse a—*rush to*

abandonar(se) a—*give (oneself) up to*

abominar (de)—*abominate, detest*

absolver de—*absolve from*

abstenerse de—*refrain from*

abundar de *or* en—*be abundant in, abound with*

aburrirse de *or* con *or* por—*grow bored with*

abusar de—*abuse, misuse*

acabar con—*put an end to;* -de *finish, have (had) just;* -por *end up by*

acceder a—*accede to*

acercarse a—*approach, draw near to*

acertar a—*chance to, manage to, succeed in;* -con *hit upon.*

acomodarse a—*agree to*

aconsejar—*advise to*

acordar—*agree to;* -se de—*agree, remember;* acordarse con—*agree with* (persons); acordar con—*agree with* (things)

acostumbrar (a)—*be accustomed to*

acostumbrar (se) a—*accustom (oneself) to*

acudir a—*run to with support*

acusar de—*accuse of*

adelantarse a—*get ahead of, be the first to, come forward to*

admirarse de—*be astonished to* or *at*

adorar a *or* en—*worship, adore*

adornar con *or* de—*adorn with*

advertir (de)—*warn (of)*

afanarse por *or* en—*strive to*

aferrarse en—*persist in*

aficionarse de *or* a—*grow fond of*

afirmar—*affirm*

afirmarse en—*maintain firmly*

afligirse de—*lament*

agarrarse a *or* de—*seize, clutch, catch*

agobiarse de *or* con *or* por—*be bowed down by*

agraviarse de—*be grieved at*

aguardar a—*wait to* or *until*

ajustarse a—*agree to*

alcanzar a—*reach to, extend to; attain, succeed in;* -para—*suffice to*

alegrarse de—*be glad to* or *of*

alentar a *or* para—*encourage to*

alimentarse de *or* con—*feed on, nourish oneself with*

allanarse a—*submit to, acquiesce in*

amenazar—*threaten (to);* -con *or* -de—*threaten to* or *with:* e.g. la casa amenaza ruina; amenaza con llover; amenazar de muerte

andar a—*go to, walk to*

anhelar—*long to*

animar a—*encourage to;* -se a *make up one's mind to, feel like*

ansiar—*long to*

anticiparse a—*take the first step to, be the first to*

aparentar—*pretend to*

apelar de—*appeal against;* -a—*have recourse to*

apiadarse de—*have pity on*

aplicar(se) a—*apply (oneself) to*

apoderarse de—*seize*

apoyarse en *or* sobre—*lean on* or *upon*

aprender a—*learn to*

apresurarse a—*hasten to, hurry to*

aprobar—*approve of*

aprovechar(se de)—*take advantage of*

aproximar(se) a—*approach*

apurarse por—*strive to, worry about*

arrancar a—*to start*

arrepentirse de—*repent of*

arriesgarse a—*risk*

arrimarse a—*lean against*

arrojar(se) a—*throw (oneself) into*

asemejarse a—*resemble*

asirse de—*seize, clutch, catch*

asistir a—*be present at, witness*

asomar(se) a *or* por—*peer out of, look out of, lean out of*

asombrarse de—*be* or *act astonished at*

aspirar a—*aspire to*

asustarse de *or* con *or* por—*be* or *act frightened at*

atinar a—*manage to; succeed in*

atreverse a—*dare to*

autorizar a *or* para—*authorize to*

avanzar a—*advance to*

avenirse a—*agree to, come down to, consent to*

aventajar(se) en—*excel in*

aventurarse a—*venture to*

avergonzarse de—*be ashamed of*

avezar(se) a—*accustom (oneself) to*

avisar (de)—*inform (of)*

ayudar a—*help to, aid to*

bajar a—*go* or *come down to*

bastar para *or* a—*be sufficient to* (when used personally); -con *or* without preposition (when used impersonally) *be sufficient to* e.g. Nosotros bastamos para convencerle—*we are sufficient to convince him;* Basta mencionarlo—*it is sufficient to mention it*

brindarse a—*offer to*

burlarse de—*make fun of*

buscar—*to seek to*

caer a—*fall into;* -a or hacia—*face (toward)*

cambiar de—*change*

cansarse de—*grow tired of;* -en—*take the trouble to*

carecer de—*lack*

casar a—*marry (off) to;* -(se) con—*marry, become the husband or wife of*

ceder a—*consent to*

celebrar—*be glad to*

cesar de—*cease to*

coadyuvar a—*help, co-operate in*

coger de *or* por (la mano)—*seize by (the hand)*; -se a—*seize, clutch, catch*

colgar de—*hang from*

comentar—*comment on*

comenzar a—*commence to*; -por—*commence by*

compadecerse de—*have pity on*

comparar a *or* con—*compare to or with*

complacerse en—*take pleasure in*

comprometer(se) a—*obligate (oneself) to*

concluir de—*finish*; -por *or* present participle—*end by*

concurrir a—*meet to, agree to*

condenar a—*condemn to*

condescender en—*condescend to*

conducir a—*lead to*

confiar a—*entrust to*; -en—*confide in, trust in or to*

confinar con—*border on*

conformarse a—*conform to, yield to*; -con—*conform to, agree with*

congraciarse con—*get into good grace(s) of*

congratular(se) de—*congratulate (oneself) on*

consagrar(se) a—*devote (oneself) to*

conseguir—*succeed in*

consentir (en)—*consent to*

consistir en—*consist of*

consolarse de—*be consoled about*

conspirar a—*conspire to*

constar de—*consist of*

consultar con—*consult*

contar con—*count on or upon, rely on or upon*

contentarse con—*content oneself with, be content with*

contestar a (often without *a* when the object is a thing)—*answer*

continuar a *or* gerund—*continue to*

contrariar (a)—*contradict, oppose, run counter to*

contravenir (a)—*contravene*

contribuir a—*contribute to*

convenir en—*agree to*; -a—*suit*, -con—*agree with*

convertir en—*convert into*

convidar a *or* para—*invite to*

cooperar a—*co-operate to*

correr a—*run to;* -con—*be responsible for;* -se de—*be ashamed of*

cubrir con *or* de (especially with the past participle)—*cover with*

cuidar (de)—*take care to* or *of, care for;* -se de—*concern oneself about, worry about*

culpar—*blame;* -de—*accuse of*

cumplimentar por—*congratulate on, compliment on*

cumplir con—*do one's duty toward, perform*

dar a—*face (toward);* -con, *hit upon, run across;* -contra—*run or strike against;* -en—*persist in, fall into the notion of, "take to", understand, "catch on"*

darse a—*devote oneself to*

deber—*ought to, should* (obligation or assumption); -de—*ought to* (assumption)

decidir—*decide to;* - + object + a—*cause to decide to, decide to;* -se por—*decide to, choose to;* -sobre—*decide upon or concerning;* decidir + noun—*settle, resolve*

dedicar(se) a—*devote (oneself) to*

dejar—*let, allow to, permit to;* -de, *stop, cease to, fail to;* -se de (+ noun)—*stop, quit*

deleitarse en—*delight in*

depender de—*depend on or upon*

deplorar—*deplore*

desafiar a—*dare to, challenge to*

desconfiar de—*mistrust*

descuidar(se) de *or* en—*neglect to*

desdecirse de—*take back, retract*

desdeñarse de—*disdain to*

desear—*desire to*

desesperar de—*despair of*

deshacerse de—*get rid of;* -por—*be wild to*

desistir de—*desist from*

despedir—*dismiss;* -se de—*take leave of, say goodbye to*

desprenderse de—*dispossess oneself of, get rid of*

destacarse sobre *or* en—*stand out against*

destinar a *or* para—*destine to, assign to*

desvivirse por—*be crazy to* or *about, want very much to*

detenerse a *or* para—*stop to*

determinar—*determine to;* - + object + a— *cause to determine to, decide to*

dignarse—*deign to*

dirigirse a—*go toward*

disculparse con—*excuse oneself to;* -de *or* por—*excuse oneself for;* -de—*excuse oneself from*

disfrutar (de)—*enjoy, profit by*

disgustarse de (+ thing); -con (+ person)—*be displeased about; be displeased about* or *with*

dispensar de—*excuse from*

disponer(se) a—*get ready to, prepare to*

distar de—*be distant from*

disuadir de—*dissuade from*

divertir(se)+gerund *or* en *or* con—*amuse (oneself) by*

dudar (de)—*doubt;* -en—*hesitate*

echar(se) a—*begin to*

ejercitarse en—*practise at*

elegir—*elect to, choose to*

embebecerse en—*be struck with amazement on*

embelesarse en—*be charmed to*

empeñarse en—*insist on*

empezar a—*begin to;* -por—*begin by*

empujar a—*impel to*

enamorarse de—*fall* or *be in love with*

encaminarse a—*head towards*

encarar(se con)—*face*

encargar de—*charge to, direct to;* -se de—*undertake to, take charge of*

encariñarse con—*be fond of, be attached to*

enconarse en—*take a malicious delight in*

encontrarse con—*meet, find (out)*

enfadarse de (+ thing)—*be angry at;* -con (+ person)—*be angry at* or *with*

enojarse de (+ thing)—*be angry at;* -con (+ person)—*be angry at* or *with*

ensañarse en—*vent one's rage upon*

ensayarse a *or* para—*to practise, rehearse.*

enseñar a—*teach (how) to*

entender de—*know about*

enterarse de—*discover, find out*

entrar en *or* a—*enter (into);* -a—*enter to* or *on, begin to*

entregarse a—*devote oneself to, abandon oneself to*

entremeterse a—*meddle in*

entretener(se) en, con *or* gerund, *entertain (oneself) by* or *with*

entusiasmarse por—*become enthusiastic about*

enviar a—*send to*

equivaler a—*be equivalent to, be equal (to)*

equivocarse de—*be mistaken as to* or *about*

escandalizarse de—*be scandalized to* or *at*

escuchar—*listen to*

esforzarse a, para, por, *or* en—*strive to*

esmerarse en—*take pains in*

espantarse de—*be astonished to*

esperar—*hope, expect, wait;* -a—*wait to* or *until*

esquivar—*avoid*

estar para—*be about to, be prepared for;* -por—*be in favour of, be inclined to, be yet to (+ inf.)*

estribar en—*be based on*

evitar—*avoid*

examinarse de—*be examined in*

exceder de *or* a—*exceed, be more than*

excitar a—*excite to*

excusar—*excuse, avoid, dispense with;* -de—*excuse from;* -se con— *excuse oneself with;* -se de *or* por—*excuse oneself for;* -se de— *excuse oneself from*

exhortar a—*exhort to*

exponer(se) a—*expose (oneself) to*
extenderse a—*extend to*
extrañar—*be surprised to;* -se de—*be surprised to* or *at*

faltar a—*fail to keep; be disrespectful to*
fatigarse de—*to be wearied of*
felicitar(se) de or por—*congratulate (oneself) on*
fiar en—*confide in, trust in;* -se de—*trust*
fijarse en—*notice, pay attention to*
fingir—*feign to, pretend to*
forzar a—*force to*
frisar en—*border on*

ganar a—*surpass in*
gloriarse de—*boast of*
gozar de or en—*enjoy;* -(se) en, con or gerund—*enjoy*
guardarse de—*take care not to.*
gustar de—*be fond of*

haber de—*have to, be going to;* -que (impersonal)—*be necessary to*
habituar(se) a—*accustom (oneself) to*
hacer—*make, have;* -de—*serve as, play the part of;* -por—*try to*
hacer caso de—*to take notice of* (thing); -a (person); e.g. no le
    hagas caso—*don't take any notice of him.*
hartarse de—*have one's fill of*
henchir de—*cram with*
huir (de)—*flee from, avoid*
humillarse a—*humiliate oneself to*

impacientarse por—*grow impatient to*
impedir—*prevent from, hinder from*
impeler a—*impel to*
impulsar a—*impel to*
incitar a—*incite to*
inclinar a—*induce to;* inclinarse a—*be inclined to*
incomodarse de—*be annoyed at;* -por—*put oneself out to*

incurrir en—*incur*

indignarse de *or* por (+ thing)—*be indignant at;* con *or* contra
   (+ person)—*be indignant at*

inducir a—*induce to*

influir en—*influence*

ingresar en—*enter*

inquietarse con, por *or* de—*worry about*

insistir en—*insist on*

inspirar a—*inspire to*

instar a *or* para—*urge to*

intentar—*attempt to, try to*

interesarse por *or* en (+ person)—*be interested in;* -en (+ thing)
   be interested in

invitar a *or* para—*invite to*

ir a—*go to, be going to*

jactarse de—*boast of*

jugar a (las damas, etc.)—*play (draughts, etc.)*

jurar—*swear (to), vow (to)*

lamentar—*be sorry about, lament*

lanzar(se) a—*hurl (oneself) into*

levantarse a—*get up to*

librarse de—*free oneself of*

limitar(se) a—*limit (oneself) to*

lindar con—*border on*

lisonjearse de—*pride oneself on*

lograr—*succeed in*

luchar por *or* para—*struggle to*

llegar a—*come to, go so far as to, chance to; succeed in*

llenar con *or* de—*fill with*

maldecir de—*curse*

mandar—*command, order;* -a—*send to*

maravillarse de—*marvel at*

marchar a—*go to, march to*
matarse por—*strive to*
meditar—*think over, meditate upon*
merecer—*deserve to*
meterse a—*set to, undertake to*
mirar—*look at*
mirar a—*look toward or to;* -por—*look out for*
molestarse en *or* gerund—*take the trouble to*
morirse por—*be dying to*
mover a—*move to*
mudar(se) de—*change*
murmurar de—*gossip about*

necesitar (de)—*need (to)*
negar—*deny;* -se a—*refuse to*
nombrar para—*name to*

obligar a—*oblige to*
obstinarse en—*persist in*
ocuparse en—*busy oneself at;* -de—*attend to, look after*
ofenderse de—*be offended at*
ofrecer(se a)—*offer to, promise to*
oler a—*smell of*
olvidar(se de)—*forget to;* (see 88)
oponerse a—*oppose, be opposed to*
optar por—*choose (to)*
ordenar—*order to*
osar —*dare to*

pagar—*pay (for)* (see 89)
parar a—*stop to, come to end at;* -de—*stop, cease;* -se en—*bother to;*
  -en—*lodge at*
parecer—*seem to, appear to;* -(se) a (+ person)—*resemble*
pasar a—*proceed to, pass on to;* -de—*pass (beyond);* -se de—*exceed
  the just limits of;* -se sin—*do without*
pedir—*ask for*

penetrar en—*penetrate into*

pensar—*plan, intend;* -en—*think of, about, have in mind to;* -de—
think of, have an opinion on

perecerse por—*be dying to*

permitir—*permit to*

perseverar en—*persevere in*

persistir en—*persist in*

persuadir(se) a—*persuade (oneself) to;* -de—*persuade of*

pesar (de)—*grieve to*

placerse en—*take pleasure in*

poder—*be able to, can, may;* no poder menos de—*not to be able to
help*

ponerse a—*set oneself to, begin to*

porfiar en—*persist in*

portarse con—*behave towards*

preciarse de—*boast of*

precipitarse a—*rush headlong to*

predisponer a—*predispose to*

preferir—*prefer to*

preguntar por—*inquire for or after*

prendarse de—*fall in love with*

preocuparse con—*be concerned with;* -por or de—*worry about*

preparar(se) a or para—*prepare (oneself) to*

prescindir de—*omit, neglect (to), do without, ignore, scorn (to)*

presentarse a—*present oneself for*

presidir—*preside over*

prestarse a—*lend oneself to*

presumir (de)—*presume to*

pretender—*seek to, claim to*

pretextar—*make use of a pretext*

principiar a—*begin to*

privar(se) de—*deprive (oneself) of*

probar a—*try to*

proceder a—*proceed to*

procurar—*seek to, try to*

prohibir—*forbid to*

prometer—*promise to*
propasarse a—*go so far as to, forget oneself so far as to*
proponer(se)—*propose to*
provocar a—*provoke to*
proyectar—*plan to*
pugnar por *or* para—*struggle to*

quedar en—*agree to, decide on;* -por—*remain to be;* -se a *or* para—*remain to*
quejarse de—*complain of*
querer—*want to*

rabiar por—*be crazy to*
rebajarse a—*lower oneself to, stoop to*
recatarse de *or* en—*be cautious about*
recelar(se de)—*fear to, be suspicious of*
reclinarse en *or* sobre—*lean on* or *upon*
recogerse a—*withdraw to*
recordar—*remember to, recall; remind (of)*
recostarse en *or* sobre—*lean on* or *upon*
recrear(se) en *or* gerund—*amuse oneself by*
reducir(se) a—*bring (oneself) to*
referirse a—*refer to*
rehuir—*avoid*
rehusar—*refuse to*
reincidir en—*relapse into*
reírse de—*laugh at, make fun of*
reír(se con)—*laugh at, be amused by*
renegar de—*renounce, deny*
renunciar (a)—*renounce, give up*
reparar en—*notice*
resignarse a—*resign oneself to*
resistir(se a)—*resist, refuse to;* e.g. Se resistió a creerlo—*he refused to believe it*
resolver(se a)—*resolve to;* - + object + a—*cause to resolve to*
responder a—*respond to, answer;* - de—*be responsible for, vouch for*

restar por—*remain to be*
resultar—*turn out, result*
retirarse a—*retire to*
retrasarse en—*be behindhand in, be slow to*
reventar por—*be bursting to*
romper a—*begin suddenly to*
rozar(se) con—*come into contact with, rub against*
rumiar—*ponder over, meditate on*

saber a—*taste of, savour of, smack of*
saber—*know how to;* - de—*know about*
saciar(se) de—*have one's fill of, sate with*
salir a—*turn out like, take after*
saltar a—*jump to*
seguir + gerund—*continue, go on*
semejar a—*resemble*
sentar a—*seat at;* - en—*seat on;* -se a *or* para—*sit down to*
sentenciar a—*sentence to*
sentir—*regret to, be sorry to*
servir de—*serve as;* - para—*be good for, be used for;* -se—*be so kind as to, please;* -se de—*use, make use of*
simular—*pretend*
sobresaltarse con *or* de *or* por—*be startled by*
sobrevivir a—*survive, outlive*
solazarse en—*take solace in*
soler—*be accustomed to*
someter(se) a—*submit (oneself) to*
sonreírse de—*smile at*
soñar con (*occasionally* de, en, *or no preposition*)—*dream of*
sorprenderse de—*be or act surprised to or at*
sospechar en *or* de (+ person, *usually*)—*suspect, be suspicious of*
sostener—*maintain*
subir (a)—*ascend, climb*
suspirar por—*sigh to*

tardar en—*take long to*
temer—*fear to*

tender a—*tend to*

tener miedo de (+ thing) *or* a (+ person)—*be afraid of, fear*

tentar a—*tempt to*

terminar por *or* gerund—*end by*

tirar—*throw (away)*

tirar a—*throw into, tend to;* - de—*pull (at), tug (at)*

titubear en—*hesitate to*

tocar—*be one's turn to, fall to one's lot to;* - en—*touch at, arrive at*

topar (con)—*run across or against*

tornar a—*return to; . . . again*

trabajar por *or* para—*work to or for, strive to or for;* - en—*work at;*
   - de—*work as*

traducir a *or* en—*translate into*

tratar de—*try to;* -se de—*be a question of, deal with*

trepar a—*climb (into);* - por—*climb (along)*

triunfar de—*triumph over*

tropezar(se) con—*stumble over, run across or against*

ufanarse de—*pride oneself on*

usar (de)—*use, be accustomed to*

vacilar en—*hesitate to*

valerse de—*avail oneself of*

vanagloriarse de—*boast of*

variar de—*vary, change*

vedar—*forbid to*

velar por—*look out for, watch over*

vengarse de—*avenge oneself for, avenge oneself upon someone*

venir a—*come to, amount to;* - en—*agree to, resolve to;* - de—*come
   from, have just*

ver de—*see to, look to, try to*

versar sobre—*treat of*

vivir con *or* de—*live on*

volar a—*fly to*

volver a—*return to; . . . again*

votar a *or* por—*vote for*

zafarse de—*get rid of*

GOVERNMENT OF VERBS

(See general list, 62)

63. Whilst the government of very many verbs is the same in English and Spanish, i.e. they have a direct object with no preposition or with the same preposition, the student will recall that:

(a) Some verbs that are followed by a direct object in English take in Spanish an indirect object governed by a preposition:

e.g. asemejarse a—*to resemble*
carecer de—*to lack*
casarse con—*to marry*
reparar en—*to notice*
etc.

(b) That the converse is also true:

e.g. buscar—*to look for*
escuchar—*to listen to*
lograr—*to succeed in*
presidir—*to preside over*
etc.

and

(c) That some verbs require a different preposition in Spanish and in English:

e.g. arrimarse a—*to lean against*
consentir en—*to consent to*
depender de—*to depend on*
oler a—*to smell of*
etc.

In cases of doubt the student is referred to the alphabetical list of common verbs in section 62.

64. Verbs followed by **two objects** usually have the *person* as indirect object and the *thing* as direct object:

e.g. agradecer algo a alguien *to thank somebody for something*
acarrear *(figurative)—to cause, occasion*
achacar—*to impute*
agradecer—*to thank*
aguantar—*to put up with, endure*
asegurar—*to assure*
causar—*to cause*
codiciar—*to covet*
comunicar—*to communicate*
conceder—*to concede*
confesar—*to confess*
contar—*to relate*
costar—*to cost*
dar—*to give*
deber—*to owe*
decir—*to tell*
declarar—*to declare*
demostrar—*to demonstrate*
disputar—*to dispute*
enseñar—*to teach, to show*
entregar—*to hand over*
envidiar—*to envy*
imponer—*to impose*
imputar—*to impute*
infundir—*to infuse*
inspirar—*to inspire*
manifestar—*to declare, show*
mostrar—*to show*
ofrecer—*to offer*
pagar—*to pay*
participar—*to communicate*
perdonar—*to pardon*
preguntar—*to ask*

prestar—*to lend*
prodigar—*to lavish*
prohibir—*to forbid*
proporcionar—*to supply with*
recordar—*to remind*
referir—*to relate*
regalar—*to present with, make a present of*
reprochar—*to reproach*
rogar—*to ask*
soportar—*to put up with, endure*
suministrar—*to supply, furnish*
traer—*to bring*

65. Verbs expressing some idea of **removal from** have the person in the indirect object:

arrancar—*to wrest, wrench away*
arrebatar—*to snatch, wrest*
comprar—*to buy*
confiscar—*to confiscate*
conquistar—*to conquer*
demandar—*to demand*
disimular—*to hide*
esconder—*to hide*
evitar—*to save, to avoid*

exigir—*to demand*
ganar—*to win*
hurtar—*to steal*
negar—*to refuse, deny*
ocultar—*to hide*
pedir—*to ask for*
quitar—*to take (away), to take off*
robar—*to rob, steal*
sacar—*to take out*
tomar—*to take*

e.g. Disimuló a todos su enojo   *He hid his anger from all.*

Compró el coche a su amigo   *He bought the car from his friend.*

Ocultó la noticia a su esposa   *He hid the news from his wife.*

But *from* a thing is expressed by **de:**

e.g. Sacó el pañuelo del bolsillo   *He took his handkerchief from his pocket.*

And, esconderse de alguien   *to hide oneself from someone.*

Note also:

salvar la vida a una persona   *to save a person's life.*

reconocer la voz a alguno   *to recognize someone's voice* (**de**
is also possible).

66. Note the preposition used to indicate location with such
verbs as: beber, comer, escoger, tallar:

    e.g. Bebía leche en un vaso *(out of)*.

         Comía fresas en un plato *(off)*.

         Escogió entre ellos a uno *(out of)*.

         Una vivienda tallada en la roca misma *(out of)*.

    and fumar en pipa   *to smoke a pipe.*

67. One verb cannot have two dependent prepositions in
Spanish. Thus:

    We watched the people going in and out of the hotel   Miramos a la
gente que entraba en el hotel y salía de él.

NOTES ON SOME COMMON VERBS

68. **Andar:** *to go,* also used of mechanical objects:

    e.g. Este tocadiscos no anda   *This record player doesn't go.*

    Occasionally replaces *estar* in popular speech:

    e.g. Ando muy mal de dinero   *I am hard up*

ir: *to go,* (purposefully):

    e.g. Iremos a verlos   *We shall go and see them.*

Used where English has *come:*

¡Camarero!—Ya voy, señor   *Waiter!—I'm coming, sir.*

replaces *estar* with participles:

    e.g. La viuda iba vestida de luto.

         El estudiante iba estudiando toda la tarde.

pasear   *to stroll, to take a walk.*

ir a pie   *to walk* (purposefully), *to go on foot.*

    or **ir andando.**

69. **asistir a:** *to attend, be present at, to witness* (rarely, *to assist*):

    e.g. Asistieron todos a la tertulia   *They all attended the party.*

70. **bajar, subir, acercar,** etc: may be used transitively:

    e.g. Súbame este baúl, por favor   *Take this trunk up for me,*
        please.

71. **caber:** *capable of being contained in:*
   e.g. Aquí no quepo yo   *There's no room for me here.*
   Caben cinco personas en este taxi   *This taxi holds five people.*
   No cabe duda de que (+ Indic.)   *There is no doubt that . . .*
   No me cabe en la mente . . . ⸲ *I cannot believe . . .*
   No me cabe en la cabeza que . . .   *I cannot get it into my head that . . .*

72. **caer:** *to fall,* has several idiomatic uses:
   e.g. Esta chaqueta le cae bien a Vd.   *This jacket fits you well.*
   Ya caigo en ello   *Now I get it, now I understand.*
   No cayó en la cuenta   *He didn't "catch on".*
   Las ventanas caen al río   *The windows overlook the river.*
   caer enfermo   *to fall ill.*
   caer en desgracia   *to fall into disgrace.*
   caer de la gracia de alguien   *to lose favour with someone.*
   Su hija me ha caído en gracia   *I have fallen for his daughter.*
   caerse muerto de risa   *to shake with laughter.*

73. **cambiar:** *to change,* i.e. to alter:
   e.g. Voy a cambiar este cheque   *I am going to change this cheque.*
   to change, i.e. for a fresh one, to exchange—**cambiar de:**
   e.g. cambiar de opinión   *to change one's mind.*
   cambiar de camisa   *to change one's shirt.*

74. **comprender:** *to understand* something difficult of comprehension
   entender: *to understand* something spoken.
   e.g. Entendí decir que no venía   *I understood that he wasn't coming.*
   entender de: *to know about,* **entendido:** *O.K.*
   e.g. Entiende de vinos   *He is a connoisseur of wines.*

75. **dar:** *to give* (regalar—*to give as a present*). Also in many idiomatic expressions:
   e.g. dar un paseo/dar una vuelta   *to take a walk.*
   dar un abrazo   *to embrace.*

dar un grito   *to scream.*

dar en el blanco   *to hit the mark.*

dar en el clavo   *to hit the nail on the head.*

mi ventana da al parque   *my window overlooks the park.*

dar de espaldas   *to fall on one's back.*

dar de comer   *to feed.*

dar con alguien   *to "bump into" someone, to meet someone unexpectedly.*

darse por vencido   *to give up.*

dar que hacer   *to give trouble.*

dar que decir   *to give rise to gossip.*

dar la vuelta   *to go round.*

dar vuelta a algo   *to turn something round.*

dar a entender   *to give to understand.*

darse cuenta de   *to realize.*

dar caza   *to chase.*

no lo hago porque no me da la gana   *I don't do it because I don't want to.*

dar guerra   *to wage war.*

dar los buenos días   *to say good day.*

dar parte   *to report.*

dar voces   *to shout, scream.*

dar diente con diente   *to shiver with cold.*

darse a la vela   *to set sail.*

darse las manos   *to shake hands.*

darse prisa   *to hurry.*

lo mismo me da   *it is all the same to me.*

dar la hora   *to strike the hour.*

76. **dejar:** *to let, to allow*

dejar de + inf.: *to leave off, to cease*

no dejar de—*not to fail to:*

    e.g. No dejes de avisarnos   *Don't fail to let us know, mind you let us know.*

dejarse de + noun—*to stop, quit:*

    e.g. ¡Déjate de tonterías!   *Quit fooling!*

77. despedir: *to dismiss:*

 e.g. Despidió a la criada *He dismissed the maid.*

  Also *to take leave of, to say goodbye to,* in the sense of *to see off:*

 e.g. Nos despidió en la estación *He said goodbye to us at the station* (he saw us off).

 But despedirse de—*to take one's leave of, to say goodbye to:*

  Se despidió de nosotros en la estación *He said goodbye to us at the station* (then he set off).

78. echar: basically *to throw, to cast,* but with a large variety of uses:

 echar el café *to pour the coffee.*

 echar el ancla *to cast anchor.*

 echar un vistazo *to cast a glance.*

 echar las cartas *to deal the cards.*

 echar una carta al correo *to post a letter.*

 echarle a uno en cara algo *to cast something in someone's teeth.*

 echar la culpa a alguien *to put the blame on to someone.*

 echar a reír *to burst out laughing.*

 echar a correr *to run away.*

 echar carnes *to become fat.*

 echar de menos *to miss.*

 echar a perder *to spoil, ruin.*

 echar de ver *to notice.*

 echar suertes *to draw lots.*

 echar la casa por la ventana *to have a spree.*

 echar raíces *to take root.*

 echar llave a la puerta *to lock the door.*

 echarse novio *to get a boy-friend.*

 echar una mano *to lend a hand.*

79. estar: used meaning *to stand;* also (of inanimate objects):

 erguirse, enderezarse, alzarse, estar situado, hallarse, etc.

 estar de pie/estar en pie *to stand,* stressing more that one is on one's feet.

 mantenerse en pie *to stand, to remain standing.*

 sostenerse en pie *to stand* (viewed as an effort).

ponerse en pie   *to stand up, to rise to one's feet* (from a sitting position).

levantarse   *to stand/get up* (from a lying or sitting position).

sentarse   *to sit down* (from a standing position).

incorporarse   *to sit up* (from a lying position).

80. **faltar:** *to be lacking,* **hacer falta:** *to be necessary:*

   e.g. le falta ánimo   *he lacks courage.*

       faltan cien pesetas   *a hundred pesetas are missing.*

       me falta dinero   *I am short of money.*

       hacen falta diez chelines   *ten shillings are needed.*

       ¡Lo que faltaba!   *That is was the last straw!*

       ¡No faltaba más!   *That is the least one could do.*

81. **guardarse de** + infinitive: *to take care not to:*

   (N.B. No negative.)

   e.g. Se guardó de caer en la trampa   *He took care not to fall into the trap.*

82. **gustar:** *to please* (of things), hence:

       no me gusta la leche   *I do not like milk.*

   but   no le encuentro simpático (of persons)   *I do not like him.*

gustar de: *to be fond of* (taking part in an activity) + Infinitive:

   e.g. gusta de discutir   *he enjoys arguing.*

ser aficionado a   *to be fond of an activity* (not necessarily taking part in it):

querer a alguien   *to be fond of* someone (a person).

to enjoy plus noun—**gozar de, disfrutar de:**

   e.g. Goza de mala fama   *He enjoys an evil reputation.*

       Disfruta de buena salud   *He enjoys good health.*

to enjoy oneself—**divertirse:**

   e.g. Se divierte mucho cuando está de vacaciones   *He enjoys himself a great deal when he is on holiday.*

gustar also means *to taste* (transitively):

   e.g. gusta este vino   *taste this wine.*

With this meaning it is commonly replaced by **probar:**

   e.g. prueba esta sopa   *taste this soup.*

to taste (of) (i.e. intransitively)—**saber (a):**

   e.g. la carne sabe a ajo   *the meat tastes of garlic.*

3. haber: *to have,* impersonal 3rd person singular translates *here* + verb *to be:*

hay   *there is, there are.*

hubo/había   *there was, there were.*

ha habido   *there has been, there have been.*

habrá   *there will be.*

habría   *there would be.*

había habido   *there had been.*

habría habido   *there would have been.*

habrá habido   *there will have been.*

hay que + infinitive (all tenses)—(impersonal) *one has to, it is necessary to:*

e.g. Hay que aprovechar la racha   *One has to* (or *we must,* or *it is necessary to,* etc.) *make hay while the sun shines.*

haber de + infinitive (personal)—*to have to, to be to* (see *Tener*):

e.g. he de cantar mañana   *I am going to sing tomorrow.*

he aquí (literary)—*here is*   e.g. henos aquí—*here we are*

he allí (literary)—*there is*   helos allí—*there they are*

Muchas gracias—No hay de qué   *Thank you. Don't mention it.*

4. hacer: *to do, to make;* many idiomatic uses:

e.g. hacer pedazos   *to tear into pieces.*

hacer señas   *to motion.*

hacer(se) daño   *to hurt (oneself).*

le hice elegir (see 53b)   *I made him choose.*

yo hacía a Juan mucho más alto   *I imagined John was a lot taller (than he is).*

hace de cartero   *he is acting as a postman.*

haré por venir   *I will try to come.*

se hace tarde   *it is getting late.*

hace calor, etc. (see 50a)   *it is warm* (weather).

hace un año, etc.   *a year ago.*

hacer presente   *to remind one.*

no hacer caso   *not to take any notice.*

hacer la vista gorda a   *to turn a blind eye to.*

hacerse a la vela   *to set sail.*

K

hacerse rico   *to become rich.*

hacerse el enfermo (see *fingir*)   *to sham illness.*

hacía (como) que leía   *I pretended to be reading.*

hacerse a la desgracia   *to become accustomed to misfortune.*

But tener que ver con   *to have to do with.*

85. **llegar a:** *to get to:*

    e.g. llegar a saber   *to get to know, to find out.*

    llegar a ser   *to become.*

86. **llevar:** *to take, to carry, to wear:*

    e.g. Llevamos a los niños a la escuela   *We take the children to school.*

    Llevan sendas carpetas   *They are each carrying a file.*

    No llevan gorra   *They are not wearing their caps.*

But also:

    Llevo estudiadas todas las lecciones   *I have studied every lesson.*

    Carlos y yo nos llevamos bien   *Charles and I get on well with each other.*

    Ya llevo dos horas esperándole   *I have been waiting for him for two hours.*

    ¿Cuánto tiempo lleva Vd. en España?   *How long have you been in Spain?*

    Le llevo dos años a mi hermano   *I am two years older than my brother.*

    llevar a cabo   *to carry through.*

    llevarse (un) chasco   *to be disappointed.*

    llevar ventaja sobre alguien   *to have an advantage over someone.*

    llevarle la contraria a alguien   *to contradict, go against somebody.*

    llevar una vida   *to lead a life.*

llevar is *to take* in the sense of to conduct *away from* somewhere.

Other verbs meaning *to take* are:

traer—*to bring*, i.e. to take *to* somewhere.

tomar—*to take*, simply:

    e.g. tomar el sol   *to take the sun.*

tomar el café   *to have coffee.*

sacar—*to take out:*

e.g. sacar fuerzas de flaqueza   *to draw strength out of weakness.*

Also sacar fotos   *to take photos.*

quitar—*to take off, to take away:*

e.g. Se quitó el abrigo   *He took off his overcoat.*

Le quitaron sus bienes   *They took away his possessions.*

tardar en + Infinitive—*to take time in doing something:*

e.g. Tardó bastante en contestarme   *He took quite a time to answer me.*

Tardamos media hora en llegar   *It took us half an hour to get there.*

87. **nacer**: *to be born,* thus: *I was born*—nací.

88. **olvidar(-se de)**: *to forget,* may be used impersonally.

Thus: He olvidado su nombre/me he olvidado de su nombre *or* Se me ha olvidado su nombre   *I have forgotten his name.*

Olvidé echar las cartas/me olvidé de echar las cartas *or* Se me olvidó echar las cartas   *I forgot to post the letters.*

89. **Pagar**: *to pay (for).* Thus:

pagué la cuenta   *I paid the bill.*

pagué al camarero   *I paid the waiter.*

pagué la comida   *I paid for the meal.*

pagué diez chelines por la comida   *I paid ten shillings for the meal.*

90. **parecer**: *to appear, to seem:*

e.g. parece dudoso que . . .   *it appears doubtful that . . .*

No parecen comprender/parece que no comprenden *They don't seem to understand.*

Commonly used impersonally for "to think" (less assertive than *creer* or *pensar*):

e.g. Me parece que se equivoca Vd.   *I think you are mistaken.*

¿Qué te parece esto?   *What do you think of this?*

aparecer: *to appear, to put in an appearance:*

e.g. De repente, apareció el director   *Suddenly the headmaster appeared.*

parecerse a—*to be like, to resemble:*

Los gemelos se parecen como un huevo a otro huevo   *The twins are as alike as two peas in a pod* (lit.: *as one egg to another*).

91. **pedir:** *to ask for:*

e.g. Me pidió un cigarrillo   *He asked me for a cigarette.*

preguntar: *to ask* (a question):

e.g. Me preguntó la hora   *He asked me the time.*

hacer una pregunta—*to ask a question.*

preguntar por: *to ask after, to ask about:*

e.g. Preguntaba por ti   *He was asking about you.*

rogar: *to ask, to request* (that something be done), also **pedir:**

e.g. Rogó (que) se cerrase la ventana   *He asked for the window to be closed.*

92. **pensar:** *to think* (commonly replaced by *parecer* used impersonally). **pensar + infinitive** = *to intend:*

e.g. ¿Qué piensas hacer ahora?   *What do you intend to do now?*

pensar de—*think of,* i.e. to have an opinion on:

e.g. ¿Qué piensa Vd. de mi nuevo coche?   *What do you think of my new car?*

pensar en—*to think about:*

e.g. ¿En qué estás pensando?   *What are you thinking about?*

93. **poner:** *to put,* e.g. poner una cosa por escrito—*to put a thing in writing.*

Also: poner la mesa   *to lay the table.*

poner huevos   *to lay eggs.*

poner pies en polvorosa   *to take to one's heels.*

ponerse una cara   *to pull a face.*

ponerse + adjective—*to become:*

e.g. ponerse pálido   *to turn pale.*

ponerse colorado   *to blush, to flush.*

ponerse a + infinitive—*to start to, to set to work to:*

e.g. Se pusieron a estudiar   *They settled down to their studies.*

meter: *to put in, to insert:*

e.g. Mete las monedas en el bolsillo   *He puts the coins in his pocket.*

No te metas donde no te llaman   *Mind your own business.*

meterse con alguno   *to pick a quarrel with someone.*

colocar: *to put, to place* (more carefully or more precisely than *poner*):

e.g. Colocó el vaso en la repisa   *She put the vase on the shelf.*

94. **pretender:** to pretend *only* with the sense of *to aspire to, to lay claim to.*

To pretend is:

fingir, i.e. *to feign,* to pretend to be something one is not, or to pretend to be doing something one is not doing.

disimular, i.e. *to dissimulate,* to pretend not to be what one is, or to pretend not to be doing something which one is in fact doing.

e.g. Finge creerlo   *He pretends he believes it.*

Disimula creerlo   *He pretends he doesn't believe it.*

Also with **hacerse** and of a colloquial nature:

hacerse el dormido   *to pretend to be asleep.*

hacerse el distraído   *to pretend not to be taking any notice.*

hacerse el tonto   *to pretend not to understand.*

hacerse el sueco   *to pretend not to hear.*

hacerse el desentendido   *to pretend not to know.*

95. **quedar(se):** *to remain, to be left:*

e.g. ¿Cuánto queda por hacer?   *How much is still to be done?*

No queda más remedio que . . .   *There is nothing else for it but to . . .*

Se quedan todo el día en casa   *They stay at home all day.*

Or simply replacing *estar* usually with an adjective indicating a state of mind:

e.g. Se quedó estupefacto   *He was astonished.*

quedar en—*to decide on*

e.g. Bueno, ¿en qué quedamos?   *Well, what shall we do then?*

quedarse con—*to keep:*

e.g. Me he quedado con su libro   *I have kept his book.*

96. **reír:** *to laugh.* **reírse de**—*to laugh at, make fun of:*

e.g Los otros chicos se ríen de mí   *The other boys laugh at me.*

reír/reírse con—*to laugh at, be amused by:*

e.g. Le rió sus chistes   *She laughed at his jokes.*

Todos nos reíamos con él   *We all used to laugh at him.*

97. responder a: *to answer:*

e.g. Nadie respondió a su carta *No-one answered his letter.*

responder de: *to answer for:*

e.g. No podemos responder de su conducta *We cannot answer for his conduct.*

Other verbs meaning *to answer*—**contestar, replicar** and (preterite only) **reponer.**

98. saber: *to know* (a fact):

e.g. ¿Sabe Vd. su edad? *Do you know his age?*

conocer: *to know, to be acquainted with:*

e.g. ¿Conoce Vd. España?

saber + Infinitive: *to be (mentally) able, to know how to.*

poder + Infinitive: *to be (physically) able.*

e.g. ¿Sabe Vd. patinar? *Can you skate?*

¿Puede Vd. levantar esto? *Can you lift this?*

Note also:

¿Se puede? *May I come in?*

¡No puedo más! *I can't go on; I can do no more.*

No poder menos de + Infinitive—*not to be able to help (doing something).*

99. sentir: *to feel:*

e.g. Siento mucho el frío *I feel the cold a great deal.*

Made reflexive before an adjective:

e.g. Me siento triste *I feel sad.*

Also *to regret:*

e.g. Lo siento infinito *I am extremely sorry.*

Siento que se marche *I am sorry you are going.*

100. soler + Infinitive: *to be accustomed to, to be used to, to be in the habit of, usually* (used only in the Imperfect, the Present and occasionally Perfect):

e.g. Suele levantarse a las siete *He usually gets up at seven.*

101. tener: *to have.* Used with a Noun Object where English has *to be* with adjective:

e.g. tener calma—*to be calm.*

tener calor—*to be hot, warm.*

tener celos—*to be jealous.*

tener cuidado—*to be careful.*

tener éxito—*to be successful.*

tener buen fondo—*to be good natured.*

tener frío—*to be cold.*

tener gracia—*to be funny.*

tener hambre—*to be hungry.*

tener miedo—*to be frightened.*

tener paciencia—*to be patient.*

tener razón—*to be right.*

tener sed—*to be thirsty.*

tener sueño—*to be sleepy.*

tener suerte—*to be lucky.*

tener vergüenza—*to be ashamed.*

Also: tenga Vd. la bondad de . . .   *be so kind as to . . .*

tiene veinte años   *he is twenty years old.*

¿Qué hora tiene Vd.?   *What time do you make it?*

tener ganas de + infinitive   *to want very much to . . .*

¿Qué tiene Vd.?   *What is the matter with you?*

tener notícias de alguien   *to hear from someone.*

tener que + Infinitive—*to have (got) to do something* (compulsion from without).

deber + Infinitive—*to have to, must, do something* (moral obligation, compulsion from within).

haber de + Infinitive—*to have to, to be to* (merely expressing what is to happen).

102. **tratar de** with Infinitive = *to try to do something:*

e.g. Trata de convencernos   *He is trying to convince us.*

With Noun or Pronoun = *to treat of, to deal with:*

e.g. Este libro trata de su juventud   *This book deals with his youth.*

tratarse de: *to be a question of:*

e.g. No se trata de exportar más sino . . .   *It is not a question of exporting more but . . .*

103. **valer:** *to be worth:*

e.g. ¿Cuánto vale esto?   *How much is this?*

El señor March valía un dineral   *Mr. March was worth a fortune.*

No vale la pena   *It is not worth while.*

No hay pero que valga   *No buts about it.*

Vale más used impersonally: *it is better:*

Más vale dejarlo   *It's better to leave it.*

Más vale tarde que nunca   *Better late than never.*

valerse de: *to avail oneself of:*

e.g. Se valió de las tinieblas para escaparse   *He availed himself of the darkness to escape.*

104. **volver:** *to return.*

devolver: *to return* (transitive):

e.g. devolver un libro   *to return a book.*

volverse: *to turn round:*

revolver: *to revolve, to stir, to turn over:*

volver a + Infinitive—*to do again:*

also, **tornar a** + Infinitive:

e.g. Volvió *or* tornó a leer la carta   *He read the letter again.*

volver en sí—*to recover one's senses, to come round.*

THE SUBJUNCTIVE MOOD

105. The Subjunctive in Main Clauses

(a) The Present Subjunctive is used for **all Negative Imperatives:**

e.g. No tengas miedo   *Don't be afraid.*

No me toméis el pelo   *Don't pull my leg.*

No se preocupe Vd.   *Don't worry.*

No vayan Vds. a creer que . . .   *Don't go thinking that . . .*

(b) The Present Subjunctive is used for all **positive Imperatives** *except the Familiar* (habla, hablad; come, comed; escribe, escribíd; etc.):

e.g. ¡Figúrense Vds!   *Just imagine!*

Haga Vd. el favor de + infinitive   *Please . . .*

Averigüemos la verdad del asunto   *Let's find out the truth of the matter.*

Dejemos eso aparte   *Let's leave that out of it.*

... digámoslo así ...   *... so to say ...*

IR has the Positive Imperative form **vamos:**

e.g. Vamos al grano   *Let's get to the point.*

But No vayamos   *Let's not go.*

ir a + **Infinitive** frequently replaces the 1st person Plural Subjunctive especially in conversation:

e.g. vamos a ver   *let's see.*

    vamos a bajarnos aquí   *let's get off here.*

Other persons are usually preceded by **que:**

e.g. Que esto le sirva de lección práctica   *Let this be a lesson to you.*

    ¿Qué puede hacer? Que salga de Buenos Aires   *Let him leave Buenos Aires.*

    ¡Ríete, y que te zurzan!   *Laugh and grow fat!*

    ¡Que no se te meta tal idea en la cabeza!   *Don't let such an idea get into your head.*

    ¡Que conste que estoy en contra de la idea!   *Let it go on record that I am against the idea.*

But not always:

e.g. dicho sea de paso   *let it be said in passing.*

    baste decir que ...   *suffice it to say that ...*

    no se crea que ...   *let it not be thought that ...*

    ¡Sálvese el que pueda!   *Every man for himself!*

Tú, vosotros, Vd., Vds. may also be preceded by *que* when expressing a wish (some such verb as *esperar* is possibly understood):

e.g. ¡Que lo paséis bien!   *Have a good time!*

    ¡Que te diviertas!   *Enjoy yourself!*

    ¡Que tengan Vds. buen viaje!   *Have a good journey.*

(c) The Subjunctive is used to **express a wish:**

e.g. ¡Que se repita!   *Encore!*

    ¡Viva la Muerte!   *Long live Death!* (zany Civil War battle cry).

    ¡Así sea!   *So be it!*

    ¡Dios se lo pague!   *May God repay you!*

¡Dios me libre de semejante pensamiento! *God forbid that I should think such a thing.*

¡Que (le) aproveche! *(Said at meals)* *May it do you good.*

Ojalá—*if only, would that . . . :*

e.g. ¡Ojalá todos fueran como Vd.! *If only they were all like you.*

¡Ojalá vengan pronto! *I do hope they come soon.*

Quién + Imperfect Subjunctive:

e.g. ¡Quién tuviera tanta calma! *I wish I were as calm!*

(d) After expressions of **possibility** (quizás, quizá, tal vez, acaso—*perhaps*) the Indicative or the Subjunctive is used depending on the degree of doubt:

e.g. Su enfermedad era tal vez peligrosa *His illness was perhaps dangerous.*

¿Acaso te refieres a mí? *Are you referring to me by any chance?*

Quizá Vd. podría indicarme lo que puedo decirle *Perhaps you could tell me what to say to him.*

But Acaso cambies de parecer *Perhaps you'll change your mind.*

Uno cura a los enfermos y quizás esto le proporcione alguna satisfacción *One cures the sick and perhaps this gives one some satisfaction.* etc.

(e) In **expressions of concessive value:**

e.g. pase lo que pase *whatever happens.*

sea como sea *be that as it may.*

venga lo que venga *come what may.*

diga lo que quiera *say what he will.*

quieras que no quieras *whether you like it or not.*

hagan lo que hagan *do what they may.*

sea cierto o no *whether it be certain or not.*

dijera o no dijera la verdad *whether he was telling the truth or not.*

and que yo sepa *as far as I know.*

que yo recuerde *to the best of my recollection.*

106. **Sequence of Tenses** when the Subjunctive is used in Subordinate Clauses:

Main Clause		*Subordinate Clause*
Present	⎫	
Future	⎬	Present
Perfect		or
Future Perfect	⎭	Perfect

Imperfect	⎫	
Preterite	⎬	Imperfect
Conditional		or
Pluperfect		Pluperfect
Conditional Perfect	⎭	

This division is far from absolute. Thus:

e.g. No es que ansiara que la vida cambiase   *It isn't that he was anxious for life to change.*

Me sorprende que tuvieras tanto   *I am surprised that you had so much.*

And conversely:

¿Qué hiciste para que hable así?   *What did you do that he should be talking like this?*

Usted me ha pedido que lo dijera   *You asked me to say it.*

Contrast:

Le rogué que viniera para las cuatro

and Le rogué que venga para las cuatro.

Both mean: *I asked him to come for 4 o'clock.*

The former merely relates what I asked; the latter indicates that he has not come yet, we are still waiting.

Note: In the Imperfect Subjunctive both the **-ra** and **-se** endings are equally acceptable.

But only the former may replace:

The Conditional Indicative, e.g. Quisiera llegar a conocerle.

The Conditional Perfect *(rarely)*, e.g. Vd. hubiera dicho lo mismo.

The Pluperfect Indicative *(literary)*, e.g. Buscando alguna razón con que devolver al inglés la pesadumbre que éste le causara, dijo . . . *(Galdós).*

USES OF THE SUBJUNCTIVE IN SUBORDINATE CLAUSES

Broadly speaking the use of the Subjunctive in Subordinate Clauses is governed by the two principles of *causation* and *uncertainty*. It is used therefore:

107. In Clauses dependent on verbs expressing:

Command	mandar, decretar, decir, ordenar, preceptuar
Demand	exigir, reclamar.
Request	rogar, suplicar, pedir, implorar, solicitar.
Suggestion	proponer, sugerir.
Desire	apetecer, desear, querer, ansiar, anhelar.
Permission	permitir, acceder a, consentir, dejar.
Approval	aprobar, asentir, dar por bueno, admitir, conformarse con.
Preference	preferir, tener a bien.
Prohibition	prohibir, impedir, desaprobar, vedar, oponerse a
Advice	aconsejar, recomendar, advertir, avisar, prevenir
Cause	hacer, obtener, procurar. alcanzar, lograr, conseguir, obligar a, etc.

i.e. after verbs expressing an action calculated to cause another person or thing to act:

e.g. Si tu mujer quiere que te tires de un balcón, pide a Dios que sea bajo (Proverb)   *If your wife wants you to throw yourself from a balcony, ask God for it to be a low one.*

No permitiría que sucediera nunca más   *He would not allow it to happen ever again.*

Insistió ella en que tomara leche caliente   *She insisted upon his having some hot milk.*

Yo no puedo obligarle a Vd. a que me escuche   *I can't make you listen to me.*

He de procurar que no suceda nada   *I must see that nothing happens.*

El médico hizo que la mujer se sentara recta en la silla
The doctor made the woman sit up straight in the chair.

Notes:

(i) Such a construction is clearly unnecessary where the subject of the two verbs is the same:

e.g. El quiere que lo haga yo   *He wants me to do it.*

But El quiere hacerlo   *He wants to do it.*

Nor is it essential with verbs of ordering, preventing, permitting and forbidding with different subjects:

e.g. Nos mandó callar   *He ordered us to be quiet.*

Les prohibió a sus hijos fumar   *He forbad his children to smoke.*

Antes de entrar dejen salir *(sign in "Metro")*   *Before entering let (others) leave.*

(ii) A verb requiring a preposition to complete its meaning retains it before *que* and the subordinate clause:

e.g. Se empeña en que lo hagas tú   *He insists on your doing it.*

108. **In clauses dependent on verbs expressing an emotion or a judgment** (even though the action of the subordinate clause is often a reality), i.e. verbs such as:

alegrarse—*to be glad.*	extrañar—*to surprise.*
asombrarse—*to be astonished.*	lamentarse—*to lament.*
avergonzarse—*to be ashamed.*	maravillarse—*to marvel.*
celebrar—*to be glad.*	sentir—*to regret.*
deplorar—*to deplore.*	temer—*to fear.*

etc.

e.g. Me alegro de que lo hayas visto   *I am glad you have seen it.*

Necesito que me creas   *I need you to believe me.*

A mí me gustaría que lo hiciera   *I should like him to do it.*

Juzgaba una grosería que se hablase de enfermedades del estómago   *He considered it rude that ailments of the stomach were being talked about.*

Está bien que un muchacho sueñe   *It's all right for a boy to dream.*

(But see 107, notes i and ii).

Notes:

(i) **Esperar** with Indicative usually means *to hope:*

e.g. Estuve esperando que recuperarías el buen sentido
I was hoping you would see sense.

But Espero que todo salga bien   *I hope everything turns out all right.*

Esperar with Subjunctive usually means *to expect:*

e.g. No esperes que te ayude yo   *Don't expect me to help you.*

¿Cómo esperas que un muchacho estudie en estas condiciones?   *How do you expect a boy to study in these conditions?*

Esperar a que with Subjunctive means *to wait until:*

e.g. Esperaba a que le presentaran   *He was waiting to be introduced.*

Similarly **aguardar a que** + Subjunctive:

e.g. Aguardaron a que se le pasara el acceso de tos
They waited for his coughing bout to stop.

(ii) **Temer** + Subjunctive—*to fear:*

Recelar, Sospechar + Subjunctive—*to suspect.*

But followed by Indicative mean *to believe:*

e.g. Temo que ya han llegado *or* Desgraciadamente, ya han llegado   *I'm afraid they have arrived.*

109. **In statements presented as certainly or probably contrary to fact.**

Thus:

(a) After verbs of **saying, affirming, believing, etc.** (e.g. creer, pensar, decir, afirmar, jurar, suponer, asegurar, etc.) **used negatively:**

e.g. No creo que Vds. hayan perdido nada   *I don't think you have lost anything.*

Esto no quiere decir que yo no lo crea   *This does not mean that I do not believe it.*

No puedo comprender que sea otra cosa   *I cannot conceive of its being anything else.*

But Creo que Vds. no han perdido nada   *I think you have not lost anything.* etc.

Also when used **interrogatively** if there is marked doubt:

e.g. ¿Crees que lleguemos a tiempo?   *Do you think we shall arrive in time?* (the questioner himself doubts it).

¿Crees que llegaremos a tiempo?   *Do you think we shall arrive in time?* (genuine interrogative, answer may be "yes" or "no").

The Indicative is used after a Negative Imperative:

e.g. No creas que me quejo   *Don't think I am complaining.*

(b) After verbs of **doubting** and **denying** (e.g. negar, ignorar, dudar) **used affirmatively:**

e.g. Ignoraba lo que fuese la teosofía   *He did not know what theosophy was.*

Negará que lo hayamos hecho   *He will deny we have done it.*

Dudaba que lo hubiesen hecho   *He doubted whether they had done it* (dudar si *takes Indicative*).

But No dudamos que es un gran escritor   *We do not doubt that he is a great writer.*

Note:

The Indicative is required after verbs of pretending (e.g. simular, fingir, disimular):

e.g. Simuló que estallaba en una carcajada   *He pretended to burst out laughing.*

Hizo como que no la había oído   *He made out he hadn't heard her.*

110. After all Impersonal Expressions (including any type of expression embodying the same ideas as the verbs in 107, 108, 109), **except those stating a fact** (see 50b, 50c).

es posible que   *it is possible that.*
es imposible que   *it is impossible that.*
puede que   *it is possible that.*
puede ser que   *it may be that.*
es probable que   *it is probable that.*
parece mentira que   *it seems untrue that.*

más vale que	*it would be better that.*
mejor es que	*it is better that.*
es justo que	*it is just that.*
es conveniente que/conviene que	*it is timely that.*
es lógico que	*it stands to reason that.*
es natural que	*it is natural that.*
no será malo que	*it wouldn't be a bad idea.*
inútil es que	*it is useless that.*
basta que	*it is enough that.*
importa que/es importante que	*it is important that.*
urge que	*it is urgent that.*
es raro que	*it is strange that.*
es necesario que/es preciso que/precisa que/hace falta que *it is necessary that.*	
es lástima que	*it is a pity that.*
es dudoso que	*it is doubtful whether.*
ya es hora de que	*it is time that.*
es triste que	*it is sad that.*
es de esperar que	*it is to be hoped that.*
es de temer que	*it is to be feared that.*
es de desear que	*it is desirable that.*
no parece que	*it does not look as if.*
se teme que	*it is feared that.*
se ruega que	*it is requested that.*
se prohibe que	*it is forbidden that.*
etc.	

Examples:

Lo principal es que te dediques a los negocios   *The main thing is for you to devote yourself to business.*

A ninguno de nosotros le conviene que se arme un escándalo *It wouldn't suit either one of us for a scandal to break out.*

Será mejor que lo examine bien   *You had better look closely at it.*

No es preciso que grites   *There is no need for you to shout.*

Ha llegado la hora de que deseches estas fantasías   *The time has come for you to put aside these fantasies.*

Era una pena que el caballero no hubiera llegado antes   *It was unfortunate that the gentleman had not arrived sooner.*

Note the masculine definite article which precedes a noun clause acting as subject or object of a verb:

e.g. El que me vea vestida así no me importa   *It does not matter to me that he should see me dressed like this.*

111. In Adjectival Clauses introduced by a relative pronoun or adverb after a negative or indefinite antecedent.

(a) *Negative:*

e.g. No es cosa que me afecte directamente   *It is not something that affects me directly.*

No recuerdo un solo día que no haya querido ser ingeniero   *I cannot recall a single day when he didn't want to be an engineer.*

Nada hay que sea más feo   *There is nothing uglier.*

No hay quien lo explique   *There is no-one who can explain it.*

No faltaba quien la censurase   *There were plenty of people to criticize her.*

No hay cristiano que le aguante   *He is utterly intolerable.*

(b) *Indefinite*

e.g. Haré todo lo que esté en mi poder   *I'll do everything in my power.*

¿Puede Vd. presentar las pruebas que justifiquen su alegato?   *Can you furnish proof to justify your accusation?*

Se esforzó por recordar dónde se encontrase   *He made an effort to remember where he was.*

Haga Vd. lo que le parezca   *Do what you think best.*

Haré lo que Vd. diga   *I will do whatever you say.*

Hacer lo mejor que se pueda   *to do the best one can.*

But, the Indicative is used after an indefinite antecedent in a statement of fact:

e.g. Hay alguien que llama a la puerta   *There is someone knocking at the door.*

(c) After the forms ending in **-quiera,** corresponding to the English **-ever**:

quienquiera (pl. quienesquiera) que   *whoever.*

cualquiera (pl. cualesquiera) que   *whatever, whichever, anyone at all.*

comoquiera que   *however, in whatever way.*

dondequiera que   *wherever.*

cuando quiera que   *whenever.*

e.g. quienesquiera que sean   *whoever they are.*

comoquiera que lo haga   *however he does it.*

cualquiera que sea la diferencia   *whatever the difference.*

(The latter may be apocopated immediately before a noun:

e.g. cualquier día   *any day.*)

But, the Indicative is used if referring to something known:

e.g. Cuando quiera que nos visitaban nos traían flores
Whenever (each definite time that) *they visited us, they brought us flowers.*

Also, **por . . . que**   *however:*

e.g. por (muy) buenos que sean   *however good they are.*

por mal que vaya   *however badly it goes.*

por mucho que coma   *however much he eats.*

and por más que diga   *whatever he says.*

(But **por más que** + Indicative—*although:*

e.g. por más que parece verdad   *although it appears true.*)

(d) **After a superlative** (including **primero, último, único**) when tentatively expressing an opinion:

e.g. Es el primero que se haya atrevido a decirlo   *He is the first who has dared to say so.*

112. In Adverbial Clauses after conjunctions introducing future or hypothetical action, i.e. mere possibility, never when stating a fact:

e.g. Cuando la rana tenga pelos   (lit.) *When frogs have hair,*
i.e. never.

Aunque la mona se vista de seda, mona se queda *(proverb)*
The monkey even if it dresses in silk remains a monkey.

Thus, Esperaba verla en cuanto volviera   *He hoped to see her*
          as soon as she returned.

But En cuanto volvió la llamó a gritos   *As soon as she*
          returned he shouted to her.

          Un día, cuando seas rico . . .   *One day, when you are*
          rich . . .

But Todos los días cuando llega a casa . . .   *Everyday when*
          he arrives home . . .

en cuanto	
así que	
(but así que + Indic. = *so)*	
luego que	
tan pronto como	*as soon as*
desde que	
(But desde que + Indic. = *since)*	
cuando	*when*
para cuando	*by the time when*
hasta el momento en que	*until the moment when*
siempre que	*whenever*
como *(Indicative more common)*	*as, whenever*
hasta que	*until*
mientras no	
mientras (que)	*as long as*
(But mientras + Indic. = *while)*	
después (de) que	*after*
a medida que	*according as*
de ahí (el) que	*hence*
de aquí (el) que	
aunque	
así	
(But así + Indic. = *so)*	
bien que	*although*
por más que	
ya que	
(But ya que + Indic. = *since)*	

salvo que	
excepto que	*save that*
aun cuando,	
siquiera	*even though, even if*
a pesar de que	
a despecho de que	*in spite of*
no obstante que	
sin embargo de que	*not withstanding that*

The Subjunctive is *always* employed after certain conjunctions:

(a) **Conditional Conjunctions** (because the condition is not fulfilled. i.e. not a fact):

con tal (de) que	
siempre que	*on condition that, provided that*
a condición de que	
como no	
a menos que	*unless*
a no ser que	
como	
(ya) sea que	*if*
caso que	
en caso de que	*if, in case*
dado (caso) que	*assuming that, supposing*
supóngase que	
suponiendo que	*supposing that*
supuesto que	
que . . . que	
siquiera . . . siquiera	*whether . . . or*
ya . . . ya	
como si	
cual si	*as if*

But, por si + Indicative—*in case, on the off chance of:*

e.g. Hizo una pausa como si estuviera escuchando   *He paused as if listening.*

Suponiendo que tenga la extraordinaria suerte de encontrar trabajo . . .   *Supposing that he has the extraordinary good luck to find work . . .*

En caso de que le sentenciasen a muerte, ¿cuál sería su último capricho? *If you were sentenced to death, what would your last wish be?*

Le entregaron a condición de que se le recluyese en un manicomio *They handed him over on condition that he be shut away in an asylum.*

(b) **Conjunctions expressing purpose** (because the action of the subordinate clause is not a reality at the time of the action of the Main Clause):

a que *(after verbs of motion)*, a fin de que, para que, que *(after an expression of command)* *in order that, so that.*

no sea que, no fuera que, por temor a que, por miedo de que *lest.*

Also, poco faltó para que *nearly.*

e.g. Ven que te limpie la cara *Come let me wipe your face.*

Le hizo ir al hospital para que le examinara un cirujano *She made him go to hospital for a surgeon to examine him.*

Poco faltó para que llamaran a la policía *They nearly called the police.*

Note: de modo que, de manera que, de suerte que *so that, in such a way that.*

These take the Subjunctive when indicating *Purpose,* the Indicative when indicating *Result* of an action:

e.g. Se ató la corbata de modo que no se viesen las manchas *He tied his tie so that the stains did not show* (i.e. purposely).

Se ató la corbata de modo que se veían las manchas *He tied his tie so that the stains showed* (unintentional result).

(c) **Negative conjunctions** (since they reject statements as contrary to fact):

no porque *not because*
no es que *it is not that*
sin que, que no *(after a negative)* *without*
lejos de que *so far from*

no es razón para que   *it's no reason for*

e.g. No es que no me guste Londres   *It's not that I don't like London.*

Sin que le vieran sus padres, entró en la cocina *Without his parents seeing him, he went into the kitchen.*

Nadie le veía que no le compadeciera   *Nobody saw him without pitying him.*

(d) **Antes (de) que** (for the same reason as (b))—*before:*

e.g. Quería reunir el dinero antes de que el cheque fuese presentado al banco   *He wanted to get the money together before the cheque was presented to the bank.*

Note on Conjunctions

Where a prepositional form of the conjunction exists it is unnecessary to use the Subjunctive when the subject of both clauses is the same.

Conjunction	*Preposition*	
para que	para	
a fin de que	a fin de	
en caso de que	en caso de	
por miedo de que	por miedo de	
sin que	sin	
cuando	al	
hasta que	hasta	
antes (de) que	antes de	
después que	después de	etc.

e.g. Lo haremos al volver   *We shall do it when we return.*

Salió sin ver a sus padres   *He went out without seeing his parents.*

This type of construction is not uncommon especially in familiar language even when the subject of the two verbs is not the same.

e.g. Se fueron antes de llegar nosotros (N.B. Subject follows Infinitive)   *They went away before we arrived.*

113. **In an "if" clause,** where the action of the verb is unfulfilled or hypothetical:

e.g.　Si yo fuese tú　　*If I were you.*

Si fuera necesario/Si hubiese necesidad　　*If it were necessary/In case of necessity.*

No se perdería nada si viniese ahora conmigo　　*There would be nothing lost if he came with me now.*

Si hubiesen llegado a tiempo habrían cogido el tren　　*If they had arrived in time, they would have caught the train.*

No estaría yo aquí si no supiera que lo dice en serio　　*I should not be here if I did not know he means it.*

But　Me dijo que volviese si habían salido　　*He told me to come back if they had gone out.*

(Indicative because the Condition is not unfulfilled.)

The Subjunctive may be avoided by **de, a** or **con** with the Infinitive:

e.g.　a no ser por . . .　　*if it were not for . . .*

de seguir las cosas así　　*if things* $\left\{ \begin{array}{c} went \\ go \end{array} \right\}$ *on like this.*

con salir a las cinco llegaríamos a tiempo　　*if we left at five we should arrive in time.*

Notes:

(i)　The Conditional Indicative may be replaced by the **-ra** form of the Subjunctive (see 106, note).

(ii)　**Si** is never followed by the Present or Perfect Subjunctive (nor by the Future, Conditional or Past Anterior—unless it means *whether*).

114. **The Future Subjunctive**

Although for all practical purposes this has been entirely superseded by the Present Subjunctive it lingers in a very few set expressions:

e.g.　sea como fuere　　*be that as it may.*

venga lo que viniere　　*come what may.*

Haz el bien que pudieres　　*Do whatever good you can.*

Dondequiera que fueres haz lo que vieres   *When in Rome . . .*

115. Inversion of Subject and Verb

(a) The Subject is very commonly placed after the verb in Spanish, particularly if the subject consists of several words:

e.g. No digo que mienta su amigo   *I don't say your friend is lying.*

No lo consentirá el Presidente de la Real Academia Española   *The President of the Spanish Royal Academy will not allow it.*

If there is also an object personal **a** may be necessary to distinguish it:

e.g. A la paz sigue la guerra   *War follows peace.*

(b) In questions a noun object generally precedes a noun subject, unless the object is the longer of the two:

e.g. ¿Ha leído la carta la madre de Vd.?   *Has your mother read the letter?*

¿Ha leído su amigo todas las Novelas Ejemplares? *Has your friend read all the Exemplary Novels?*

(c) In interrogative sentences, direct or indirect, the subject regularly follows the verb:

e.g. ¿Ha ido Vd. alguna vez a Andorra?   *Have you ever been to Andorra?*

Me preguntó si había venido el basurero   *He asked me if the dustman had come.*

(d) Inversion is compulsory after introducing direct speech:

e.g.—Te he dicho que no—contestó su padre   *"I told you no", his father replied.*

—¡Socorro!—gritó la niña   *"Help!" the little girl shouted.*

(e) Inversion may be desirable to enable a relative pronoun to follow immediately its antecedent:

e.g. Asisten hoy los estudiantes que no vinieron ayer *The students are attending today who didn't come yesterday.*

116. Notes on the Agreement of Subject and Verb

(a) A collective singular noun has the verb in the singular:
   e.g. la gente chilla.
      todo el mundo grita.
      el público aplaude.
      la muchedumbre se acerca.
      el equipo se entrena, etc.

But the plural appears where the subject and verb are at some distance removed from each other:

   e.g. Todo el mundo acudió pero después de un rato se dispersaron   *Everyone came running up but after a while they dispersed.*

   La gente, a una señal convenida de sus jefes, se amotinaron   *The people, at an agreed signal from their leaders, rose up.*

In the case of:
   la mayoría   *the majority*
   la mayor parte   *the greater part*
   la mitad   *half*
   el resto   *the rest, remainder*

the verb may be singular or plural since the verb is attracted to the last word, thus:

   La mayor parte del trabajo está sin hacer   *The greater part of the work is not yet done.*

   La mayoría de los españoles son morenos   *Most Spaniards are dark.*

(b) When the subject is composed of two or more singular nouns representing things that may be taken together as forming a single idea, the verb may be in the singular:
   e.g. La entrada y salida de vapores ha sido aplazada   *The entry and departure of steamers has been postponed.*

(c) When the verb precedes a subject made up of singular nouns not representing persons it may be put in the singular to agree with the nearest noun:
   e.g. Le molesta el ruido y el bullicio   *The noise and the bustle disturb him.*

(d) Two singular subjects separated by *ni* commonly take the plural:

e.g. Ni la madre ni la hija saben qué hacer   *Neither the mother nor the daughter knows what to do.*

(e) *Más de un (-o, -a)* usually takes a singular verb:

e.g. Más de uno me ha criticado   *More than one has criticized me.*

(f) Remember the attraction exerted by the complement with *ser*:

e.g. Soy yo   *It is I.*

Lo demás son cuentos   *The rest is fairy-tales.*

ADVERBS

117. Formation

Adverbs of manner are regularly formed by adding **-mente** to the feminine singular of the adjective:

e.g. lento—lentamente
  triste—tristemente
  feliz—felizmente.

Any accent is retained:

e.g. rápido—rápidamente
  cortés—cortésmente.

When two or more adverbs of this type follow one another **-mente** is omitted from all but the last:

e.g. Trabaja lenta y cuidadosamente   *He works slowly and carefully.*

An alternative is to use **con** + abstract noun:

e.g. Trabaja con cuidado   *He works carefully, with care.*

or **de un modo/de una manera** + adjective:

e.g. Vive de un modo peligroso   *He lives dangerously.*

Vive de una manera peligrosa   *He lives in a dangerous way.*

118. Some adjectives are used adverbially (see 18):

e.g. Lo pasamos bárbaro (*colloquial*).

Esta pluma escribe fatal (*colloquial*).

119. (a) Spanish has an abundance of **adverbial expressions** of which the following are no more than common illustrative types:

andando el tiempo	*in the course of time.*
a la fuerza	*of necessity.*
a la moda	*in style, fashionable.*
a la verdad	*in truth.*
a la izquierda	*on the left.*
a la francesa	*in the French fashion.*
en lo sucesivo	*henceforth.*
por lo pronto	*for the time being.*
por lo tanto, por consiguiente	*therefore, consequently.*
de pronto, de repente	*suddenly.*
de antemano	*beforehand.*
de balde	*free, gratis.*
en balde, en vano	*in vain.*
de mala gana	*unwillingly.*
en seguida	*at once.*
por supuesto, desde luego	*of course.*
a ciegas	*blindly.*
a medias	*by halves.*
a sabiendas	*knowingly.*
a solas	*alone.*
a tientas	*gropingly.*
de oídas	*by hearsay.*
de puntillas	*on tip-toe.*
de hurtadillas	*stealthily.*
a más no poder	*to the utmost.*
a más tardar	*at the latest.*
de par en par	*wide open.*
de vez en cuando	*from time to time.*
de aquí en adelante	*henceforth.*
poco a poco	*little by little.*
mucho antes	*long before.*
cuesta arriba	*up hill.*
hacia arriba	*upwards.*

río abajo   *downstream.*

cuando más   *at most.*

cuando menos   *at least.*

como de costumbre   *as usual.*

y así sucesivamente, y así de lo demás, y así por el estilo   *and so on.*

en el mejor de los casos, a lo sumo, a todo tirar   *at best.*

a propósito, adrede, aposta   *on purpose.*

(b) Some adverbial expressions are restricted in use to certain verbs:

    e.g. mirar de reojo   *to look askance.*

       saber una cosa de buena tinta   *to have it on good authority.*

       creer a pie(s) juntillas   *to believe unquestioningly.*

       decir de dientes afuera   *to say with one's tongue in cheek.*

       juzgar a la ligera   *to judge hastily.*

       llover a cántaros   *to rain cats and dogs.*

       hablar a tontas y a locas   *to talk wildly.*

       llorar a grito pelado   *to scream.*

       pagar a toca teja   *to pay cash down.*

       salir a la chita callando   *to leave silently, stealthily.*

       dormir a pierna suelta   *to sleep soundly.*

120. Comparatives and Superlatives (see also adjectives 17)

(a) Both are formed by adding **más** to the adverb:

    e.g. Hazlo más despacio   *Do it more slowly.*

       Fue Juan quien lo hizo más despacio   *It was John who did it most slowly.*

Irregular forms:

bien *(well)*	mejor *(better)*	lo mejor *(best)*
mal *(badly)*	peor *(worse)*	lo peor *(worst)*
mucho *(much)*	más *(more)*	lo más *(most)*
poco *(little)*	menos *(less)*	lo menos *(least)*

N.B. **Lo** is used with the superlative if it is further qualified:

    e.g. lo más pronto posible   *as soon as possible.*

       lo mejor que pudo   *as best he could.*

Más bien = *rather* (correcting or qualifying a previous statement):

e.g. El jefe era fascista, o más bien falangista   *The boss was a fascist, or rather a Falangist.*

(b) *More . . . than*   **Más . . . que.**

El tiene **más** dinero **que** yo   *He has more money than I* (simple comparison).

El tiene **más** dinero ahora **del que** tuvo el año pasado   *He has more money now than* ("the money" understood) *he had last year* (comparison of noun).

El tiene **más** dinero **de lo que** crees   *He has more money than you think* (comparison with whole clause).

More than + numeral = **Más de:**

e.g. Tiene más de diez dólares.

So negative + more than + numeral = **no . . . más de:**

e.g. No tiene más de diez dólares   *He has no more than ten dollars* (approximate—he may have less).

But, No tiene más **que** diez dólares   *He has only ten dollars* (ten exactly).

(Similarly **menos . . . que**—*less . . . than*):

The more . . . the more   **cuanto más . . . (tanto) más.**

Cuantos más descubrimientos se realizan (tanto) más tenemos que estudiar   *The more discoveries that are made the more we have to study.*

Cuanto antes, mejor   *The sooner the better.*

(c) An "absolute" superlative is possible:

e.g. rapidísimamente   *most quickly, very quickly.*

But *muy* plus adverb is more common.

N.B. **muchísimo**—*very much.*

(d) In comparisons of equality, **tanto (-a, -os, -as) . . . como** is used with nouns; **tan . . . como** with adverbs (and adjectives), *except* mejor, peor, más, menos:

e.g. Tiene tantos amigos como yo   *He has as many friends as I.*

Estudia tan seriamente como tú   *He studies as seriously as you do.*

Tanto mejor   *So much the better.*

121. Notes on Adverbs

(a) **Muy** and **mucho:**

El es muy español   *He is very Spanish.*

Es muy torero   *He is very much of a bullfighter.*

Era muy de día   *It was broad daylight.*

Está muy sobre sí   *He is very sure of himself.*

Me levanté muy de madrugada   *I got up very early.*

Muy al contrario   *Very much the contrary.*

Lo siento mucho   *I am very sorry.*

¿Estás contenta? Sí, mucho   *Are you happy? "Yes, very".*

Estoy cansado, pero no mucho   *I am tired, but not very.*

(b) **Ahora** and **ya:**

Ahora translates *now,* meaning *at the present time:*

e.g. ¿Qué haces ahora?   *What are you doing now?*

Ya translates *now* with the meaning of *already* either implicit or explicit:

e.g. Ya es hora de . . .   *It is time to . . .*

Ya lo sabe   *He knows that already.*

Ya caigo   *Now I get it.*

Sometimes simply for emphasis:

¡Ya lo creo!   *I should think so!*

¡Ya verás!   *You'll see!*

N.B. **Ya** with an Interrogative translates *yet:*

e.g. ¿Lo has acabado ya?   *Have you finished it yet?*

Ya no—*no longer:*

e.g. Ya no hay Pirineos   *The Pyrenees no longer exist.*

(c) **aún** and **todavía:**

Both translate *still* or *yet:*

Es todavía muy joven   *He is still very young.*

With **no** both translate *not yet:*

e.g. No han llegado aún   *They have not arrived yet.*

Aun (no accent) means *even:*

e.g. aun hoy *even today.*

(d) **Entonces, luego** and **pues.**

All translate *then;* **entonces** in the sense of *at that time* and also *in that case:*

e.g. Vivía entonces en Chipre *He was then living in Cyprus.*

¿No vas? Entonces yo tampoco voy *Aren't you going? Then I'm not going either.*

luego translates *then* meaning *next; soon after:*

e.g. Luego vino el sacerdote *Then came the priest.*

pues (cf. **conque**) is a mere conjunction:

e.g. ¿Qué hacemos pues? *What shall we do then?*

¿Conque no sales? *You are not coming out then?* (or, *So you are not coming out?)*

(**después:** *after, afterwards.*)

desde entonces *since then.*

desde luego *of course.*

(e) **Recientemente** shortens to **recién** before a past participle:

e.g. Una casa recién pintada *A newly painted house.*

Los recién venidos *The newcomers.*

(f) **Desgraciadamente** *(unfortunately)* to translate *to be afraid:*

e.g. Desgraciadamente no puedo acompañarle *I'm afraid I can't come with you.*

(g) último *last.*

últimamente *lately.*

por último *lastly.*

(h) actualmente *at the present time.*

mismamente *exactly, completely.*

asimismo *likewise.*

mayormente *especially, principally.*

efectivamente *in fact, actually; sure enough.*

(i) a lo mejor *probably.*

menos mal que + Indic. *good job . . . , luckily.*

las cosas van de mal en peor *things are going from bad to*
 worse.

ni mucho menos *far from it.*

menos aún . . . *let alone . . .*

mejor dicho *rather.*

(j) **Sí (que)** used for emphasis:

 e.g. Yo sí que lo haría I *would do it.*

   ¡Estás enamorado! Eso sí que no *You're in love!*
   I certainly am not.

   ¿Os vais? Ella no pero yo sí *Are you going? She isn't*
   but I am.

   ¡Eso sí que es! *That's it!*

   Lo que sí me dijo . . . *What he* did *tell me . . .*

122. Position of Adverbs

The Adverb should adjoin the word it modifies:

Thus it follows a verb:

 e.g. Va a menudo a España *He often goes to Spain.*

   Vd. habla bien el castellano *You speak Spanish well.*

And precedes an adjective:

 e.g. Su padre es bastante alto *His father is rather tall;*
   quite tall.

Unlike English, it seldom separates a subject and verb:

 e.g. Mi padre lo dice casi siempre *My father nearly always*
   says so.

It may be placed at the beginning of a sentence for special
emphasis:

 e.g. Siempre le culpa a su marido *She always blames her*
   husband.

It sometimes falls harmoniously at the end:

 e.g. Se dio cuenta entonces de que hacía un sol tremendo
   que descargaba sobre ellos despiadadamente *(J. L.*
   Martín Descalzo).

   La tierra se había puesto a despedir perfumes intensa-
   mente *(R. Güiraldes).*

123. NEGATION:

It will be recalled that Spanish uses a double negative:

e.g. ¿No vio Vd. a nadie?   *Didn't you see anyone?*

Nunca da nada a nadie   *He never gives anything to anyone.*

Salió sin decir nada   *He went out without saying anything.*

Se marcharon antes de decidir nada   *They went away before deciding anything.*

Sin qué ni para qué   *Without rhyme or reason.*

The only instance of a double negative making an affirmative in Spanish is **no sin**:

e.g. Lo hizo no sin dificultad   *He did it not without difficulty.*

Alguno may be used in a negative sentence as an adjective after a noun to give greater emphasis than **ninguno**:

e.g. No veo luz alguna   *I can't see any light at all.*

Lo hará sin duda alguna   *He will do it without the slightest doubt.*

Where the double negative is used in English to produce a special effect Spanish uses a simple affirmative:

e.g. Por algo era nacionalista catalán   *He was not a Catalan nationalist for nothing.*

The converse also occurs:

e.g. No otra cosa ha ocurrido con . . .   *The same thing has occurred with . . .*

Notice particularly the following types of construction:

¡Hay nada más ridículo!   *Is there anything more ridiculous!*

¿Ha visto Vd. jamás nada que sea más feo?   *Have you ever seen anything more ugly?*

Te gusta a ti más que a nadie   *You like it more than anyone.*

Me guardaré de hablar a nadie   *I shall refrain from speaking to anyone.*

Está trabajando más que nunca   *He is working harder than ever.*

124. Redundant **no**:

e.g. Su hijo gozaba de una existencia más dulce que no lo fue la suya   *His son enjoyed a sweeter existence than his own ever was.*

Preferiría ir mañana que no ahora   *I should rather go tomorrow than now.*

No descansaré hasta que no lo termine   *I shall not rest until I finish it.*

Por poco no ardemos todos   *All of us were nearly burnt.*

Conversely:

En mi vida he visto tal cosa   *Never in my life have I seen such a thing.*

En toda la noche he podido dormir   *All night long I have not been able to sleep.*

En el mundo encontrarás mejores   *You won't find better ones in all the world.*

and ¿Estás harto? En absoluto   *Are you fed up? Not at all.*

125. (a) **Ni . . . ni**—*neither . . . nor* (see agreement of subject and verb 116d):

e.g. Ni hoy ni mañana salgo contigo *or* No salgo contigo ni hoy ni mañana   *I will not go out with you either today or tomorrow.*

(b) **ni siquiera**—*not even:*

e.g. No le quiere ni siquiera su madre   *Not even his mother loves him.*

Or simply **ni:**

e.g. No merece ni el pan que se come   *He is not worth his salt* (lit. *He is not even worth the bread he eats*).

No tiene ni pizca de gracia   *It isn't a bit funny.*

No sabe ni jota   *He hasn't a clue.*

¡Ni hablar!   *Not likely!*

¡Ni pensarlo!/!Ni por pienso!   *The very idea!*

(c) **Tampoco**—*not . . . either, nor . . . either*

e.g. ¿No te vas? Pues yo tampoco   *You're not going? Well I'm not either,* or *neither am I.*

126. **No . . . sino** and **no . . . más que**—*only, nothing but:*

e.g. No tiene más que el día y la noche   *He has only the day and the night* (i.e. *he is very poor*).

No hace sino bostezar   *He does nothing but yawn.*

127. ¿No es verdad? or simply **¿verdad?** are used to seek corroboration for a statement:

e.g. Hoy es miércoles, ¿verdad?   *It is Wednesday today, isn't it?*

Vd. no fue a la feria, ¿verdad?   *You didn't go to the fair, did you?*

But with different subjects:

No la conozco, ¿y Vd?   *I don't know her. Do you?*

128. Miscellaneous

ahora no   *not now.*
aquí no   *not here.*
no siempre   *not always.*
espero que no   *I hope not.*
nada por el estilo   *nothing of the sort.*
no sacar nada en limpio   *not to come to a conclusion.*
no hay nada de lo dicho   *it's all off.*
no hacerlo ⎱   *not to do it*
por nada del mundo ⎰   *for all the world, at any price.*
Nada entre dos platos   *Much ado about nothing.*
sin ambajes ni rodeos   *without beating about the bush.*
No hay atajo sin trabajo   *There is no short cut without work.*
no hay remedio   *it can't be helped.*
de ninguna manera   *by no means.*
Eso no viene al caso   *That is neither here nor there.*
No está (en casa)   *He is not at home.*

129. CONJUNCTIONS

(a) **y** *(and)* > **e** before **i** or **hi** (except **hie . . .**):

e.g. galeses e ingleses.
    padre e hijo.
but nieve y hielo.

o *(or)* > **u** before **o** or **ho**:

e.g. uno u otro.
    pensiones u hoteles.

(b) **pero, mas** (literary), **sino**   *but.*

Sino is only used to introduce a positive in direct contrast to a preceding negative:

e.g. No vamos hoy sino mañana   *We are not going today but tomorrow.*

i.e. It is not today but tomorrow that we are going.

No vamos hoy pero sí mañana   *We are not going today but we are going tomorrow.*

Ellos van hoy pero nosotros vamos mañana   *They are going today but we are going tomorrow.*

No sólo . . . sino también   *not only . . . but also.*

(c) *Correlative Conjunctions*

e.g. así . . . como   *both . . . and*

así como . . . así también   *just as . . . so too*

no bien . . . cuando   *scarcely . . . when*

cuándo . . . cuándo   *sometimes . . . sometimes*

desde . . . hasta   *from . . . to*

o . . . o   *either . . . or*

ora . . . ora   *now . . . now*

sea . . . sea   *whether . . . or*

ya . . . ya   *sometimes . . . sometimes, whether . . . or*

quién . . . quién   *some . . . others.*

(d) The conjunction **que** should not be omitted by the student as *that* often is in English (though cases of its omission before a noun clause are occasionally observed):

e.g. Dijo que vendría   *He said he would come.*

Creo que hacen progresos   *I think they are making progress.*

(e) **Si** is often used in spoken Spanish at the beginning of a phrase or sentence to express surprise or expostulation:

e.g. ¡Si seré tonto!   *Well, aren't I a fool!*

¡Si la quiere mucho!   *But he loves her a great deal.*

Pero si sacaré sobresaliente, madre; si lo sacaré *(Unamuno)*   *But I will get a distinction, mother, I will, I will.*

Notice also: ¿Si fuésemos . . . ?   *What about going . . . ?*

(f) **cuando** + noun—*at the time of:*

e.g. Cuando la guerra civil de España . . .   *At the time of the Spanish Civil War . . .*

(g) **Como**—*as* (since, i.e. giving reason):

e.g. Como no lo sabía iba muy tranquilo   *As he didn't know he was quite unconcerned.*

mientras—*as* (while) cf. **cuando, al** + Infinitive:

e.g. Mientras decía esto cargaba su pistola   *As he was saying this he was loading his pistol.*

a medida que—*as* (in proportion as):

e.g. A medida que avanza la cuaresma, las confesiones se multiplican   *As Lent advances, the confessions multiply.*

mientras (que)—*whilst, whereas* (expressing contrast):

e.g. Te amo, mientras tú me aborreces   *I love you, whilst you hate me.*

El trabajaba, mientras que ella no hacía nada   *He was working, whereas she was doing nothing.*

puesto que, pues que, ya que   *since* (seeing that).

e.g. Es inútil que lo preguntes ya que nadie te lo dirá   *It's useless for you to ask since nobody will tell you.*

desde que—*since* (from the time that):

e.g. Desde que vive en Madrid . . .   *Since he has been living in Madrid . . .*

visto que—*seeing that:*

e.g. Visto que esto es así . . .   *Seeing that this is so . . .*

130. INTERJECTIONS

(a) **¡Ay!** is the most "castizo" Spanish interjection, expressing at various times joy or delight, surprise or pain.

¡Hombre!—is commonly used in conversation to members of both sexes by way of emphasis or remonstrance; **¡Mujer!** also exists, as do **¡niño!, ¡niña!, ¡hijo!, ¡hija!**

(b) ¡Huy! *(pain, shock, but sometimes pleasure)* Ouch! Phew! ¡Puf! *(aversion)* ugh!

L

¡Caramba!/¡Caray!/¡Caracoles!/¡Cielos! *(surprise)* *Heavens!*

¡Por Dios! *For goodness' sake!*

¡Dios mío! *Dear me!*

¡Jesús! (1) *Gosh!* (2) *Bless you!* (after a sneeze).

¡Madre mía! *Dear me! Good gracious!*

¡Anda! (1) *Well I like that!* (2) *Fancy!* (3) *Come on, hurry up!*

¡Oiga! *Listen! I say! Look here!*

¡Vaya! *(mild vexation)* *Indeed! Would you believe!*

¡Toma! *Why! Indeed! Really!*

¡Vamos! *(conciliation)* *Now then! Come now!*

¡Arre! *(to draught animals)* *Gee-up!*

¡Cuidado! *Look out! Take care!*

¡Fuego! *Fire!*

¡Socorro! *Help!*

¡Al asesino! *Murder!*

¡Al ladrón! *Stop thief!*

¡Ojo! (1) *Watch out!* (2) *N.B.*

¡Ahí va! (1) *Oops!* (2) *There she goes!*

¡Otra! (1) *Honestly!* (expression of indignation) (2) *Encore!*

¡Chist! *Ssh! Hush!*

¡Olé! *(approval)* *Bravo!*

¡y qué! *So what!*

(c) **As written signs:**

¡Ojo, moja! *Wet paint!*

¡Obras! *Men at work!*

PREPOSITIONS

Examples showing characteristic uses of certain prepositions

131. **A:** mostly translates *TO*. Notice also:

a toda costa *at all costs.*

a paso regular *at a steady pace.*

al azar/a la ventura *at random.*

al principio   *at the beginning.*
a primera vista   *at first sight.*
a diez por ciento   *at ten per cent.*
a seis pesetas el litro   *at six pesetas a litre.*
a la puerta   *at the door.*
a la mesa   *at the table.*
al piano   *at the piano.*
al galope   *at the gallop.*
asomarse a la ventana   *to appear at the window (* or *peep through, go to).*
a sus anchas   *at one's ease.*
tener al dedillo   *to have at one's fingertips.*
a la vez/al mismo tiempo   *at the same time.*

al fondo   *in the background.*
al aire libre/al raso   *in the open air.*
al sol   *in the sun.*
a la luz de la luna   *in the moonlight.*
a pesar de   *in spite of.*
venir a tiempo   *to come in time.*
a sangre fría   *in cold blood.*
a lo lejos   *in the distance.*
a la larga/a la postre   *in the long run.*
ir a vivir a Burdeos   *to go to live in Bordeaux.*
llegar a Estocolmo   *to arrive in Stockholm.*

a fuerza de   *by dint of.*
a mano   *by hand.*
funcionar a vapor   *to work by steam.*
a vuelta de correo   *by return of post.*
al amor del fuego   *by the fire.*
paso a paso   *step by step.*
gota a gota   *drop by drop.*

a bordo   *on board.*
a crédito   *on credit.*

a pie   *on foot.*
a caballo   *on horseback.*
a gatas   *on all fours.*
al otro lado   *on the other side.*
declarar la guerra a   *to declare war on.*
al día siguiente   *on the following day.*
a propósito   *on purpose; by the way.*

caer al agua   *to fall into the water.*
salir a la calle   *to go out into the street.*
todos a una   *all together.*
a la redonda   *roundabout.*
a los dos días   *two days later.*

132. **EN.** Mostly translates *IN*. Note also:
gastar en   *to spend on.*
en la inteligencia   *on the understanding.*
en la acera   *on the pavement.*
en el comité   *on the committee.*
en cambio   *on the other hand.*
tener en la punta de la lengua   *to have on the tip of one's tongue.*

en la estación   *at the station.*
en la esquina   *at the corner.*
en el hotel   *at the hotel.*
en casa   *at home.*
en la iglesia   *at church.*
en el fondo   *at bottom, deep-down.*
en la actualidad   *at the present time.*
en aquel entonces   *at that time.*
en aquel momento   *at that moment.*
en Pentecostés   *at Whitsuntide.*
estar en paz   *to be at peace.*
valorado en   *valued at.*
Es muy malo en español   *He is very bad at Spanish.*

de pueblo en pueblo   *from town to town.*

¿En qué le has conocido?   *What did you recognize him by?*
ir en coche   *to go by car.*

33. **DE.** Mostly translates *OF* or *FROM*. Note also:
estimado de   *esteemed by.*
querido de   *beloved by.*
rodeado de   *surrounded by.*
acompañado de   *accompanied by.*
de memoria   *by heart.*
de vista   *by sight.*
de nombre   *by name.*
de nacimiento   *by birth.*

de pelo rubio   *with fair hair.*
armado de   *armed with.*
bordado de   *embroidered with.*
enamorado de   *in love with.*
cubierto de   *covered with.*
cargado de   *laden with.*
manchado de   *stained with.*
tiritar de frío   *to shiver with cold.*

de negro   *in black.*
de luto   *in mourning.*
de longitud   *in length.*
sordo de un oído   *deaf in one ear.*
de este modo   *in this way.*
de antemano   *in advance.*
esto va de veras   *this is in earnest.*

pintado de azul   *painted blue.*

de niño   *as a boy.*
N.B. el camino de Santiago   *the way to Santiago.*

el tren de Murcia   *the train to Murcia.*
el tren procedente de Murcia   *the train from Murcia.*

134. **POR** and **PARA**

The difficulty here stems from the fact that whilst both render *for* they are not interchangeable; in most of their other acceptations, e.g. para + Infinitive—*in order to,* por + agent—*by* (after a passive)—their distinct meanings are clear.

The essential difference between **por** and **para** meaning *for* may be represented diagrammatically thus:

por *i.e.* conveying the idea that something is arising out of stemming from, some particular cause, is therefore being done on account of something or someone, out of some feeling for somebody or something:

e.g. ¿Por qué?   *Why? For what reason?*

para *i.e.* conveying the idea that something under general consideration is about to be applied to a particular end channelled in a certain direction, to a definite destination

e.g. ¿Para qué?   *Why? For what purpose?*

Thus in reply to a friend's question:

"¿Has comprado un abrigo de piel *para* tu esposa?" *(para*—destination) normal usage, a man may reply meaningfully:

"No; he comprado un abrigo de piel *por* mi esposa."

(i.e. I have bought a fur coat for my wife, because of her, or account of her constantly nagging me to, etc.)

Further examples illustrating the particular uses of **por** *and* **para.**

135. **Por**

(a) Denotes the **cause, reason** or **motive** for an action:

e.g. No lo hago bien por falta de tiempo   *I am not doing it well for lack of time.*

por descuido   *through carelessness.*

por amor de Dios *for love of God.*

Le odio por su arrogancia *I hate him on account of his arrogance.*

Lo hace por pura malicia *He does it out of sheer malice.*

No viene por estar enfermo *He is not coming on account of being ill.*

por eso *for that reason, therefore.*

Por dinero baila el perro *(proverb)* *For money even the dog dances.*

(b) Translates *for the sake of, for the benefit of, on behalf of, in favour of*:

e.g. Es por tu bien *It's for your own good.*

abogar por alguien *to put in a good word for someone.*

Murieron por sus creencias *They died for their beliefs.*

¡Reza por mí! *Pray for me!*

Votaron por López *They voted for Lopez.*

¡Por Dios! *For Heaven's sake!*

El arte por el arte *Art for art's sake.*

Hable por Vd. *Speak for yourself.*

Haré lo que sea por Vd. *I'll do anything for you.*

(c) Denotes the **time during** which or **about which** an action takes place:

e.g. por más de sesenta años *for more than sixty years.*

mañana por la mañana *tomorrow morning.*

Basta por ahora *That's enough for now.*

por un momento *for a moment.*

por entonces *about then, about that time.*

un huevo pasado por agua por tres minutos *a boiled egg.*

(d) Denotes **place through** or **along which**:

e.g. Pasamos por un túnel *We passed through a tunnel.*

Paseaban por la avenida *They were strolling along the avenue.*

(e) Denotes **motion in a place:**

    e.g. Paseó por el cuarto   *He walked about the room.*

        Ha viajado por toda España   *He has travelled all over Spain.*

        El avión voló por encima de la ciudad   *The plane flew over the city.*

        Crucemos por aquí   *Let's cross here.*

It sometimes therefore denotes **place,** but in a vaguer sort of way than *en:*

    e.g. por todas partes   *everywhere, all over the place.*

        por allí   *thereabouts, in those parts.*

        por dentro y por fuera   *on the inside and the outside.*

        por mi parte   *for my part.*

        por otra parte   *on the other hand.*

        Venga por aquí cuando quiera   *Drop in any time you like.*

        ¿Hay alguna farmacia por aquí?   *Is there a chemist's near here?*

        ¡Tú por aquí!   *Fancy seeing you here!*

(f) Translates *for* in expressions of **exchange** or **equivalence:**

    e.g. sustituir A por B   *to substitute A for B.*

        Pagaron cuatro mil libras por la casa   *They paid £4000 for the house.*

        Vea por cuan poco dinero he trabajado   *See for what little money I have worked.*

        traducir palabra por palabra   *to translate word for word.*

        "Ojo por ojo y diente por diente"   *"An eye for an eye and a tooth for a tooth."*

        Muchas gracias por tu carta   *Many thanks for your letter.*

(g) Indicates **opinion, estimation** or **acceptation:**

    e.g. Le tenemos por cobarde   *We take him for a coward.*

        Le dejaron por muerto   *They left him for dead.*

        Le adoptó por hijo   *He adopted him as his son.*

        ¿Por quién me toma Vd.?   *Who do you take me for?*

Se dio por aludido   *He took the hint.*

por regla general   *as a general rule, generally.*

por favor   *please.*

por ejemplo   *as an example, for example.*

lo di por supuesto   *I took it for granted.*

por término medio   *on an average.*

(h) Denotes **manner** or **means**:

e.g. vender al por mayor   *to sell wholesale.*

Apareció como por encanto   *It appeared as if by magic.*

llamar por teléfono   *to ring up.*

por ce o por be/por las buenas o por las malas   *by hook or by crook.*

Ganó el puesto por "enchufe" (familiar)   *He got the job through "string pulling", "connections".*

por separado   *separately.*

por completo   *completely.*

(i) In **units of measure** or **number** (=per):

e.g. una vez por semana   *once a week.*

un tanto por ciento   *so much per cent.*

ochenta kilómetros por hora   *eighty kilometres an hour.*

(j) Translates *for* meaning *in search of* (a thing):

e.g. Muchos van por lana   *Many go for wool.*

Le enviaron por un frasco de sales   *They sent him for a bottle of smelling salts.*

(k) Meaning *towards* of feelings:

e.g. Ya no siento nada por él   *I no longer feel anything for him.*

(1) **Por** may occasionally be used before an Infinitive (though far less commonly than **para**) expressing some idea of **purpose**:

El reaccionario eres tú—decía a veces Luis por divertirse *(J. Payno).* *"You are the reactionary one", Lewis would sometimes say for fun (in order to amuse himself).*

Me apresuré a despedirme por no molestar *(P. Valdés)*

I hastened to take my leave so as not to be a nuisance.
Se esfuerza por negarlo   *He struggles to deny it.*

136. **Para**

(a) Expresses **use, purpose, destination**:

e.g. una mesa para dos   *a table for two.*
una taza para el té   *a tea-cup.*
un cepillo para dientes   *a tooth-brush.*
Estudio para abogado   *I am studying to be a lawyer.*
Lo ahorra para cuando se jubile   *He is saving it for when he retires.*
para variar/para cambiar   *for a change.*
Se prepara para el examen   *He is preparing for the examination.*
Estas cartas son para ti   *These letters are for you.*
Salimos para la Habana   *We left for Havana.*

(b) Translates *for* meaning *so far as concerns*:

e.g. Es malo para la línea   *It is bad for the figure.*
Fue para él una experiencia única   *It was for him a unique experience.*
Su estudio es útil para los extranjeros   *Their study is useful for foreigners.*

(c) Translates *for* meaning *considering*:

e.g. Es muy alto para su edad   *He is very tall for his age.*
Para principiante no lo ha hecho mal   *For a beginner he has not done it badly.*

(d) After: **bastante, demasiado, harto, muy, suficiente**:

e.g. Es demasiado joven para fumar   *He is too young to smoke.*
Dispone del tiempo suficiente para divertirse   *He has enough time to enjoy himself.*

(e) Translates *by* (or *for*) before an expression of future time:

e.g. Estaremos allí para las cinco   *We shall be there by five o'clock.*

Lo tendré hecho para entonces   *I shall have it done by then.*

(f) It is used before personal pronouns translating *to oneself, to himself,* etc., after certain verbs:

e.g. leer para sí   *to read to oneself.*
dije para mí   *I said to myself.*

(g) Equivalent to *only to:*

e.g. La luna salió de detrás de las nubes, para volver a ocultarse   *The moon came out from behind the clouds, only to hide itself again.*

(h) Akin to **para** + Infinitive indicating purpose *(in order to, to)* are examples like the following:

¿Quién es Vd. para hablarme así?   *Who are you to talk to me like that?*

¿Es éste el mejor sitio para ponerlo?   *Is this the best place to put it?*

137. **Antes** (adverb); **Antes de** (preposition); **Antes (de) que** (conjunction): *before* (of time or order):

e.g. Antes la muerte que la deshonra   *Death before dishonour.*

antes also means *rather:*

e.g. El que está limpio de pecado no teme la muerte; antes la desea   *He who is free of sin does not fear death; rather he desires it.*

Ante—*before* (of position), with the sense of *confronted by:*

e.g. Todos sienten ante él un profundo pavor   *They all feel before him a profound fear.*

Delante de—*before* (of place), *in front of:*

Después (adverb); **Después de** (preposition); **Después que** (conjunction): *after* (of time).

Detrás de; Tras: *after* (of place), *behind.*

Detrás de is more commonly used for literal position.

Tras is used expressing succession:

e.g. uno tras otro   *one behind the other.*
hora tras hora   *hour after hour, for hours on end.*

138. **Debajo de; Bajo:** *under.*

Debajo de is more common for literal position.

Bajo is used in figurative expressions:

> e.g. bajo pena de muerte   *under penalty of death.*
>
> bajo la lluvia   *in the rain.*

(*Also,* con la lluvia, con el tiempo que hace, *etc.*)

Encima de/Sobre   *over, above.*

Sobre also translates *upon,* i.e. slightly more emphatic than **en**—*on,* and also avoids confusion with **en** meaning *in:*

> e.g. Las revistas están sobre el armario   *The magazines are on the wardrobe.*

Sobre in addition translates *on* meaning *about,* in formal treatment of some matter:

> e.g. Una conferencia sobre la antropología   *A lecture on anthropology.*
>
> Un libro sobre la economía de España   *A book on the Spanish economy.*
>
> Habló sobre su viaje a España   *He spoke about his journey to Spain.*
>
> Sobre los gustos no hay nada escrito   *There is no accounting for taste* (lit. *Nothing has been laid down on the subject of taste*).

and *about* meaning *approximately:*

> e.g. Llegaremos sobre las diez   *We shall arrive about ten o'clock.* (See also 20g.)

About, meaning *concerning* may be variously translated:

tocante a—*in* (or *with*) *regard to.*

con respecto a—*with regard to*

en cuanto a—*as for*

acerca de—*about, concerning*

concerniente a—*concerning*

139. **Desde:** (i) *from* (of place) suggesting greater distance than **de**; (ii) *since* or *from* (of time):

> e.g. Desde el Lejano Oriente   *From the Far East.*
>
> Desde la semana pasada   *Since last week.*
>
> Desde mañana   *From tomorrow.*

Also used figuratively:

> e.g. Desde todos los puntos de vista   *From all points of view.*

Forms a correlative with **hasta**:

    e.g. Fue andando desde Gerona hasta la frontera   *He*
        walked (all the way) from Gerona to the border.

Hasta: (i) *up to, as far as* (of place); (ii) *up to, until* (of time):

    e.g. Trepó hasta la cumbre   *He climbed as far as the summit.*
        Te lo presto hasta el lunes   *I'll lend it you till Monday.*
        Hasta luego/ Hasta la vista   *Cheerio!*

Also means *even*:

    e.g. Trabaja hasta los domingos   *He works even on Sundays.*

Hacia—*towards,* in the general direction of:

    e.g. Miró hacia mí   *He looked in my direction, towards me.*

Para con—*towards,* of feelings:

    e.g. Es muy bueno para con los niños   *He is very good*
        towards the children.

140. Spanish permits an accumulation of prepositions. Consider
also:

    No es de por aquí   *He is not from around these parts.*
    No se meta Vd. de por medio   *Don't you interfere.*
    Los vecinos nuestros de al lado   *Our next door neighbours.*
    Un día de entre semana   *A weekday.*
    Habrá que buscar algo para por las tardes   *We shall have to*
        find something to do in the afternoons.
    Corrieron por entre los árboles   *They ran through the trees.*

DIMINUTIVE AND AUGMENTATIVE SUFFIXES

These are characteristic of Spanish, especially South American
Spanish, figuring prominently in the speech of women and
children.

141. Diminutives

    -ito   (**-cito,**   **-ecito,**   **-ececito**)
    -illo   (**-cillo,**   **-ecillo.**   **-ececillo**)
    -uelo   (**-zuelo,**   **-ezuelo,**   **-ecezuelo**)

-ito (etc.), by far the most common, may indicate not only

z

smallness, but also affection, *nice little . . . , dear little . . . , pretty little.*
-illo, etc., indicates smallness, often with pejorative implication.
-uelo, etc., but very little used, usually adds a pejorative sense
or one of non-importance.

e.g. Juanito—*Johnny.*   Carlitos—*Charlie.*
     señorita—*miss.*   viejecita—*(nice) little old lady.*
     pueblecito—*village.* Pulgarcito—*Tom Thumb.*

     cigarrillo—*cigarette.*   campanilla—*hand bell.*
     mentirilla—*"white" lie.* hombrecillo— *insignificant little*
                                                          man.
     ladronzuelo—*petty thief.* arroyuelo—*rill, brook.*
     picaruelo—*little rogue.* aldehuela—*wretched little village.*

142. Rules for Their Formation

(a) The endings in the fourth column (**-ececito, -ececillo,
    -ecezuelo**) are taken only by words of one syllable
    ending in a vowel:
    e.g. pie: piececito, piececillo, piececuelo.

(b) Those of the third column by words of one syllable ending
    in a consonant:
    e.g. flor, florecita.
        red, redecilla.
        rey, reyezuelo.
    By words of two syllables whose first syllable contains one
    of the diphthongs **ei, ie, ue,** and whose last syllable ends
    in **a** or **o**:
    e.g. reina—reinecita.
        tiempo—tiempecillo.
        pueblo—pueblezuelo.
    Also by words of two syllables whose last syllable ends in
    any of the diphthongs **ia, io, ua:**
    e.g. gloria—gloriecilla.
        genio—geniecillo.
        lengua—lengüecita.

Finally, by all words of more than one syllable ending in **e**:
e.g. pobre—pobrecito.
    aire—airecillo.

(c) The endings of the second columns are taken by words of more than one syllable ending in **n** or **r**:

e.g. mujer—mujercita.   corazón—corazoncito.
    autor—autorcillo.   talón—taloncillo.
    doctor—doctorzuelo.   ladrón—ladronzuelo.

(d) The endings in the first column are applied to all other words, i.e. the vast majority:

e.g. animal—animalito.   farol—farolillo.
    cuarto—cuartito.   almohada—almohadilla.
    hoyo—hoyuelo, etc.

(e) Other diminutives exist but their use is mostly confined to particular regions:

e.g. **-ico**—in Aragón and Navarre.
    -ín—in Asturias.
    -iño—in Galicia.
    -ino—in Extremadura.

143. Augmentatives

These are used less than diminutives:

-ón, -ona is the most common, expressing bigness, or an increased degree of a quality.

-azo, -aza indicates disproportionate size.

-ote, -ota almost invariably depreciative, makes something appear monstrous or ridiculous.

e.g. hombrón—*a hefty chap*.
    solterona—*an "old maid"*.

    perrazo—*enormous dog*.
    manazas—*shovel-like hands*.

    hombrote—*a big brute of a fellow*.
    palabrota—*"swear" word, oath*.

In a few words **-ón** and **-ote** have a diminutive value:

e.g. ratón—*mouse.*

    callejón—*narrow passage, alley, cul-de-sac.*

    camarote—*ship's cabin.*

N.B. Do not confuse **-azo** with the similar suffix indicating a blow with something:

e.g. un garrotazo   *a blow with a cudgel.*

    un sartenazo   *a blow with a frying pan.*

    un codazo   *a nudge with the elbow.*

    un puñetazo   *a punch.*

144. Various other suffixes are also used to express scorn or contempt:

e.g. **-ajo**   latinajo—*dog-Latin.*

    -ejo   caballejo—*nag.*

    -aco   libraco—*trashy book.*

    -acho   vulgacho—*dregs of the people.*

    -uco   casuca—*hovel.*

    -ato   cegato—*short-sighted.*

    -astro   padrastro—*step-father.*

    -orrio   villorrio—*"one horse" town.*

    -uza   gentuza—*rabble.*

    -ucho   cuartucho—*shabby room.*

145. Combinations of augmentatives and diminutives are possible, producing a cumulative effect:

e.g. chiquitín—*teeny-weeny.*

    poquitito—*a tiny bit.*

    saloncito—*a small drawing-room.*

    guapetón—*very good-looking.*

    bonachón—*good-humoured, easy going.*

    ratoncillo—*little mouse.*

146. Many diminutives and augmentatives have established themselves as words in their own right:

e.g. la cuchara—*spoon.*   la cucharita—*teaspoon.*   el cucharón—*ladle.*

    la camisa—*shirt.*   la camiseta—*vest.*   el camisón—*night shirt.*

la caja—*box.*

la cajita—*small box* (e.g. matchbox).

el cajón—*drawer.*

la silla—*chair.*

el sillín—*saddle.*

el sillón—*arm-chair.*

la cera—*wax.*

la cerilla—*match.*

el pan—*bread, loaf.*

el panecillo—*bread roll.*

la ventana—*window.*

la ventanilla—*small window* (of vehicle).

INDEX TO GRAMMAR

(Numbers refer to paragraphs)

ACKNOWLEDGEMENTS

The author wishes to thank the authors (or their heirs) and the publishers who have given permission to reproduce passages in Part I.

Miguel Delibes: El camino (Destino)
Miguel Cané: Juvenilia (Sopena)
Sebastián Juan Arbó: Sobre las piedras grises (Destino)
Manuel Gálvez: La maestra normal (Tor)
Elena Quiroga: La sangre (Destino)
Francisco Ayala: El rapto (La Novela Popular)
Ramón Sender: El mancebo y los héroes (Atena)
Juan Antonio de Zunzunegui: Chiripi (Bullon)
José Antonio Vizcaíno: El suceso (La Novela Popular)
Azorín: Doña Inés (Losada)
José María Gironella: Un hombre (Destino)
Pío Baroja: El árbol de la ciencia (Planeta)
Eduardo Barrios: El hermano asno (Losada)
Vicente Blasco Ibáñez: Sangre y arena (Planeta)
Mariano Azuela: Los de abajo (Fondo de Cultura Económica)
José María Mendiola: Muerte por fusilamiento (Destino)
Vicente Blasco Ibáñez: Cañas y barro (Espasa-Calpe)
Luisa Forrellad: Siempre en capilla (Destino)
Benito Pérez Galdós: Bailén (Hernando)
Camilo José Cela: Viaje a la Alcarria (Revista de Occidente)
Juan García Hortelano: Tormenta de verano (Seix Barral)
Miguel de Unamuno: En torno al casticismo (Espasa-Calpe)
José María de Pereda: Sotileza (Espasa-Calpe)
Carmen Martín Gaite: Entre visillos (Destino)
Alejandro Pérez Lugín: La casa de la troya (Juventud)
Juan Valera: Juanita la Larga (Espasa-Calpe)
José Francés: La danza del corazón (Planeta)
Gabriel Miró: El abuelo del rey (Losada)
Ana María Matute: Primera memoria (Destino)
Carmen Laforet: Nada (Destino)
Juan Goytisolo: Campos de Níjar (Seix Barral)

Eduardo Mallea: La sala de espera (Sudamericana)
Rafael Sánchez Ferlosio: El Jarama (Destino)
Ciro Bayo: El peregrino entretenido (Planeta)
Rómulo Gallegos: Doña Bárbara (Espasa-Calpe)
Gabriel Miró: Las cerezas del cementerio (Biblioteca Nueva)
José María de Pereda: El sabor de la tierruca (Espasa-Calpe)
Miguel Delibes: La sombra del ciprés es alargada (Destino)
Jorge Isaacs: María (Sopena)
Concha Espina: La esfinge maragata (Fax)
Luis Romero: La noria (Destino)
José Eustaquio Rivera: La vorágine (Losada)
Benito Pérez Galdós: Angel Guerra (Espasa-Calpe)
Juan Antonio Payno: El curso (Destino)
Ricardo Güiraldes: Don Segundo Sombra (Imprenta Nacional de Cuba)
Manuel Mejía Vallejo: El día señalado (Destino)
Enrique Larreta: Zogoibi (Espasa-Calpe)
Camilo José Cela: La familia de Pascual Duarte (Destino)
Leopoldo Alas: La Regenta (Emecé)
Carlos Reyles: El embrujo de Sevilla (Austral, Espasa-Calpe)
Eduardo Mallea: Fiesta en noviembre (Losada)
Benito Pérez Galdós: Fortunata y Jacinta (Espasa-Calpe)
Luisa Forrellad: Siempre en capilla (Destino)
Ricardo León: El amor de los amores (Losada)
Ramón Pérez de Ayala: Tigre Juan (Pueyo)
Alfonso Martínez Garrido: El miedo y la esperanza (Destino)

The author gratefully acknowledges the permission of the following to reproduce the passages in Part III.

1. John Murray Ltd.
2. Chapman & Hall Ltd., and A. D. Peters & Co.
3. Victor Gollancz Ltd., the Estate of George Orwell and Harcourt, Brace & World Inc.
4. Victor Gollancz Ltd., and Doubleday & Co. Inc.
5. William Heinemann Ltd., the Trustees of the Nevil Shute Norway Estate and John Day Co.
6. Chatto and Windus Ltd., and Alfred A. Knopf Inc.
7. Methuen & Co. Ltd., and Doubleday & Co. Inc.
9. Wm. Collins & Co. Ltd., and A. D. Peters & Co.
10. Chatto & Windus Ltd., and Viking Press Inc.
11. William Heinemann Ltd., the Literary Executors of W. Somerset Maugham and Doubleday & Co. Inc.
12. The University of Michigan Press and Hilde Borkenau.
13. Wm. Collins Sons & Co. Ltd.
14. Thomas Nelson & Son Ltd.
15. Macmillan & Co. Ltd., the Trustees of the Hardy Estate and Macmillan Company of Canada Ltd.
16. Methuen & Co. Ltd., and Doubleday & Co. Inc.
17. J. M. Dent & Sons Ltd., the Trustees of the Joseph Conrad Estate and Doubleday & Co. Inc.
18. Victor Gollancz Ltd., the Estate of George Orwell and Harcourt, Brace & World Inc.
19. William Heinemann Ltd., the Literary Executors of W. Somerset Maugham and Doubleday & Co. Inc.
20. The University of Michigan Press and Hilde Borkenau.
21. Hodder & Stoughton Ltd., the Tweedsmuir Trustees and Houghton Miflin Co.
22. Cambridge University Press.
24. Cassell & Co. Ltd.
25. John Murray Ltd. and the University of California Press.
26. Hamish Hamilton Ltd., A. D. Peters & Co. and the Literary Executor of Dame Rose Macaulay.
27. Victor Gollancz Ltd., and Doubleday & Co. Inc.
28. Methuen & Co. Ltd., and Dodd, Mead & Co. Inc.
29. William Heinemann Ltd., and Charles Scribner's Sons.
30. Methuen & Co. Ltd., and Random House Inc.
31. William Heinemann Ltd., Graham Greene and Viking Press Inc.
32. Methuen & Co. Ltd., and Random House Inc.
33. Jonathan Cape Ltd., Arthur Koestler and A. D. Peters & Co.

34. Gerald Duckworth & Co. Ltd., and John Johnson.
35. Methuen & Co. Ltd., and Harper & Row Inc.
36. Victor Gollancz Ltd., and Doubleday & Co. Inc.
37. Victor Gollancz Ltd., and Doubleday & Co. Inc.
38. Victor Gollancz Ltd., and Doubleday & Co. Inc.
39. Macmillan & Co. Ltd., the Executors of the late Hugh Walpole, Macmillan Company of Canada Ltd., and St. Martin's Press Inc.
40. William Heinemann Ltd., Lawrence Pollinger Ltd., the Estate of the late Mrs. Frieda Lawrence and Viking Press Inc.
42. Chatto & Windus Ltd., and Alfred A. Knopf Inc.
43. J. M. Dent & Sons Ltd., and E. P. Dutton & Co. Inc.
44. Cassell & Co. Ltd., and World Publishing Co. Inc.
45. Victor Gollancz Ltd., and Doubleday & Co. Inc.
46. John Murray Ltd., and William Morrow & Co. Inc.
47. Jonathan Cape Ltd., the Executors of the T. E. Lawrence Estate and Doubleday & Co. Inc.
48. John Murray Ltd.
49. Herbert Jenkins Ltd.
50. W. M. Collins Sons & Co. Ltd., Hughes Massie Ltd., and Dodd, Mead & Co. Inc. (from *There is a Tide* by Agatha Christie).
51. Methuen & Co. Ltd., and Doubleday & Co. Inc.
52. Victor Gollancz Ltd., and Ann Watkins.
53. Hamish Hamilton Ltd., and Gerald Brenan.
54. Methuen & Co. Ltd., and Dodd, Mead & Co. Inc.
55. Edward Arnold Ltd., E. M. Forster and Alfred A. Knopf.
56. Methuen & Co. Ltd., and Dodd, Mead & Co. Inc.
57. Hodder & Stoughton Ltd., and John Farquharson Ltd.
58. Macmillan & Co. Ltd., and Macmillan Company of Canada Ltd.
59. Chatto & Windus Ltd., and Harcourt, Brace & World Inc.
60. B. T. Batsford Ltd.
61. Victor Gollancz Ltd.
62. Cassell & Co. Ltd.
64. Longmans, Green & Co. Ltd.
65. Herbert Jenkins Ltd., and Joyce Weiner Associates.
66. Chatto & Windus Ltd., Mrs. Laura Huxley and Harper & Row Inc.
67. William Heinemann Ltd., and A. D. Peters & Co.
68. Hamish Hamilton Ltd., and Gerald Brenan.
69. Jonathan Cape Ltd., the Executors of the Ernest Hemingway Estate and Charles Scribner's Sons.
70. Macdonald & Co. Ltd.
71. Methuen & Co. Ltd., A. P. Watt & Son, Miss D. E. Collins, and Street Ward Inc.

72. Martin Secker & Warburg Ltd., and Harcourt, Brace & World Inc.
73. William Heinemann Ltd., and A. D. Peters & Co.
74. The Bodley Head Ltd., John Farquharson and Paul R. Reynolds Inc.
75. Chatto & Windus Ltd., and Harper & Row Inc.

Whilst every effort has been made to trace copyright holders, in a few cases this has not been possible and the author and publishers wish to apologise for any involuntary omissions.